兰州财经大学省级统计学一流特色学科资助

中国多区域
农业虚拟水贸易政策研究

ZHONGGUO DUOQUYU
NONGYE XUNISHUI MAOYI ZHENGCE YANJIU

邓光耀　著

中国商业出版社

图书在版编目（CIP）数据

中国多区域农业虚拟水贸易政策研究／邓光耀著．—北京：中国商业出版社，2019.12
ISBN 978-7-5208-1027-2

Ⅰ.①中… Ⅱ.①邓… Ⅲ.①水产品-国际贸易政策-研究-中国 Ⅳ.①F752.652.6

中国版本图书馆CIP数据核字（2019）第271838号

责任编辑：滕　耘

中国商业出版社出版发行
010-63180647　www.c-cbook.com
（100053　北京广安门内报国寺1号）
新 华 书 店 经 销
北京市京东印刷厂印刷
* * *
710毫米×1000毫米　16开　14.25印张　276千字
2019年12月第1版　2019年12月第1次印刷
定价：48.00元
* * * *
（如有印装质量问题可更换）

前　言

水是"生命之源、生产之要、生态之基"，但是近年来，随着经济的发展和人口的增长，中国对水资源的需求越来越大，再加上水资源时空分布不均，导致了水资源供求矛盾日益尖锐。为了有效解决水资源供求矛盾，本书结合理论界提出的"虚拟水贸易"概念和现阶段中国各区域虚拟水贸易政策的现状，在水资源经济学相关理论、国际贸易相关理论以及一般均衡理论的指导下，利用空间计量方法以及可计算一般均衡（Computable General Equilibrium，简称 CGE）方法对虚拟水贸易政策进行了系统的研究。

本书研究的虚拟水贸易政策是广义上的虚拟水贸易政策，不但包括作用于产品贸易量的农产品运输"绿色通道"政策、水环境规制政策和进出口税率调整政策，而且包括作用于产品产出或生产用水（可视为作用于产品的虚拟水含量）的水价、水量、水资源税和用水效率政策。另外由于农业用水量大，因此本书侧重于农业方面的政策研究。

本书的区域划分方式如下：在虚拟水贸易边界效应、环境规制对虚拟水贸易的影响的研究中，以每个省份为一个区域。在虚拟水贸易政策模拟研究中，根据各省的地理位置、气候条件、农业生产状况、水资源的分布情况以及本书的研究目的，将31个省、市、自治区（不包括港澳台地区）划分为八大区域，具体的区域划分如下：东北区域包括内蒙古、黑龙江、辽宁和吉林，华北区域包括北京、天津和山西，黄淮海区域包括河北、河南、山东和安徽，西北区域包括陕西、甘肃、青海、宁夏和新疆，长江中下游区域包括江苏、湖南、湖北和江西，东南区域包括上海、浙江和福建，华南区域包括广东、广西和海南，西南区域包括重庆、四川、贵州、云南和西藏（数据暂缺）。

本书的研究思路如下：首先对国内外虚拟水研究的文献以及 CGE 方法在虚拟水贸易政策研究中的应用的相关文献进行了综述，在总结前人经验的基础之上，指出虚拟水贸易边界效应、环境规制对虚拟水贸易的影响以及多区域虚拟水贸易政策模拟等方面的研究尚付之阙如。然后结合引力模型、HOV（Hechsher-

Ohlin-Vanek）模型以及 LHR（Lofgren-Harris-Robinson）模型对中国多区域虚拟水贸易政策进行了具体的实证研究。

本书可划分为五个部分：第一部分是绪论，第二部分是理论基础与理论预期，第三部分是用计量经济学方法研究虚拟水贸易政策，第四部分是用 CGE 方法对各种虚拟水贸易政策进行模拟研究，第五部分是结论、现阶段虚拟水贸易政策仍存在的问题及政策启示。

本书的创新点如下：

（1）对中国虚拟水贸易的边界效应进行了系统的研究。本部分首先结合区域间投入产出表和水资源相关数据，采用投入产出法计算省份之间的虚拟水贸易量，然后结合引力模型，对中国省份之间虚拟水贸易的边界效应进行了相应的测算和影响因素分析，验证了中国农产品运输"绿色通道"政策在一定程度上减少了农产品虚拟水贸易的边界效应。

（2）对中国水环境规制对农产品虚拟水贸易的影响进行了研究。本部分首先介绍灰水的计算方法，然后结合 HOV 模型，采用生产树法计算得到的农产品虚拟水贸易量相关数据，以灰水的变化程度为水环境规制变量，实证研究了水环境规制对农产品虚拟水贸易的影响。

（3）构建了中国水资源多区域 CGE 模型，并将它应用于中国多区域虚拟水贸易政策模拟研究。本部分首先基于 LHR 模型构建了中国多区域水资源 CGE 模型，然后结合区域间投入产出表和统计年鉴相关数据，对作用于产品贸易的进出口税率调整政策和作用于产品的虚拟水含量的水价、水量、水资源税以及用水效率政策进行了 CGE 模拟研究。

本书的研究丰富了水资源经济学、国际贸易学、区域经济学等相关理论，给水资源政策制定者缓解中国水资源供求矛盾提供了一定的借鉴和参考。

目 录

第一章 绪 论 ... 1
第一节 研究背景和意义 ... 1
一、研究背景 ... 1
二、研究意义 ... 4
第二节 文献综述 ... 5
一、虚拟水研究综述 ... 5
二、CGE方法在水资源政策模拟中应用方面的文献综述 ... 17
第三节 研究的主要内容、框架、方法、创新点与不足 ... 21
一、研究的主要内容 ... 21
二、研究的框架 ... 22
三、主要的研究方法 ... 23
四、本书的创新点及不足 ... 24

第二章 理论基础 ... 26
第一节 国际贸易和水资源经济学相关理论 ... 26
一、国际（内）贸易的相关理论及对虚拟水贸易的解释 ... 26
二、水资源供求理论 ... 28
三、水资源定价相关理论 ... 30
四、节水灌溉相关理论 ... 31
五、水资源市场失灵 ... 32
第二节 空间计量经济学相关理论 ... 32
一、空间计量模型的类型 ... 33
二、空间相关性检验 ... 34
三、空间计量模型的估计 ... 36

第三节　CGE 模型的相关理论 ·· 37
　　　一、一般均衡理论 ··· 37
　　　二、CGE 模型求解的算法基础 ··· 38

第三章　中国虚拟水贸易政策实施现状和虚拟水贸易政策研究的理论预期 ·················· 41
　　第一节　中国水资源分布和利用现状 ··· 41
　　　一、中国水资源分布现状 ··· 41
　　　二、中国水资源利用现状 ··· 41
　　第二节　虚拟水贸易政策的分类和实施现状 ································ 48
　　　一、虚拟水贸易政策的分类 ·· 48
　　　二、中国虚拟水贸易政策实施现状 ··· 50
　　第三节　虚拟水贸易政策 CGE 模拟研究的运行机制 ···················· 54
　　　一、CGE 模型用于多区域虚拟水贸易政策模拟研究的步骤 ········ 54
　　　二、CGE 模型用于多区域虚拟水贸易政策模拟研究的框架 ········ 54
　　　三、虚拟水贸易政策模拟研究所考察的主要经济变量 ··············· 55
　　第四节　虚拟水贸易政策研究的理论预期 ··································· 58
　　　一、虚拟水贸易边界效应测算与影响因素方面 ························ 58
　　　二、水环境规制对农产品虚拟水贸易的影响方面 ····················· 60
　　　三、虚拟水贸易政策模拟方面 ··· 61

第四章　虚拟水贸易量的计算方法和中国省际虚拟水贸易的边界效应研究 ·················· 65
　　第一节　虚拟水贸易量的计算方法 ·· 65
　　　一、生产树法 ·· 65
　　　二、投入产出法 ··· 68
　　　三、两种计算方法的比较 ··· 70
　　第二节　中国省际虚拟水贸易的边界效应研究 ····························· 71
　　　一、实证模型的构建以及数据来源的说明 ······························· 72
　　　二、虚拟水贸易边界效应的测算 ·· 77
　　　三、虚拟水贸易边界效应的影响因素分析 ······························· 85

第五章 中国水环境规制和农产品虚拟水贸易 …… 88
第一节 灰水的计算方法 …… 88
一、灰水的计算公式 …… 88
二、农业灰水的计算 …… 88
第二节 中国水环境规制对农产品虚拟水贸易的影响研究 …… 90
一、实证模型的构建 …… 90
二、实证分析 …… 92

第六章 中国多区域虚拟水贸易政策模拟的 CGE 模型构建和数据基础 …… 103
第一节 静态模型的构建 …… 103
一、区域的划分 …… 103
二、生产模块 …… 104
三、商品模块 …… 106
四、机构模块 …… 110
五、水污染与治理模块 …… 113
六、均衡模块 …… 114
七、宏观闭合 …… 115
第二节 动态模型的构建 …… 116
一、生产账户 …… 117
二、机构账户 …… 117
三、资本形成总额 …… 118
第三节 水资源价值的核算与区域间投入产出表的编制 …… 118
一、水资源价值的核算 …… 118
二、区域间投入产出表的编制 …… 120
第四节 社会核算矩阵（SAM 表）的编制 …… 121
一、宏观 SAM 表的编制 …… 121
二、微观 SAM 表的编制 …… 129
三、SAM 表的平衡 …… 133
第五节 CGE 模型的参数来源 …… 133
一、通过校调法获取参数 …… 133
二、通过计量方法获取参数 …… 133

三、其他参数的来源 …………………………………………………… 134

第七章 中国多区域虚拟水贸易政策的 CGE 模拟研究 …………… 135
第一节 政策控制变量或者参数 ……………………………………… 135
一、作用于产品贸易的政策方面 ……………………………… 135
二、作用于生产用水或产出的政策方面 ……………………… 136
第二节 情景设置 ……………………………………………………… 137
一、作用于产品贸易的政策方面 ……………………………… 137
二、作用于生产用水或产出的政策方面 ……………………… 137
第三节 单项政策的模拟分析 ………………………………………… 139
一、农业进口关税税率降低 1% 的政策模拟结果分析
（jinkoun 政策）………………………………………… 149
二、农业出口退税率降低 1% 的政策模拟结果分析
（chukoun 政策）………………………………………… 151
三、生产用水水价上涨 1% 的政策模拟结果分析
（sj 政策）………………………………………………… 153
四、生产用水供给量减少（增加）1% 的政策模拟
结果分析（sljs 或者 slzj 政策）………………………… 155
五、农业部门的生产税税率增加 1%（即农业部门征收水资源税）的
政策模拟结果分析（szysn 政策）……………………… 157
六、农业用水效率提升 1% 的政策模拟结果分析（ysxln 政策）…… 159
第四节 单项政策的敏感性分析 ……………………………………… 162
一、弹性参数方面 ……………………………………………… 162
二、政策冲击强度方面 ………………………………………… 170
三、闭合规则方面 ……………………………………………… 179
四、三种敏感性分析的比较 …………………………………… 189
第五节 组合政策的模拟分析 ………………………………………… 189
第六节 政策评价 ……………………………………………………… 199

第八章 结论、现阶段虚拟水贸易政策仍存在的问题及
政策启示 …………………………………………………………… 206
第一节 结　论 ………………………………………………………… 206

一、农产品运输"绿色通道"政策方面（通过测算虚拟水贸易的边界效应来研究此政策） ……………………………… 206
二、水环境规制政策方面 ……………………………… 207
三、农业部门进口税率降低1%的政策方面 ……………… 207
四、农业部门出口退税率降低1%的政策方面 …………… 207
五、生产用水平均水价上涨1%的政策方面 ……………… 208
六、生产用水供给量减少1%的政策方面 ………………… 208
七、生产用水供给量增加1%的政策方面 ………………… 208
八、农业部门征收水资源税的政策方面 ………………… 208
九、农业部门用水效率提高1%的政策方面 ……………… 209

第二节 现阶段虚拟水贸易政策仍存在的问题 ……………… 209
一、根据虚拟水贸易量计算结果发现的问题 …………… 209
二、虚拟水贸易边界效应研究发现的问题 ……………… 209
三、对水环境规制政策研究发现的问题 ………………… 210
四、对进出口税率调整政策模拟研究发现的问题 ……… 210
五、对水价、水量、水资源税政策模拟研究发现的问题 … 210
六、对不同区域进行比较发现的问题 …………………… 210

第三节 政策启示 …………………………………………… 211
一、需要进一步完善虚拟水贸易战略 …………………… 211
二、需要进一步降低虚拟水贸易边界效应 ……………… 211
三、需要注意水环境规制对农产品虚拟水贸易的影响 … 212
四、需要适度地调整进出口税率 ………………………… 212
五、需要进一步采取提高农业用水效率的政策 ………… 212
六、需要通过组合政策的方式来避免单项政策的弊端 … 213
七、政策实施时需要考虑区域差异 ……………………… 213

主要参考文献 ……………………………………………… 214
附　录 …………………………………………………… 217
致　谢 …………………………………………………… 218

第一章 绪 论

第一节 研究背景和意义

一、研究背景

中国是一个历史悠久的农业大国，而农业对水资源的依赖程度很大，因此历朝历代都注意水资源的管理问题。特别是进入了21世纪之后，随着人类社会的发展、科学技术的进步，中国水资源的供求矛盾越来越尖锐，水资源的污染问题也越来越严重，因此更加需要注意水资源的管理问题。进入21世纪之后，我国政府进一步加强了水资源管理工作，制定与修订了许多新的政策、法规。另外，随着水权与水市场的建立与发展，各地都在建立和发展水权制度、水市场方面进行了积极探索。

2011年中央1号文件《中共中央国务院关于加快水利改革发展的决定》指出："水是生命之源、生产之要、生态之基"，也就是说水不但是生命的源泉，而且也是人类从事生产活动的必要条件，另外对全球生态环境的调节也发挥着不可替代的作用。从原始社会的大禹治水开始，到当今社会兴修水利，防止洪涝、干旱等自然灾害，均关系到人类的生存、经济的发展、社会的进步。为了促进中国经济长期发展和社会和谐稳定，必须加快水利建设，实现水资源可持续利用。

2011年上海财经大学的千村调查水利方面的报告指出，现阶段影响中国粮食安全的水利问题如下：水资源短缺，水旱灾害频繁；水资源污染比较严重，水质较差；部分地区水价偏高；水利基础设施差，水利投入少；农业灌溉技术低下。

具体来说，中国目前人均水资源量水平在世界上的排名是第110位，只相当于世界平均水平的四分之一。另外，除了水资源人均占有量不足之外，还存在严重的时空分布不均。从时间上来说，由于受季风气候的影响，降水量的年际、季际变化都很大；从空间上来说，北方地区，尤其是西北地区水资源贫乏，土壤沙化严重。由于水资源时空分布不均，导致了中国的水旱灾害频繁。东部沿海地区水资源污染比较严重，水质比较差，特别是上海、江苏、浙江、广东等经济发达地区。由于西部、北部地区水资源成本比较高，因此水价比较高。水利基础设施差，水利投入很少，很多地方水利基础设施年久失修，处于无人管理的状态。大部分地区的农业灌溉技术落后，仍采用大水漫灌的形式，喷灌、滴灌则很少采用。

2012年1月12日，为了贯彻落实2011年中央1号文件的精神，国务院印发了《关于实行最严格水资源管理制度的意见》，该《意见》的主要内容是确定了水资源开发利用、用水效率、水功能区限制纳污等三个方面的控制红线。具体来说有：到2030年，全国用水总量控制在7000亿立方米以内；用水效率接近甚至达到世界先进水平，工业方面的万元工业增加值用水量降低到40立方米以下（以2000年不变价计算），农业方面的农田灌溉水有效利用系数提高到0.6以上；水功能区水质达标率提高到95%以上，主要污染物入河流、湖泊总量控制在水功能区的纳污能力范围之内。

2012年6月6日，国家发展和改革委员会、水利部、住房和城乡建设部三部委联合发表了《水利发展规划（2011—2015年）》，提出了水资源保障与水资源节约保护等方面的具体指标。农村集中式供水受益人口比例应当提高到80%左右，做到全面解决农村居民的饮水安全问题；充分发挥现有灌溉工程作用，计划新增农田有效灌溉面积4000万亩；初步建立抗旱减灾体系，特别是要在干旱易发地区、粮食主产地区，抗旱能力要做到有显著的提高；到2015年，全国用水总量力争控制在6350亿立方米以内；与2010年相比，万元工业增加值用水量下降30%以上；农田灌溉水资源有效利用系数提高到0.53以上，新增高效节水灌溉面积农田达5000万亩；全国主要的江河、湖泊水功能区水质达标率提高到60%以上等。

2013年1月2日，为推进实行最严格水资源管理制度，确保实现水资源开发利用和节约保护的主要目标，国务院办公厅印发了《实行最严格水资源管理制度考核办法》，明确了各省、自治区、直辖市用水总量、用水效率、重要江河湖泊水功能区水质达标率等三个方面的控制目标。

2013年1月7日，为指导各地进一步加强水资源费征收标准管理，规范征收标准制定行为，促进水资源节约和保护，国家发展和改革委员会、财政部、水利部三部委联合发表了《关于水资源费征收标准有关问题的通知》。该《通知》包括明确水资源费征收标准制定原则、规范水资源费标准分类、合理确定水资源费征收标准调整目标、严格控制地下水过量开采、支持农业生产和农民生活合理取用水、鼓励水资源回收利用、合理制定水力发电用水费用征收标准、对超计划或者超定额取水制定惩罚性征收标准、加强水资源费征收使用管理、做好组织实施和宣传工作等十个方面的内容。

2013年3月13日，为贯彻落实党中央、国务院关于大力发展节水灌溉的决策部署，科学推进全国规模化节水灌溉增效示范项目建设，进一步探索适宜的节水灌溉发展技术模式、管理体制和运行机制，更好地发挥示范带动作用，国家发展和改革委员会、水利部联合印发了《规模化节水灌溉增效示范项目"十二五"总体建设方案》，要求全国九大典型区域120个规模化节水灌溉增效示范项目的灌溉水有效利用系数要达到0.7以上，灌溉用水计量设施配套率达到90%以上，以农民用水合作组织、农民专业合作社、种植大户、村集体、农业产业化龙头企业为管护主体的工程管理模式占80%以上。

2014年2月16日，为加强南水北调工程的供用水管理，充分发挥南水北调工程的经济效益、社会效益和生态效益，国务院颁布了《南水北调工程供用水管理条例》，对南水北调工程中的水量调度、水质保障、用水管理、工程设施管理和保护、法律责任等方面做了具体的规定。

2014年2月28日，为落实国务院《关于实行最严格水资源管理制度的意见》，推动最严格水资源管理制度考核工作，依据《实行最严格水资源管理制度考核办法》，水利部等十部委联合印发了《实行最严格水资源管理制度考核工作实施方案》，考核内容包括最严格水资源管理制度目标完成、制度建设和措施落实情况。其中目标完成情况的考核包括用水总量、万元工业增加值用水量、农田灌溉水有效利用系数和重要江河湖泊水功能区水质达标率等四项指标。制度建设和措施落实情况包括用水总量控制、用水效率控制、水功能区限制纳污、水资源管理责任和考核等制度建设及相应措施落实情况。

2015年4月16日，国务院正式发布《水污染防治行动计划》（简称"水十条"）。该行动计划提出，到2020年，全国水环境质量得到阶段性改善，污染严重水体较大幅度减少，饮用水安全保障水平持续提升，地下水超采得到严格控制，地下水污染加剧趋势得到初步遏制，近岸海域环境质量稳中趋好，京津冀、长三角、珠三角等区域水生态环境状况有所好转；到2030年，力争全国水环境质量总体改善，水生态系统功能初步恢复；到21世纪中叶，生态环境质量全面改善，生态系统实现良性循环。具体措施有：一是全面控制污染物排放，二是推动经济结构转型升级，三是着力节约保护水资源，四是强化科技支撑，五是充分发挥市场机制作用，六是严格环境执法监管，七是切实加强水环境管理，八是全力保障水生态环境安全，九是明确和落实各方责任，十是强化公众参与和社会监督。

结合中国的水资源管理的历史和现状，可以知道中国一直以来均对水资源政策的制定与实施给予了较多的关注，因此本书以虚拟水贸易为视角，进行相应的政策研究是必要的。

二、研究意义

（一）理论意义

从水资源经济学、国民经济学、区域经济学、国际贸易学、计量经济学等多学科角度来看，本书的理论意义体现在：

第一，本书研究了虚拟水贸易的边界效应，并利用空间计量经济学方法研究了中国水环境规制对农产品虚拟水贸易的影响，丰富了水资源经济学、国际贸易等相关理论。

第二，本书通过可计算一般均衡方法进行了多区域虚拟水贸易政策的模拟研究，丰富了国民经济管理、水资源管理、区域经济学等相关理论。

（二）现实意义

从研究背景的介绍可以知道，我国存在人多水少、水资源时空分布不均、水污染严重等问题，导致了水资源难以满足工农业生产的发展以及城市化建设的需要。因此本书研究的现实意义表现在：

第一，中国是人口大国，人类通过消费农产品或者工业产品的形式消耗了大量的水资源，不足部分常常依赖外地的调入，因此研究农产品或者工业产品虚拟水贸易的边界效应问题是有现实意义的。

第二，各方面对水污染问题的关注，势必会影响到中国国内农产品虚拟水贸易，因此研究中国水环境规制对国内农产品虚拟水贸易的影响是有现实意义的。

第三，中国幅员辽阔，各地区对水资源的需求不一致，因此进行进出口税率调整、水价、水量、灌溉效率、水质等方面的多区域虚拟水贸易政策的模拟研究是有现实意义的。

第二节 文献综述

本书的文献综述包括两方面的内容：一方面是涉及虚拟水研究的文献综述，另一方面是涉及 CGE（Computable General Equilibrium）模型在虚拟水贸易政策模拟中的应用的文献综述。

一、虚拟水研究综述[①]

所谓虚拟水，按照安南（Allan，1997）的定义，是指产品生产和服务过程中需要的水。虚拟水与真实意义上的水是不一样的，它是包含在产品中的"看不见"的水，是一种"虚拟"的存在，因此也被称为嵌入水。另外虚拟水有时也被称为外生水，这是由于进口虚拟水的国家或地区实际上在使用非本国或本地区的水（张志强和程国栋，2004）。

目前研究虚拟水的文献主要集中在虚拟水含量、生产量、消费量及贸易量方面的计算、影响因素、虚拟水战略等方面。另外，国内研究与国外研究的侧重点有部分差异，因此本书分开进行综述。

（一）国内相关研究

1. 虚拟水含量、生产量、消费量及贸易量的计算

所谓虚拟水含量，参考徐中民等（2003）在论文中的叙述（并做相应的推广），可以从生产者与使用者两个角度定义：①生产者角度。一种产品的虚拟水含量是指生产单位质量的这种产品所实际使用的水资源数量，这依赖于该产品的生产条件与用水效益等因素。②使用者角度。一种产品的虚拟水含量是指使用该种产品的地方生产单位质量这种产品所需要的水资源数量。注意，这里假设了该产品全是本地生产，这样假设的原因是这种产品假如是进口的话很难精确界定究竟来自哪个国家或者地区。

相应的，有虚拟水生产量与消费量的概念。虚拟水生产量是指某个国家或者地区生产产品所消耗的水资源数量。虚拟水消费量是指某个国家或者地区通过消费产品的形式间接消耗的水资源数量。

所谓虚拟水贸易，是指某个国家或者地区通过进口或者出口产品的方式间接

[①] 由于研究虚拟水贸易时也会涉及虚拟水含量、生产量、消费量，因此本书对这些方面的研究文献也进行了综述。

地进口或者出口水资源。虚拟水贸易是解决国家间或者地区间水资源供需失衡的重要手段,为实现水安全、粮食安全的目标提供了新思路(程国栋,2003)。正如靳军英等(2011)所述:"水资源富足地区应发挥区域优势,开发和生产水资源密集型产品;水资源缺乏地区,需调整产业结构,发展高效益特色农业,通过虚拟水贸易减缓水资源压力,实现生态—经济—水的良性循环。"

相关文献中存在两种计算虚拟水含量、生产量、消费量以及贸易量的方法,一是生产树法(也称为产品树法),以虚拟水生产量为例进行叙述,先将作物或者动物每个生长阶段所消耗的水资源数量进行加总,具体到产品则综合考虑产品的价值因子与比例因子进行加权计算。这种方法的优点是可以同时计算绿水(作物根部土壤储存的水)与蓝水(有经济价值的江河、湖泊、地下水等),缺点是很难计算工业产品的虚拟水含量、生产量、消费量以及贸易量。二是投入产出法,这种方法将水资源作为一种基本的生产要素,再编制或者利用现成的投出产出表进行计算。这种方法的优点是一般有现成的投入产出表可以运用,计算没有生产树法复杂;缺点是只能计算蓝水的投入量,因为统计资料只统计存在经济价值的蓝水资源的利用状况。在本书的第四章中会对虚拟水的计算方法进行详细叙述,并比较各自的不足。

(1)生产树法(Product Tree Method)。在国内,徐中民等(2003)首次采用生产树法对甘肃省2000年的农产品虚拟水含量、生产量及消费量情况进行了计算,同时分析了虚拟水战略的政策影响与优缺点,指出了在虚拟水理论与应用方面有待进一步研究的内容。

其后,很多学者利用生产树法对全国各地的农产品虚拟水含量、生产量、消费量及贸易量情况进行了研究。

虚拟水含量计算是虚拟水生产量、消费量及贸易量计算的基础。由于气候、土壤条件、作物的生长周期等因素会影响作物对水资源的需求量,因此即使是同一种作物在不同地区的虚拟水含量也是不一样的,并且同一种作物在同一个地区的虚拟水含量在不同年度也是不一样的。这一点可以从以下虚拟水含量计算方面的实证论文中看到:于茜等(2007)计算了1990—2004年新疆农产品的虚拟水含量。黄姣等(2011)计算了东北三省1988—2008年主要粮食作物(水稻、玉米、小麦、大豆)的虚拟水含量,指出大豆的虚拟水含量最高、小麦次之、玉米最低,同时也指出了这几种粮食作物虚拟水含量的变化趋势。靳军英等(2011)计算了2005年全国各省区主要农产品(包括种植作物与畜产品)虚拟水含量,发现各种农产品在不同省区差别比较大。秦丽杰等(2012)计算了长春市农作物虚拟水含量，结果表明，长春市农作物虚拟水含量呈现不断波动的趋势，另外长春市下属区县虚拟水含量的空间分布也存在差异。

由于粮食作物的虚拟水含量在不同地区、不同时间上的差异，因此不同地区或者不同年度的虚拟水生产量、消费量也不一样（当然，影响虚拟水消费的因素不止虚拟水含量一个，下文将详细叙述），这一点可以在以下虚拟水生产量、消费量的实证论文中看到：龙爱华等（2004）计算了2000年新疆、青海、甘肃、陕西等西北四省的虚拟水消费量。罗贞礼等（2004）计算了2000年湖南省郴州市的主要农产品的虚拟水含量、生产量及城乡人均虚拟水消费量。王学全和卢琦（2005）计算了2000年青海省共和盆地虚拟水消费量，并指出其在荒漠化防治中的应用。王建源和冯建设（2010）计算了2006年山东省的虚拟水产量与虚拟水消费量。曹永强等（2010）计算了2003—2007年海河流域北京、天津及河北三省市的虚拟水生产量，指出当地的虚拟水生产量在上升。

同样，由于虚拟水含量的不一致性以及其他因素的影响，无论是国际贸易还是国内贸易，虚拟水贸易量在不同年度是不一样的，这一点可以在以下实证文献中看到。

在国际贸易方面：刘幸菡和吴国蔚（2005）对中国2000—2002年的虚拟水贸易量进行了研究与分析，并对如何运用虚拟水战略来缓解中国水资源短缺问题提出了一些政策性建议。秦丽杰等（2006）计算了1995—1999年中国粮食贸易的虚拟水进出口情况，指出为了缓解中国的水资源短缺的压力，应采取调整粮食生产区域布局和进出口粮食比例，减少水密集型产品出口，加强国内各地区之间的虚拟水贸易等措施，实现中国的粮食安全和水资源安全。赵晋陵等（2009）计算了中国加入WTO以来中国与欧盟棉花贸易中虚拟水贸易量，计算结果表明，2003—2005年通过进口棉花的方式进口了1.5128亿立方米的虚拟水。马超等（2011）计算了2005—2009年中国农产品国际贸易中的虚拟水贸易量。实证结果表明我们农产品贸易存在较大的逆差，虚拟水净进口量逐渐增加。程中海（2013）则从省份层面计算了2006—2011年中国新疆地区的虚拟水国际贸易量。

在国内贸易方面：马静等（2004）不但计算了1999年中国农产品虚拟水国际贸易量，而且将全国按照地理位置、气候条件、农业生产状况划分为华北、东北、黄淮海、西北、东南、长江中下游、华南、西南八大区域，分别计算了八大区域的虚拟水流动情况，同时指出了虚拟水流动情况与真实水流动情况并非一致，例如黄淮海地区是南水北调工程的主要输入地区，但是却存在虚拟水的净输出。刘剑锋和蒋瑞波（2010）计算了1997—2006年浙江省粮食贸易中的虚拟水贸易量,指出浙江省粮食贸易的虚拟水是浙江省水资源的一个重要补充。

国内研究者也有研究全球其他国家的虚拟水贸易问题,例如刘红梅等(2007)研究了国际上农业虚拟水贸易问题,指出1995—1999年美国是主要的虚拟水出口国,日本是主要的虚拟水进口国,印度是发展中国家中主要的虚拟水出口国。

另外也有研究者在研究虚拟水的同时,研究了虚拟土的问题。例如闫立珍等(2008)研究了中国区际贸易与区域水土资源的平衡问题,文中指出,虚拟资源的流动缓解了南方地区的耕地短缺,提高了全国的水土资源利用效率,但是虚拟水流出的地区并不是水资源丰富地区,也就是说存在逆向流动的问题。

由于利用生产树法计算虚拟水首先要计算作物蒸腾作用所需要的水资源量,因此难以拓展到工业产品上,故以上实证研究只计算了农产品的虚拟水含量、生产量、消费量及贸易量。值得一提的是,项学敏等(2006)提出了一种工业产品虚拟水含量的计算方法,并以辽河油田为例,计算了石油制品的虚拟水含量。

以上文献对不同地区、不同时间、不同产品的虚拟水含量、生产量、消费量及贸易量进行了计算,但是如何预测虚拟水消费量呢?张金萍等(2011)首先计算了郑州市1999—2008年的虚拟水消费量,并利用这些虚拟水消费数据建立了灰色关联预测模型,预测了郑州市2009—2013年的虚拟消费量。值得一提的是,在建立预测模型过程中,张金萍等(2011)考虑了消费结构的影响。

(2)投入产出法。同样,利用投入产出法也可以计算虚拟水贸易量。不过投出产出表既存在全国或者各省份投出产出表,又存在区域间投入产出表,另外还有学者自己编制投入产出表。全国投入产出表,只能用来计算虚拟水国际贸易量;利用各省份投入产出表,如果有详细的产品国内调入、调出的数据及该省份对外贸易数据,则可以计算该省份的虚拟水国内贸易量以及国际贸易量;由于各省份的投入产出表,对产品的国内调入、调出数据没有具体来源,举例来说,上海市通过国内贸易调入的农产品究竟来自江苏还是浙江,通过各省份的投入产出表无法知道,但是利用区域间投入产出表,则存在这样的统计数据;由于中国的投入产出表的编制工作只停留在省一级,要利用投入产出法计算地(市)、县一级的虚拟水贸易量需要自己编制投入产出表。另外由于投入产出表编制过程太烦琐,全国或者省份的投入产出表只是每五年才编制一次,最新的投出产出表是2007年的,要利用投入产出法计算其他年份的虚拟水国际或者国内贸易量则需要自己编制投入产出表,实质上这是个人无法完成的。下面列出一些利用投出产出法计算虚拟水贸易量的代表性文献。

在国内，首先利用投入产出法来计算虚拟水贸易量的是黄晓荣等（2005），他们利用宁夏2002年的投出产出表，计算了虚拟水输出量和社会经济系统对水资源的消费利用状况，同时分析了宁夏采用虚拟水贸易战略进行更大尺度的水资源配置所面临的问题和困难，通过虚拟水贸易战略突破了干旱地区解决水资源短缺问题仅局限于本流域实体水资源利用的思路，从系统的角度出发，为干旱区"节流"提供了新的对策建议。

中国投入产出学会课题组（2007）通过定义直接耗水系数、间接耗水系数、完全耗水系数等投入产出分析技巧，计算了中国2002年的虚拟水进出口贸易情况。虽然该文中作者没有提到虚拟水贸易的概念，但是实质上后来的相关文献计算虚拟水贸易时采用的就是这种方法。

利用全国投入产出表计算虚拟水国际贸易量的有郭燕贞等（2011），他们在计算虚拟水贸易量的同时，还注意到工业产品虚拟水存在大量虚拟污水的事实，提出了虚拟水污染负荷、虚拟水污染负荷输入量等概念，并进行了相应的计算。文中指出，目前中国工业产品出口结构不太合理，存在工业产品出口贡献率与应鼓励或者限制出口产品不相匹配的问题，并提出了优化调整中国工业产品出口结构方面的建议。

利用省份投入产出表计算虚拟水贸易量的有王双英和唐志良（2011），他们利用2007年江西省投出产出表计算了当年江西省的虚拟水消费量与虚拟水贸易量。其中利用了生产树法计算得到的农产品虚拟水含量数据计算了农业部门的虚拟水消费量与贸易量，再利用投入产出表计算得到的直接耗水系数、间接耗水系数、完全耗水系数来计算工业部门以及第三产业的虚拟水消费量与贸易量。实际上，他们结合了生产树法与投入产出法。

利用区域间投入产出表计算虚拟水贸易量的代表性研究者是李方一等（2012），他们利用2007年区域间投产产出表计算了山西省与全国各地的虚拟水贸易量，计算结果表明山西省2007年通过工农业产品贸易的方式净调入1.53亿立方米的虚拟水，其中主要来源地是中国西部与东北地区，另外输出地则主要是东部沿海省份，这与传统的虚拟水战略相违背。王雪妮（2014）则进一步利用八大区域间投入产出表计算了2002年和2007年中国八个区域之间的虚拟水贸易量。

另外，也有部分研究者采用自己编制的投入产出表。马忠和张继良（2008）构建了甘肃省张掖市的投入产出表，计算了张掖市产业间虚拟水的净转移以及区域虚拟水的调入调出，并且进一步构造了产业间的虚拟水转移矩阵，量化了各产业间虚拟水的转移情况。

值得一提的是，周娇和史安娜（2008）比较了生产树法与投入产出法计算虚拟水贸易的异同，指出了采用生产树法计算的一些不足，然后利用1997年区域间投入产出表计算了华北地区的虚拟水贸易量。

利用投出产出表计算虚拟水消费量的有袁野和胡聃（2011a）：他们利用了2002年全国投入产出表，计算了直接耗水系数、间接耗水系数、完全耗水系数，再利用2002年全国各省中投入产出表中城乡居民消费数据计算了全国各省的虚拟水消费情况。文中的一个不足是没有考虑到直接耗水系数、间接耗水系数、完全耗水系数在各省的异质性。

2. 虚拟水消费、贸易的影响因素

前文已经提到虚拟水含量影响虚拟水消费量和贸易量，除了虚拟水含量之外，究竟还有哪些因素在影响虚拟水消费量和贸易量呢？不同的文献有不同的看法，下面分别对虚拟水消费、贸易的影响因素的文献进行综述。

（1）虚拟水消费的影响因素。目前，大多数研究虚拟水消费的影响因素的文献均指出了城乡消费结构的不同及其变化影响虚拟水的消费量，其根本原因是不同作物的虚拟水含量的不同，粮食等种植作物的虚拟水含量要低于肉类等畜产品的虚拟水含量，城镇人口的购买能力要大于农村人口的购买能力，因此更偏爱消费肉类等畜产品，但是对粮食等种植作物产品的消费则小于农村人口，因此城市人均农产品虚拟水消费量可能会大于农村人均虚拟水消费量，也可能会小于农村人均虚拟水消费量，不过从以下文献看来，城市人口的人均农产品虚拟水消费量一般会大于农村人口人均虚拟水消费量。

国内众多学者对全国各地的虚拟水消费的影响因素展开了实证，例如田颖和朱俊林（2008）利用湖北省2000—2005年的虚拟水消费数据，分析了城乡消费结构的变化对虚拟水消费的影响，指出像粮食、蔬菜等种植作物，其虚拟水含量较低，在总的虚拟水消费结构中所占比例在不断减少，肉类、奶制品和蛋制品等畜产品，其虚拟水含量较高，在总的虚拟水消费结构中所占比例不断增大；城乡虚拟水消费呈现相反方向的发展；短期内虚拟水消费还将继续增长。吴斐等（2011）利用陕西省1990—2008年的虚拟水消费数据，分析了城乡居民对农产品的消费结构变化对虚拟水消费的影响，指出通过调节消费结构可以节约虚拟水消费量。袁野和胡聃（2011b）计算了2009年北京市食物消费的虚拟水含量，并比较了城乡居民以及不同收入阶层的居民的虚拟水消费量与虚拟水消费结构的差异。苏芮等（2011）利用新疆维吾尔自治区1995—2007年的虚拟水消费数据，采取水资源稀缺度、集约利用度等指标，研究了城乡居民消费结构的变化对虚拟水消费的影响。实证结果表明，城镇居民虚拟水消费结构多样性指数平均值比农村居民高，表明了城镇居民的虚拟水消费结构更加合理；不同社会群体的消费多样性指数呈上升趋势，表明了居民消费品分布逐步分散化，饮食结构单一化在逐步改善；水资源集约利用度大大上升，水资源利用效率有较明显提高。张金萍等（2012）利用郑州市1999—2008年虚拟水消费数据，分析了不同消费模式下的虚拟水消费，研究发现，郑州市城镇居民虚拟水消费量呈现出逐年增加的趋势，农村居民虚拟水消费量略有下降，并且城镇居民人均虚拟水消费量是农村居民消费量的1.6倍左右，另外城镇居民的虚拟水消费的多样性指数与均匀性指数均高于农村居民。刘红梅等（2013）利用省级数据的时空动态面板STIRPAT（Stochastic Impacts by Regression on Population, Affluence and Technology）模型，综合考虑了人口、富裕程度以及技术等三个方面的因素对中国农产品虚拟水消费的影响。

（2）虚拟水贸易的影响因素。目前对虚拟水贸易的影响因素的研究文献很多，不同的研究者的研究视角不同、采用的研究方法也不同，这是因为不同的学者研究背景不一样，掌握的计量方法也不一样。

国内较早研究虚拟水贸易的影响因素的是刘红梅等（2008），其文章从政治、经济、社会、生态等四个方面定性分析了虚拟水贸易的影响因素。其后刘红梅等（2010、2011）构建了空间面板引力模型，从供给、需求及贸易成本等角度定量研究了中国农业虚拟水国际贸易及国内贸易的影响因素。

研究中国农产品国际贸易影响因素的还有黎东升等（2010），其文中首先定性分析了农产品虚拟水贸易的影响因素，然后采用层次分析法研究了农产品虚拟水贸易的实施条件，指出水资源总量、人均量、利用率等水资源基础条件和GDP总量、外汇储备水平等经济条件是农产品虚拟水贸易实施条件的主要决定因素。

同时，研究中国农产品国际贸易与国内贸易的有陈丽新和孙志才（2010），其文中首先计算了中国农产品国际贸易与区际贸易量，指出中国的虚拟水净进口量在逐渐增大，北方地区向南方地区净调出的虚拟水水量也在上升。文中从耕地资源、人口、经济驱动、国家政策和技术进步五个方面对虚拟水贸易的影响因素展开了研究。

分别研究虚拟水进出口的影响要素的有黎东升和熊航（2011a、2011b）、马超等（2012）。其中，黎东升和熊航（2011a、2011b）基于39个国家的截面数据，以资源、经济、制度、人口等四个方面的11个变量为自变量，利用逐步回归的方法研究了虚拟水进口或者出口的影响因素，研究结果表明：耕地面积、粮食单产、国际储备、人均国内生产总值等四个变量对虚拟水进口量具有显著影响且均具有正向效应；耕地面积、人均 GDP、水自给率、粮食单产四个变量对虚拟水出口量具有显著影响且均具有正向效应。马超等（2012）以虚拟水对外依赖程度为因变量，以自然、经济、社会、生态、技术和政策等六个方面的变量为自变量，研究了 32 个典型国家的农产品虚拟水贸易中虚拟水流的驱动因素。研究表明：耕地资源及水资源的稀缺程度、区域经济发展水平、社会调适能力是虚拟水进口的正向驱动因素，而农业用水效率则是虚拟水进口的负向驱动因素。

3. 虚拟水战略

参考徐中民等人（2003）的观点，虚拟水战略是指贫水国家或者地区通过贸易的方式从富水国家或者地区购买水密集型产品（尤其是粮食）来获得水或者粮食的安全。如果一个国家出口水密集型产品给其他国家，实际上就是以虚拟的方式出口了水资源。程国栋（2003）的文章中也阐述了虚拟水战略对水资源安全、水资源管理的重要意义，并认为虚拟水战略对中国西部大开发、西北地区水资源安全、生态环境有重要的理论和现实指导意义。

由于虚拟水战略与虚拟水贸易紧密相关，在研究虚拟水贸易的论文中常常也提及虚拟水战略，因此这里只对本书中虚拟水贸易部分没有提到的文献进行综述。国内对虚拟水战略进行研究的文献集中在虚拟水战略的区划研究、特定地区的虚拟水战略研究、虚拟水战略的适用性及虚拟水流动的适宜性研究、对虚拟水战略的经济学内涵的解释、虚拟水的生态价值的研究、真实水战略与虚拟水战略的区别与联系以及虚拟水战略概念的推广等几个方面。

对中国虚拟水战略区划进行研究的有邹君等（2009、2010）。其中，邹君等（2009）利用层次分析法（AHP）研究了中国区域虚拟水战略优势度的评价问题，发现中国虚拟水战略优势度存在显著的地域差异，区域优势度等级存在"两头多，中间少"的结构特点和"东部高、西部低""南部和北部高、中间低"带状空间分布规律。邹君等（2010）以国内 31 个省级行政区为研究单元，运用指标体系评价方法和列联表互斥的矩阵分类方法进行了中国虚拟水战略区划研究。

对中国某个具体地区进行虚拟水战略研究的有：田贵良和许长新（2010）利用比较优势理论，结合了传统产业转移和高新产业发展角度，研究了苏南产业经济转型升级中的虚拟水贸易策略，并且从补偿机制、排污权分配以及政府转型三个方面给出了政策建议。王喆等（2011）以北京市为例研究了虚拟水战略，提出了开展虚拟水战略环境影响评价的内涵、原则、内容及步骤。张金萍等人（2011）基于河南省主要农作物的虚拟水情况，指出为了提高河南省的农业竞争力，应当结合河南省的农作物的种植结构，以虚拟水贸易战略来缓解河南省用水紧张的问题。王海兰和牛晓耕等（2011）从水资源承载力的角度研究了东北三省的虚拟水贸易问题，同时探讨了中国在对外贸易中实施虚拟水战略的可行性和路径选择。

对中国虚拟水战略的适用性及虚拟水流动的适宜性进行研究的是孙才志等（2010、2011），其中孙才志等（2010）从资源禀赋、资源优化配置、经济价值以及自然属性等角度分析了中国粮食贸易中的虚拟水流动格局的成因，同时研究了"虚拟水战略"在中国的适用性。结果表明，中国的农业资源利用效率具有很大的提高潜力。孙才志等（2011）从农业生产安全系统、支持系统和水资源安全系统等三个方面构建了中国国内农产品虚拟水流动适宜性评价指标体系，然后运用层次分析法和投影寻踪等方法对国内31个省级行政区农产品虚拟水流动适宜性程度进行定量评价。

对虚拟水战略的经济学内涵进行解释的有许长新等（2011），文中研究了虚拟水贸易对区域经济的作用机理及贡献份额。文中基于节水效应及经济价值两个角度解释了虚拟水战略的经济学内涵，从技术层面、产业层面及区际层面分别建立数理分析模型，论证虚拟水贸易如何促进缺水地区的经济增长。

注意到虚拟水生态价值的有乔光建（2010）、严立冬等人（2011）。其中，乔光建等人（2010）基于虚拟水战略背景，研究了河北省农业结构调整及其效益问题，指出建立基于虚拟水战略的区域政策保障体系，建立国家生态补偿机制是实施虚拟水战略的重要保障。严立冬等人（2011）分析了中国农产品虚拟水区域间流动格局，提出了虚拟水生态资本权益补偿的水资源区域管理政策，通过构建区域虚拟关税模型，探讨了区域虚拟水生态资本权益补偿问题。

研究真实水战略与虚拟水战略的区别与联系方面的有吴普特等（2010）、田贵良和许长新（2011）。其中，吴普特等（2010）注意到中国存在虚拟水北水南调的现象，这与真实水资源的南水北调工程恰恰相反。研究发现，北水南调虚拟工程调水量总体上呈增加趋势，这说明依靠现有南水北调实体工程难以支撑中国北方粮食生产。因此只有依靠科学技术，大力发展现代节水农业，提高粮食生产的综合用水效率，才能解决这个问题。田贵良和许长新（2011）基于虚拟水贸易框架，利用2002年宁夏回族自治区六个部门的投入产出表研究了真实水水价对各部门产品的影响，研究发现，水价上涨对农业产品价格的影响最为强烈，对批发和零售贸易餐饮业的影响次之，对服务业产品价格的影响最弱，从而影响了虚拟水贸易量。

不过以上虚拟水战略是狭义的虚拟水战略，利用狭义的虚拟水战略进行 CGE 模拟研究只有虚拟水贸易一种战略，因此需要将虚拟水战略进行推广。孙才志和陈丽新（2010）提出了广义虚拟水战略，认为"应从自然条件、社会条件、经济发展水平、生态环境建设以及机会成本、比较优势等方面综合考虑，以保障国家或地区农产品（粮食）安全为目的而引起的农产品贸易所导致的虚拟水流动。"另外文中考虑了广义虚拟水战略的驱动因子："耕地资源、水资源、机会成本和比较优势、粮食产量、产业结构调整、生态环境、经济条件、城市化水平、交通条件、市场发育程度。"

4. 国内文献评述

从虚拟水含量、生产量、消费量、贸易量计算的论文来看，存在两种计算方法，即生产树法与投入产出法，本书利用这两种方法分别计算中国各区域的虚拟水含量、生产量、消费量、贸易量，并比较这两种方法的优缺点，这正是本书第四章虚拟水的计算方法的主题，同时也是进行中国多区域虚拟水贸易政策研究的数据基础。

从以上研究虚拟水消费、贸易的影响因素文献来看，影响中国各区域虚拟水消费、贸易的因素很多，本书在构建 CGE 模型时综合考虑了这些因素，故这些文献是虚拟水贸易政策研究的基础。

从以上研究虚拟水战略的文献可以看出，中国幅员辽阔，不同地区的虚拟水战略是不一样的，因此在进行虚拟水贸易政策模拟研究的时候需要考虑各个区域的差别。真实水战略与虚拟水战略既有联系，也有区别，因此在进行虚拟水战略 CGE 模拟时需要结合真实水战略进行模拟，故本书考虑到数据的可得性与可定量性，结合前人的研究成果，采用广义的虚拟水战略，也就是说本书的虚拟水贸易政策不但包括作用于产品贸易的农产品运输"绿色通道"政策、水环境规制政策和进出口税率调整政策，而且包括了作用于产品产出或生产用水（可视为作用于产品的虚拟水含量）的水价、水量、水资源税和用水效率政策。[①]

（二）国外相关研究

前文已经提及的安南（Allan，1993）提出了虚拟水的概念。其后，众多的国外学者研究了虚拟水含量、生产量、消费量以及贸易量的计算方法，并对一定区域在某个时间段内的虚拟水情况进行了实证分析，另外也有文献研究了虚拟水战略问题。

---

① 需要注意的是，在 CGE 模型中，一个变量的变动会引起其他变量的变动，因此作用于产品贸易的进出口税率调整政策也会引起产品产出和生产用水的变动，其他政策类似。

1. 虚拟水计算方法的理论研究

与国内研究不同的是，国外学者对虚拟水的计算方法进行了理论研究，主要涉及如何有效计算研究作物以及畜产品的虚拟水含量、生产量、消费量及贸易量。由于投入产出法是列昂惕夫（Leontief）早在20世纪三四十年代所发明，因此虚拟水计算方法的研究主要是对生产树法的研究。

利用生产树法计算作物的虚拟水含量首先由艾伦等（Allen et al., 1998）所提出，文中基于生物学中扩展的彭曼（Penman-Monteith）公式，系统地提出了计算虚拟水含量的方法——生产树法，文中还涉及种植作物的蒸腾量、作物系数、作物的生长周期的确定办法，由于本书是虚拟水计算领域内的开创性文献，因此被联合国粮食及农业组织（FAO）推荐使用。

其后，胡克斯特拉和洪（Hoekstra and Hung, 2002）、查普曼和胡克斯特拉（Chapagain and Hoekstra, 2003）对具体作物、畜产品的计算方法进行了系统研究，这也是本书所采用的虚拟水贸易的计算方法。其中，胡克斯特拉和洪（2002）还以国家为单位，计算了世界各国1995—1999年种植作物的虚拟水含量及生产量。查普曼和胡克斯特拉（2003）同样以国家为单位，计算了世界多国1995—1999年活体动物及其畜产品的虚拟水含量及生产量。

值得一提的是，齐默尔和雷诺（Zimmer and Renault, 2003）提出了将农产品分为初级产品、加工产品、副产品、多重产品及低耗水或不耗水产品六种主要类型，分别计算虚拟水含量的方法，不过这种方法与艾伦等（1998）提出的生产树法无本质区别。

当然，利用生产树法计算虚拟水还存在一定的不足，因此汉莎克等（Hanasaki et al., 2010）基于全球水文模型，对生产树法做了一些改进，计算了全球1985—1999年以经纬度0.5°×0.5°为单位的种植作物与畜产品生产的虚拟水情况。同样的，西伯特和大奥（Siebert and Doll, 2010）提出一种新的计算作物虚拟水的模型，此模型大致与生产树法一致，只是彭曼公式、作物系数的确定要有些差别。他们利用此模型计算了全球1998—2002年以经纬度0.5°×0.5°为单位的种植作物生产的虚拟水情况。

2. 虚拟水含量、生产量、消费量及贸易量的计算

与国内文献类似，国外也有众多文献对世界各国或者地区、各个时段的虚拟水含量、生产量、消费量及贸易量进行了实证研究，这里包括中国学者发表在国外期刊上的论文。

（1）生产树法。利用生产树法计算虚拟水的实证论文，在国外首推前文出现

过的胡克斯特拉和洪（2002）、查普曼和胡克斯特拉（2003），他们计算了世界各国1995—1999年的虚拟水含量、生产量、消费量及贸易量。如果考虑种植作物与畜产品的虚拟水贸易量之和，虚拟水净出口量前五位的国家分别是美国、澳大利亚、加拿大、阿根廷、泰国，虚拟水净进口量前五位分别是日本、斯里兰卡、意大利、韩国、荷兰。文中还给出了水的自给程度（在0—100之间，数值越大，表明自给程度越大，0表示完全靠进口，100表示可以完全自给）的概念，并计算得到中国的自给度为96。类似的，委拉斯凯兹（Velazquez, 2007）计算了西班牙安达卢西亚（Andalusia）地区2002年的各种农产品的虚拟水贸易量，并指出通过虚拟水进口可以节约国内的水资源，并且只是水资源可持续发展的重要手段。彼得斯等（Peters et al., 2010）采用更加精细的生产树法计算分析了澳大利亚2002、2004年红肉（哺乳动物的肉体）生产的虚拟水情况。

在计算虚拟水时，区分绿水和蓝水的实证论文有杨等（Yang et al., 2006）、诺沃等（Novo et al., 2009）、阿尔达亚等（Aldaya et al., 2010）、梅科宁和胡克斯特拉（Mekonnen and Hoekstra, 2014）。其中杨等（2006）计算了世界各国1997—2001年通过食物贸易的虚拟水量，同时计算了虚拟绿水与虚拟蓝水，以及世界各国通过虚拟水贸易节省的水资源量，另外也分析了虚拟水贸易的经济与环境影响。诺沃等（2009）计算了西班牙与世界其他地区1997—2005年粮食贸易的虚拟水量，指出西班牙是虚拟水净进口国。文章重点分析了虚拟水贸易与水资源的稀缺程度之间的关系：在1997—2005年中，西班牙的降水量变化很大，在降水量低的年份虚拟水进口多，在降水量高的年份虚拟水进口则变小；但是在降水量低的年份，蓝水出口却有增多。文中分析了出现这种矛盾现象的原因，指出虚拟水贸易还存在其他影响因素，例如粮食的产量、国内外市场的需求变动等，从而导致了这种矛盾现象。阿尔达亚等（2010）注意到绿水的机会成本很小，因此从绿水角度研究了虚拟水贸易问题。文中计算了世界主要粮食出口国——美国、加拿大、法国、澳大利亚、阿根廷等五国2000—2004年通过玉米、大豆、小麦出口的虚拟水贸易量，同时还指出制约虚拟水贸易的因素。梅科宁和胡克斯特拉（2014）计算了肯尼亚1996—2005年的虚拟水贸易和水足迹情况，指出可以虚拟水贸易的方式节约当地的水资源。

（2）投入产出法。与国内文献一样，国外文献也有利用投入产出法计算中国的虚拟水消费或者贸易量。例如哈巴塞克和孙（Hubacek and Sun, 2005）利用投入产出方法研究了中国的水资源消费情况，虽然没有采用虚拟水的概念，但是实际上采用的方法就是虚拟水的计算方法。关和胡伯切克（Guan and Hubacek,

2007）利用 1997 年的多区域投入产出表研究了中国南北方之间各产业部门的虚拟水贸易情况。张等（Zhang et al.，2011）利用投入产出法计算了 2002 年和 2007 年中国各省的虚拟水进出口贸易量。毛和杨（Mao and Yang，2012）研究了中国河北省白洋淀地区的虚拟水贸易情况，首先利用了生产树法计算了虚拟水含量，之后利用投入产出法构建了各个产业部门之间的虚拟水贸易网络。与一般的虚拟水贸易研究文献的不同之处在于，这篇文章研究的是同一个地区不同部门之间的虚拟水流动情况。王等（Wang et al.，2013）利用投入产出法计算了北京市 2002 年和 2007 年各产业部门的虚拟水贸易和水足迹情况。张和安娜东（Zhang and Anadon，2014）利用区域间投入产出表计算了中国各省虚拟水国内贸易总量和水足迹。

3. 虚拟水战略

早在胡克斯特拉和洪（2002）的论文中，就已经发现了真实水资源的丰富程度与虚拟水自给程度并不一致，因此国外还有部分学者对虚拟水战略进行了质疑，例如安宿（Ansink，2010）在赫克谢—奥林（Heckscher-Ohlin）模型的基础上，分析了虚拟水贸易在解决地区水资源分布不均及地区水资源供求矛盾时的作用，指出由于还存在资本、劳动、土地等生产要素，因此能否通过虚拟水贸易来解决上述问题，不能单纯地看水资源的稀缺程度，还要看水资源要素与其他要素比值的高低。雷默（Reimer，2012）在安宿（2010）论文的基础上，进一步讨论了虚拟水贸易方面引起争论的四个问题：一是水资源丰富的国家仍可能存在虚拟水进口，二是有关虚拟水贸易的建议混乱，三是世界范围内水资源均衡的存在性，四是虚拟水贸易与比较优势理论之间的关系。

（三）国内外文献评述

从以上国内外文献来看，研究的主题基本一致，国内外均存在大量的对虚拟水含量、生产量、消费量和贸易量进行计算的实证论文，区别在于国外部分学者还提出了虚拟水的计算方法——生产树法。本书在借鉴国内外文献的基础之上，进行虚拟水贸易政策研究。

二、CGE 方法在水资源政策模拟中应用方面的文献综述

本书的虚拟水贸易政策包括作用于产品贸易的农产品运输"绿色通道"政策、水环境规制政策和进出口税率调整政策，还包括作用于产品产出或生产用水（可视为作用于产品虚拟水含量①）的水价、水量、用水效率、水资源税等政策。

---

① 根据虚拟水含量的计算方法，当产品产出或生产用水量发生变化时，虚拟水含量也会发生变化。

其中农产品运输"绿色通道"政策、水环境规制政策采用计量方法进行研究,其他政策采用 CGE 方法进行研究。另外,由于进出口税率调整政策是一种贸易政策,前面已经对 CGE 模型在贸易方面的应用进行了综述,故本部分仅对 CGE 方法在水价、水量、用水效率、水资源税等方面的应用的文献进行综述。

目前,利用 CGE 方法进行虚拟水贸易政策模拟方面的研究主要涉及水价、水量、真实水贸易、灌溉效率等政策,既有单一研究水价、水量、真实水贸易、灌溉效率等一个方面的文献,也有综合研究以上各个方面的文献。具体 CGE 模型也既有静态的,也有动态的,既有单区域的,也有多区域的。下面根据文献采用的具体模型类型进行综述。

(一) 采用单区域 CGE 模型

水价方面的代表性文献有:迪库韦等 (Decaluwe et al., 1999) 利用静态 CGE 模型研究了摩洛哥不同的水价政策对农业以及其他部门的影响。沈大军等 (1999) 利用投入产出占用技术以及 CGE 模型计算了邯郸市工农业的水价,同时分析了水量变化对各产业部门产出以及就业的影响。Smajgl et al. (2006) 利用类似于 CGE 模型的 AGE 模型,研究了澳大利亚水价改革对昆士兰州东北部地区农户的甘蔗种植与制糖工业的影响。卡登特和切丁 (Cardenete and Hewings, 2011) 利用静态 CGE 模型研究了水价上涨对国民经济各部门水资源分配的影响。李维和格罗夫斯 (Rivers and Groves, 2013) 利用了静态 CGE 模型研究了加拿大水价政策对居民和社会福利的影响。周芳和马中 (2014) 利用静态 CGE 模型研究了水价上涨对重庆市居民收入、劳动力需求、用水量等经济变量的影响。

水量、水资源分配方面的代表性文献有:孙等 (Seung et al., 2000) 利用动态 CGE 模型研究了美国内华达州丘吉尔县 (Churchill County) 水资源分配对农业部门与非农业部门产出的影响。古德曼 (Goodman, 2000) 利用静态 CGE 模型研究了解决美国科罗拉多州东南部水资源短缺问题的两种措施——提高水库储量与调水,研究结果表明两种策略的净收益基本相同,但调水的成本更低。罗等 (Roe et al., 2005) 利用静态 CGE 模型研究了摩洛哥水资源灌溉政策对农业部门以及整个国民经济的影响。调等 (Diao et al., 2008) 利用动态 CGE 模型研究了摩洛哥地表水与地下水的使用对国民经济的影响。萨拉米等 (Salami et al., 2009) 同时利用了线性规划模型和 CGE 模型研究了伊朗 1999—2000 年的干旱对其国民经济造成的影响。华生和戴维斯 (Watson and Davies, 2011) 利用动态 CGE 模型研究了美国科罗拉多州南普拉特河流域 (The South Platte River Basin) 农业用水转换到工业用水以及生活用水的政策,对该地区经济的影响。

水市场、水权分配、真实水贸易方面的代表性文献有：調等（Diao et al.，2003）利用动态 CGE 模型研究了建立水市场对经济的影响，指出建立水市场不仅能改善水的分配状况，而且可以减少贸易改革对经济的不利影响，从而达到"双赢"。戈麦斯等（Gomez et al.，2004）利用动态 CGE 模型研究了西班牙巴利阿里群岛农业与城市部门之间的水权交易问题，指出水权交易对经济发展有利，另外指出水权交易比淡化海水策略更好。冯等（Feng et al.，2007）利用动态 CGE 模型研究了中国南水北调工程对该项目所涉及的区域经济方面的影响。

水环境方面的代表文献有：秦（Qin，2011）利用动态 CGE 模型研究了减少污水排放量对中国经济的影响，指出可以通过较低的宏观经济成本来达到减排目的。陈雯（2012）构建了中国水污染治理的动态 CGE 模型，并进行了相应的政策评估研究。

研究多种水资源政策的代表性文献有：邓群等（2008）利用静态 CGE 模型研究了水价和水量政策对北京市经济的影响。王克强等（2011）利用静态 CGE 模型研究了各种农业水资源政策对中国经济的影响，具体包括水价、水量、科技创新以及虚拟水贸易政策[①]。洛普和蓬塞阿里丰索（Llop and Ponce-Alifonso，2012）利用静态 CGE 模型研究了水量政策以及水资源税政策对西班牙加泰罗尼亚（Catalonia）地区经济系统的影响。李昌彦等（2014）利用静态 CGE 模型研究了水价、生产用水补贴、技术等水资源政策对江西省经济的影响。

（二）采用多区域 CGE 模型

目前采用多区域 CGE 模型进行水资源管理方面的研究主要集中在以全球为研究对象的多国 CGE 模型，与前文所述研究贸易自由化、能源环境等文献一样，一般采用 GTAP 模型以及在 GTAP 模型基础上改进的 GTAP-W 模型（参见 Calzadilla et al.，2011）。

应用多区域 CGE 模型进行水资源管理研究主要集中在供水约束、贸易自由化、征收水资源税、灌溉效率、水资源可持续发展等问题。例如贝丽泰拉等（Berrittella et al.）于 2007、2008 年分别研究了供水约束对经济的影响、贸易自由化对水资源使用情况的影响和征收水资源税对全球各国经济的影响，卡尔扎迪拉等（Calzadilla et al.）于 2008、2010 年分别研究了提高灌溉效率对缺水地区与丰水地区的影响和世界各个地区的农业水资源可持续发展问题。

[①] 王克强等（2011）论文中的虚拟水贸易政策仅包括作用于产品贸易的进出口税率调整政策，本书所指的虚拟水贸易政策还包括作用于产品产出或生产用水（间接作用于产品虚拟水含量）的水价、水量、用水效率、水资源税等政策，因此本书中的虚拟水贸易政策是广义上的虚拟水贸易政策。

值得一提的是，以上文章中都考虑了虚拟水问题，也就是在计算农业所需的水资源量的时候采用的是绿水使用量与蓝水使用量的总和，不过由于缺乏有效计算绿水价值的方法，所以文章对绿水与蓝水的水价没有具体细分，统一采用蓝水的水价。

另外，也有利用多区域 CGE 模型研究一个国家内部的水资源管理问题的论文。例如霍里奇等（Horridge et al., 2005）利用 ORANI 模型研究了澳大利亚 2002—2003 年的干旱对其 57 个地区的经济发展的影响。哈塔诺等（Hatano et al., 2006）构建了包括中国黄河流域八个省、自治区的多区域 CGE 模型，研究表明，水权交易能提高水资源利用效率，下游集约用水能够提高用水效率，如果对用水效率低的省份提高效率，将改善整个黄河流域的用水状况。库雷希等（Qureshi et al., 2012）构建了多区域 CGE 模型研究了澳大利亚多个城市之间的水贸易政策对各城市经济的影响。

（三）文献评述

目前，CGE 模型应用于水资源管理方面的研究还处于探索阶段，表现在①具体方法还不完善，例如水资源如何进入 CGE 模型，不同的文献采用不同的方式，主要有三类：一是将水资源作为一种基本的生产要素，如前文提到的李国军（2011）等人的文献，这也是本书将采用的方式；二是将水资源相关的企业作为一个部门进入模型，如前文提到的戈麦斯等人（Gomez et al., 2004）的文献；三是采用投入产出占用方法，间接地考虑水资源相关问题，如前文提到的沈大军（1999）等人的文献。②相应的数据也很缺乏，例如水资源生态价值数据、水价数据，各区域虚拟水消费、贸易数据等，因此这方面的国内外文献不如贸易自由化、能源环境政策多，特别是应用多区域 CGE 模型进行中国多区域虚拟水贸易政策模拟相关问题的研究，更是空白，这正是本书所要研究解决的问题。③研究视角还可以进一步拓宽，在本书中，基于虚拟水贸易视角，不但研究了作用于产品虚拟水含量的虚拟水贸易政策，例如水价政策、水量政策、用水效率政策和水资源税政策，而且研究了作用于产品贸易量的虚拟水贸易政策，例如农产品运输"绿色通道"政策、水环境规制政策、进口关税税率调整政策和出口退税税率调整政策。

第三节　研究的主要内容、框架、方法、创新点与不足

一、研究的主要内容

本书研究的主题是中国多区域虚拟水贸易政策，主要涉及虚拟水贸易的计算、虚拟水贸易的边界效应、中国水环境规制对农产品虚拟水贸易的影响、多区域 CGE 模型的构建、多区域 SAM 表的构建、虚拟水贸易政策的静态、动态模拟研究等。

本书各章节的安排如下：

第一章，绪论。本章主要介绍研究的背景与意义，研究的主要内容、框架以及主要研究方法，同时对虚拟水方面、CGE 方法及其在虚拟水贸易政策模拟中的应用的相关文献进行综述。

第二章，理论基础。本章包括研究的主题与方法方面的一些理论，主要有水价理论、水资源的供求理论、资源禀赋理论、空间计量理论、一般均衡理论，并利用国际贸易相关理论对虚拟水贸易进行了理论解释，这为本书第四章到第七章的实证研究打下理论基础。

第三章，中国虚拟水贸易政策实施现状和虚拟水贸易政策研究的理论预期。本章首先以省份为单位叙述了中国水资源分布和利用现状，然后具体叙述本书所研究的水资源政策及其现状，之后叙述利用 CGE 模型进行虚拟水贸易政策模拟的运行机制，最后得到本书虚拟水贸易政策研究的理论预期。

第四章，虚拟水贸易量的计算方法和中国省际虚拟水贸易的边界效应研究。本章主要介绍两种计算虚拟水含量、生产量、消费量以及贸易量的方法，即生产树法与投入产出法，然后研究中国省际的虚拟水贸易量的边界效应，阐述了农产品运输"绿色通道"政策的重要作用。

第五章，中国水环境规制与农产品虚拟水贸易。本章首先介绍了灰水的计算方法，然后研究了中国水环境规制对国内农产品虚拟水贸易的影响。

第六章，中国多区域虚拟水贸易政策模拟的 CGE 模型构建和数据基础。本章首先构建了中国水资源多区域静、动态 CGE 模型，这是编制多区域 SAM 表（Social Accounting Matrix，又称为社会核算矩阵）与进行多区域虚拟水贸易政策模拟的基础。然后编制了多区域 SAM 表，其中多区域 SAM 表包括宏观与微观两

个方面。另外，本章还涉及水资源价值的核算以及 CGE 模型的参数来源的说明。

第七章，中国多区域虚拟水贸易政策的 CGE 模拟研究。本章主要进行中国多区域进出口税率调整、水价、水量、水资源税、用水效率等虚拟水贸易政策的静态模拟研究，并进行相应的比较分析。在模拟过程中用水情况包括生产用水、生活用水以及生态用水，并且加入了水环境约束条件。

第八章，结论、现阶段虚拟水贸易政策仍存在的问题及政策启示。本章根据对本书主体部分的研究，给出相应的结论，归纳得到现阶段虚拟水贸易政策仍存在的问题，并根据这些结论和现阶段虚拟水贸易政策仍存在的问题得到相应的政策启示。

二、研究的框架

本书在中国人多水少、水资源时空分布不均的大背景下，利用水资源经济学、国民经济学等相关理论，采用空间计量经济学、可计算一般均衡（CGE）等方法，研究了中国多区域虚拟水贸易政策。具体研究思路如图 1.1 所示。

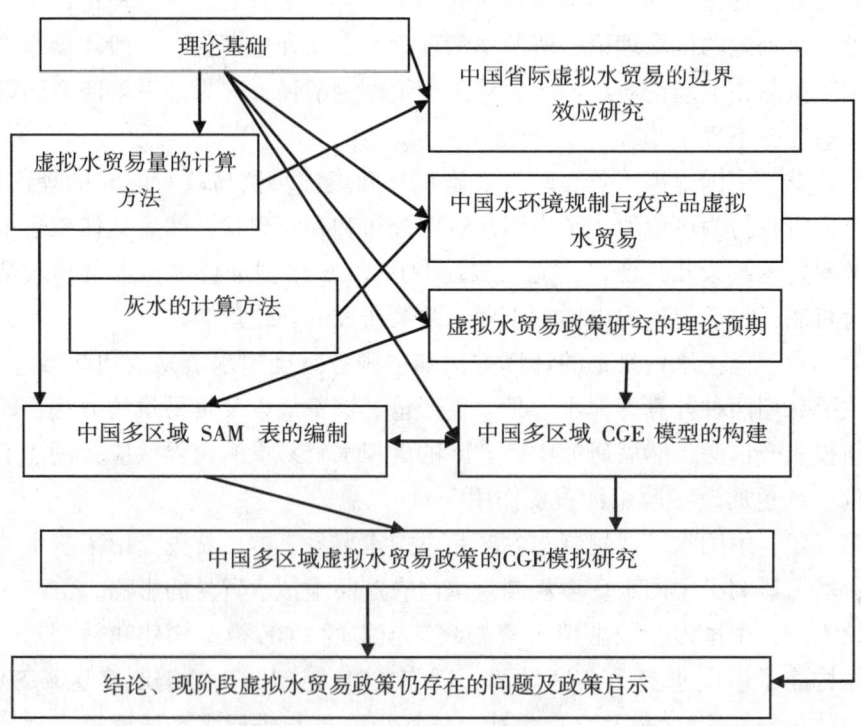

图 1.1　本书的研究框架

需要说明的是，用计量方法研究虚拟水贸易政策是进行虚拟水贸易政策模拟的基础：因为①计算的虚拟水贸易量以及绿水、蓝水和灰水量数据，在进行多区域水资源政策模拟中编制 SAM 表时还需要继续用到。②本书的第四、第五章是利用计量经济学相关方法研究虚拟水国内贸易的边界效应，以及水环境规制对农产品虚拟水国内贸易的影响，第七、第八章则是利用多区域 CGE 模型对虚拟水贸易政策进行模拟。由于采用计量经济学方法的因变量只有一个，但是采用 CGE 模型可以得到不同的虚拟水贸易政策对多个经济变量的影响，为了得到不同的虚拟水贸易政策调整对多个经济变量的影响，本书在第四、第五章的基础上进一步进行虚拟水贸易政策的模拟研究。

三、主要的研究方法

本书涉及的研究方法主要有生产树法、投入产出法、空间计量经济学方法、社会核算矩阵方法、可计算一般均衡方法、比较分析法等，其中利用生产树法、投入产出法计算虚拟水贸易量在文献综述部分已经提及，所以这里只对投入产出法在虚拟水贸易政策模拟的作用作进一步说明。

（一）投入产出法

投入产出法（Imput-output Method）是研究国民经济、区域经济、部门经济以及企业经济等经济体系各个部分之间的投入与产出之间相互依存关系的方法，最先由美国经济学家列昂惕夫（W. Leontief）所发明。中国目前每五年编制一次投入产出表，由于编制投入产出表的滞后性，本书采用的是 2007 年的投入产出表，包括全国整体的投入产出表、省（市、自治区）单独的投入产出表[①]以及以省（市、自治区）为区域的投出产出表。由于本书是对中国农产品区域虚拟水消费、贸易以及政策的模拟研究，因此采用区域投出产出表作分析。本书利用区域间投入产出表计算了区域间虚拟水贸易量，它是本书第四章研究农产品运输"绿色通道"政策对虚拟水贸易边界效应影响的数据基础，也是编制社会核算矩阵的基础，同时也是建立在社会核算矩阵基础上的可计算一般均衡模型的基础。

（二）空间计量经济学方法

空间计量经济学是计量经济学的一个新的分支，在研究横截面数据和面板数据的回归模型中，它考虑了空间之间的相互作用（空间相关）以及空间结构可能导致的非均质性（Anselin，1988）。本书利用空间计量经济学方法研究了中国水环境规制对国内农产品虚拟水贸易的影响。

---

① 西藏没有编制 2007 年投入产出表。

（三）社会核算矩阵

社会核算矩阵（Social Accounting Matrix，简称 SAM 表）是一种描述经济系统运行的方法，通常以单式记账形式反映复式记账内容的对经济系统进行核算的矩阵式表格，最先由英国经济学家斯通爵士（Richard Stone）所领导制定。SAM 表将投入产出表与国民收入和生产账户结合起来，从而可以方便地进行乘数分析及一般均衡分析。社会核算矩阵分宏观与微观两种，本书根据区域投入产出表以及其他相关数据编制了这两种 SAM 表。

（四）可计算一般均衡方法

可计算一般均衡（Computable General Equilibrium，简称 CGE）模型是建立在一般均衡理论基础之上的，描述国民经济各个部门、核算账户之间的相互依存关系的模型。通过建立可计算一般均衡模型，可以实现对经济系统中各部门、核算账户相互依存的关系进行描述、模拟和预测。由于模型的应用性强，因此也有人称此模型为应用可计算一般均衡模型（Applied General Equilibrium Model）。本书利用多区域 CGE 模型来进行虚拟水贸易政策模拟研究。

（五）比较分析法

本书采用比较分析法分析了利用生产树法与投入产出法计算虚拟水贸易量的异同，比较分析了各省虚拟水贸易边界效应的差异，也利用此方法分析了水资源政策的静态模拟结果与动态模拟结果的异同，另外本书还比较了各种虚拟水贸易政策对不同区域主要经济变量影响的异同。

四、本书的创新点及不足

本书的创新点如下：

（1）对中国虚拟水贸易的边界效应进行了系统的研究。本部分首先结合区域间投入产出表和水资源相关数据，采用投入产出法计算省份之间的虚拟水贸易量，然后结合引力模型，对中国省份之间虚拟水贸易的边界效应进行了相应的测算和影响因素分析，验证了中国农产品运输"绿色通道"政策在一定程度上减少了农产品虚拟水贸易的边界效应。

（2）对中国水环境规制对农产品虚拟水贸易的影响进行了研究。本部分首先介绍灰水的计算方法，然后结合 HOV（Hechsher-Ohlin-Vanek）模型，采用生产树法计算得到的农产品虚拟水贸易量相关数据，以灰水的变化程度为水环境规制变量，实证研究了水环境规制对农产品虚拟水贸易的影响。

（3）构建了中国水资源多区域 CGE 模型，并将它应用于中国多区域虚拟水贸易政策模拟研究。本部分首先基于 LHR（Lofgren-Harris-Robinson）模型构建了中国多区域水资源静态和动态 CGE 模型，然后结合区域间投入产出表和统计年鉴相关数据，对作用于产品贸易量的进出口税率调整政策，以及作用于产品的虚拟水含量的水价、水量、水资源税和用水效率政策进行了静态和动态模拟研究。

本书的不足之处如下：

（1）由于编制区域间投入产出表太烦琐，所以该表均有一定的滞后性，本书采用的区域间投入产出表是刘卫东等（2012）编制的2007年省（区、市）区域间投入产出表，即本书是利用历史数据进行模拟，但目前的经济状况可能发生了改变，因此不一定能反映最新的发展变化。

（2）由于利用多区域 CGE 模型对虚拟水贸易政策模拟的过程太烦琐，本书只对中国八大区域的虚拟水贸易政策进行了模拟，没有进一步对各省虚拟水贸易政策进行模拟（不过，研究方法仍是类似的）。

第二章 理论基础

第一节 国际贸易和水资源经济学相关理论

一、国际（内）贸易的相关理论及对虚拟水贸易的解释

由于本书的研究主题是虚拟水贸易政策，因此需要利用国际（内）贸易的相关理论来解释虚拟水贸易发生的原因，进而对后面的实证研究提供理论基础。本部分首先回顾国际（内）贸易相关理论，然后对虚拟水贸易的成因进行理论分析。

（一）国际（内）贸易的主要理论

按照国际（内）贸易理论的发展历程，国际（内）贸易理论主要有绝对优势理论、比较优势理论、资源禀赋理论、新贸易理论以及新新贸易理论。

绝对优势理论是由亚当·斯密（Adam Smith）提出的，它指出国际（内）贸易的原因是绝对成本之间的差别。所谓绝对成本，是指两个国家生产某种商品的绝对劳动成本的差异。

比较优势理论是大卫·李嘉图（David Ricardo）在绝对优势理论基础上提出的解释国际（内）贸易的理论。该理论认为，国际（内）贸易的原因是生产技术的相对差别，每个国家或者地区会生产并出口具有比较优势的产品、进口具有比较劣势的产品。

经典的资源禀赋理论（HO 模型）由赫克舍—奥林（Hechsher-Ohlin）提出，它是比较优势理论的推广。它指出一个国家或者地区出口其相对富足的要素密集生产的产品，进口该国或者该地区相对稀缺的要素密集生产的产品。

列昂惕夫（Leontief）在 1953 年和 1956 年指出，美国是世界上具有最昂贵劳动力和最密集资本的国家，按照经典的资源禀赋理论，美国应当出口资本密集型产品，进口劳动密集型产品，但是它实际上出口量最大的是农产品等劳动密集

型产品，进口量最大的是汽车、钢铁等资本密集型产品，此即"列昂惕夫之谜"。具体到虚拟水贸易来说，胡克斯特拉和洪（Hoekstra and Hung，2002）、查普曼和胡克斯特拉（Chapagain and Hoekstra，2003）也发现部分国家虽然水资源缺乏，但是仍是虚拟水净调出国家。另外，中国的黄淮海地区的河北、山东、河南、安徽等省份本身的水资源缺乏，但是仍是农产品虚拟水净调出地区（马静等，2004）。

因此，需要放松经典 HO 模型的假定条件，推广 HO 模型，HOV 模型是传统的 HO（Hechsher-Ohlin）模型的推广，它是多个地区、多种商品和多个要素模型（Vanek，1968），另外利默（Leamer，1984）对 HOV 模型做了进一步改进。

新贸易理论是 20 世纪 80 年代以来，以保罗·克鲁格曼（Paul R. Krugman）为代表的一批经济学家提出的理论。它放松了传统贸易理论中的"完全竞争"和"规模报酬不变"等假定条件。

新新贸易理论是指关于异质企业模型和企业内生边界模型的国际（内）贸易理论，主要由梅里兹（Melitz，2003）等文献所提出。与传统的国际（内）贸易不同，它从微观（企业）层面解释了国际（内）贸易。

（二）虚拟水贸易的理论解释

由于目前只研究宏观层面的虚拟水贸易，因此一般利用 HOV 模型来解释虚拟水贸易。安宿（Ansink，2010）和雷默（Reimer，2012）利用经典 HOV 模型分析了导致虚拟水贸易的原因，由于本书利用虚拟水生产量减去虚拟水消费量的办法计算虚拟水贸易量，需要利用利默（Leamer，1984）对 HOV 模型的改进形式来解释中国国内农产品虚拟水贸易[①]。类似于刘红梅等（2011），先假定中国农产品虚拟水净进口等于零[②]，各省对农产品消费只使用农业收入，并假定满足 HOV 模型的其他前提条件[③]。设 Y_{ij} 为省份 j 第 i 种农产品虚拟水国内净调出量，W_{ij} 为省份 j 第 i 种农产品虚拟水含量，E_{ij} 为省份 j 第 i 种农产品国内净调出量，Q_{ij} 为省份 j 第 i 种农产品生产量，C_{ij} 为省份 j 第 i 种农产品消费量，投入产出矩阵 A 中的代表元素 a_{ki} 表征生产第 i 种农产品第 k 种要素的投入量，V_{kj} 代表省份 j 第 k

---

[①] 由于本书第五章只研究农产品虚拟水贸易，因此这里是用 HOV 模型解释农产品虚拟水贸易，实际上，对于所有行业的虚拟水贸易，都可以类似解释。

[②] 在计算虚拟水国内净调出量时再扣除净出口量。

[③] 其他前提条件包括以下假设：第一，不存在贸易壁垒，产品在各省的价格相同；第二，各省需求偏好同位相似，边际消费倾向相同；第三，中国各省的总产出等于各省的总消费（即产品净进口等于零）；第四，各要素充分使用；第五，各省的生产函数相同，即投入产出系数一致；第六，投入产出矩阵可逆（即假定要素个数等于产品种类数，另外对于产品种类大于要素个数的一般情况，也可以转化为这种形式）（Leamer，1984）。

种要素禀赋，G_j 代表省份 j 的农业增加值，则有以下方程组：

$$Y_{ij} = W_{ij} E_{ij} \tag{2.1}$$

$$E_{ij} = Q_{ij} - C_{ij} \tag{2.2}$$

$$Q_j = A^{-1} V_j \tag{2.3}$$

其中，Q_j 为省份 j 农产品生产量所构成的向量，V_j 为省份 j 农产品生产要素所构成的向量。定义 C_j 为省份 j 各种农产品消费所构成的向量，设：

$$s_j = \frac{C_j}{G_j} \tag{2.4}$$

由于假定各省需求偏好同位相似，边际消费倾向相同，因此 s_j 是一个与省份无关的常数，再结合中国各省的总产出等于各省的总消费的假定，有：

$$s_c = s_j = \frac{C_c}{G_c} = \frac{A^{-1} V_c}{G_c} \tag{2.5}$$

其中，下标 c 代表全中国。结合（2.2）式、（2.3）式、（2.4）式和（2.5）式，有：

$$E_j = Q_j - C_j = A^{-1} V_j - A^{-1} V_c (\frac{G_j}{G_c}) \tag{2.6}$$

记 A^{-1} 中代表元素为 $\bar{a}_{ij}$，结合（2.1）式和（2.6）式，有：

$$Y_{ij} = W_{ij} E_{ij} = [\sum_{k=1}^{N} (\bar{a}_{ik} - \frac{\gamma_k}{G_c}(\sum_{s=1}^{N} \bar{a}_{is} V_{sc}))] V_{ij} W_{ij} \tag{2.7}$$

其中，N 代表要素的总个数，γ_k 代表第 k 种要素的价格。（2.7）式便是用 HOV 模型来解释虚拟水贸易的一个理论模型。

二、水资源供求理论

（一）水价自由浮动时水资源供求分析

在水价自由浮动、供需水量可以受价格调节的条件下，水市场是一个自由竞争市场，那么通过价格的调整可以实现供水量和需水量的均衡。如图2.1所示：

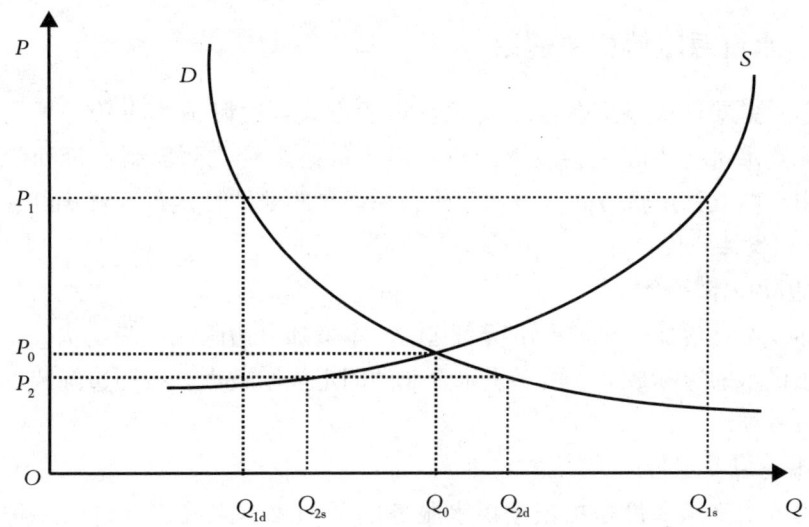

图 2.1　水价自由浮动时水资源供求分析

由图 2.1 可知，水资源的供求均衡点为（P_0，Q_0）。如果水市场实际价格（P_1）高于均衡价格（P_0），那么水供给量（Q_{1s}）会大于水需求量（Q_{1d}），即供大于求，这势必引起水价下降，直到供求均衡点的价格（P_0）。如果水市场实际价格（P_2）低于均衡价格（P_0），那么水供给量（Q_{2s}）会小于水需求量（Q_{2d}），即供不应求，这势必引起水价上涨，直到供求均衡点的价格（P_0）。

（二）水价管制时水资源供求分析

在现实生活中，存在水价管制，从而水价不能自由浮动，此时会出现供求不均衡的现象。当管制水价高于均衡价格时，即图 2.1 中的 P_1，此时水供给量 Q_{1s} 会大于水需求量 Q_{1d}，但是由于水价管制，不能自动调节到供求均衡状态，因此供水能力过剩。不过，有时候供水者并不一定赞成提高水价，这是因为水价上涨可能会导致需水量的下降，虽然水资源的单价上升，但是单价乘以需水量得到的价值量并不一定比原来的价值量更多。当管制水价低于均衡价格时，即图 2.1 中的 P_2，此时水供给量 Q_{2s} 会小于水需求量 Q_{2d}，此时会供不应求。中国长期使用低水价的政策，特别是农业用水，因此很多地区在农业生产时均采用大水漫灌的方式，这不利于节约水资源，一定程度上导致了水资源的浪费。

三、水资源定价相关理论

目前，主要存在以下制定水资源价格的方式：边际成本定价、平均成本定价、全成本定价、边际机会成本定价、影子价格定价、两部制定价和阶梯式定价。其中，前五种定价方式为线性定价，后两种为非线性定价（沈满红，2008）。

（一）线性定价

1. 边际成本定价

边际成本是增加一单位产出所引起的成本增加，边际成本确定水价是指供水价格等于供水的边际成本。由于供水企业的固定成本较大，按照边际成本定价一般会导致亏损。

2. 平均成本定价

平均成本确定水价是指根据供水服务的平均成本来确定水价的一种定价方式。由于供水企业需要赚取一定的利润，因此供水行业存在许可收益率，在中国一般是4%~6%。平均成本定价用公式表示如下：

$$P = \frac{C}{Q}(1+r) = \frac{F + \int_0^Q V(Q)\,\mathrm{d}Q}{Q}(1+r) \qquad (2.8)$$

其中，P 是水价，C 是总成本，Q 是用水量，r 是许可收益率，F 为固定成本，$V(Q)$ 是可变成本。

3. 全成本定价

全成本定价确定水价是指水价由资源水价、工程水价、环境水价三个部分共同确定。资源水价是指水资源所有者让个人或者企业使用水资源所获得的报酬。工程水价是指用来补贴供水系统的工程建设成本而征收的费用，主要有管道成本、制水成本、维护成本等。环境水价是指为了防治水污染所征收的费用。

4. 边际机会成本定价

边际机会成本确定水价是指水价等于其边际机会成本，其中边际机会成本包括边际生产者成本、边际使用者成本以及边际环境成本。

5. 影子价格定价

水资源的影子价格在数学意义上就是线性拉格朗日函数的拉格朗日乘子所对应的数值，在经济意义上就是水资源投入的潜在边际收益。

（二）非线性定价

1. 两部制定价

两部制水价包括两个部分：一部分是与水资源使用者无关的、定期支付的基本费用，第二部分是按照水资源使用量来征收的从量费。假定水资源的消费者数量为 n，供水企业生产水资源的固定成本为 K，供水企业征收的从量费用为 t，那么供水企业对某个消费者征收的费用 F 以及两部制水价 P 可表示为：

$$F = \frac{K}{n} + tQ \tag{2.9}$$

$$P = \frac{K}{nQ} + t \tag{2.10}$$

2. 阶梯式定价

阶梯式水价是指在核定居民用水以及企业用水等基本用水量的基础上，对定额以内的用水实行低价，超过基本用水量的部分实行超额累进加价，这类似于个人所得税的征收。

四、节水灌溉相关理论

为了有效地缓解水资源供求矛盾，节水灌溉技术的使用与推广势在必行。下面对节水灌溉的含义、主要措施以及经济效益进行简要的介绍。

（一）节水灌溉的含义及主要措施

节水灌溉是根据作物需水规律及当地的供水条件，为了有效地利用降水和灌溉水，获取农业的最佳经济效益、社会效益、生态环境效益而采取的多种措施的总称（杨培岭，2012）。

常用的节水灌溉技术有喷灌、微灌等。喷灌是把由水泵加压或自然落差形成的有压水通过压力管道送到田间，再经喷头喷射到空中，形成细小水滴，均匀地洒落在农田，达到灌溉的目的。微灌是通过管理系统与安装在地面管道上的灌水器如滴头或微喷头等，将有压水按作物实际耗水量适时、适量、准确地补充到作物附近土壤进行灌溉。

（二）节水灌溉的经济效益分析

节水灌溉的经济效益主要有：一方面，节水灌溉与传统灌溉相比可以节约一定数量的水资源，而节约的水资源具有经济价值，如微灌一般可节水 30%~50%，喷灌可节水 20%~30%；另一方面，由于节水灌溉技术的采用，可以按照作物不同的生长阶段的需水要求适时、适量供水，因此也可以带来增产的效果。当然，采用节水灌溉技术，会存在一定的投入成本，因此与传统的灌溉技术相比，节水灌溉技术的经济收益可用公式表示为：

$$\pi = \pi_1 + \pi_2 - C \tag{2.11}$$

$$\pi_1 = P_w \Delta W = P_w (\eta_{节} - \eta_{传}) mA \tag{2.12}$$

$$\pi_2 = P_q \Delta Q = P_q(y_节 - y_传)A \tag{2.13}$$

其中，π、π_1、π_2 分别是与传统的灌溉技术相比，采用节水灌溉技术总的经济收益、节约水资源的收益、作物增产的收益，C 为投入成本，P_w、P_q 分别是水价、作物价格，ΔW、ΔQ 分别是节约的水资源量、作物的增产量，$\eta_节$、$\eta_传$ 分别为节水灌溉的灌溉水利用系数、传统灌溉的灌溉水利用系数，$y_节$、$y_传$ 分别为节水灌溉平均单产、传统灌溉平均单产，m 为单位面积用水量，A 为灌溉面积。

五、水资源市场失灵

（一）水资源市场失灵的表现

水资源在一定程度是公共物品，对于江河、湖泊等水资源，江河、湖泊所在地的人们都可以使用，另外流域内水污染的防治，受益的是流域内的所有人。人们对水资源的过度使用会导致"公地的悲剧"，而水资源保护则存在"搭便车"的现象，即水资源市场失灵，存在外部性。

（二）解决水资源市场失灵的方法

为了解决水资源市场失灵，消除外部性，我们可以采用庇古方法和科斯方法。

1. 庇古方法

为了解决水资源市场失灵，消除外部性，按照庇古在其《福利经济学》中的建议，就应该对产生负外部性的用户收费或者征税，例如征收水污染税、污水排放费等；对产生正外部性的单位给予补贴。

2. 科斯方法

由于水资源保护需要成本，如果流域内某个地区进行水资源保护，虽然该地区会因为保护水资源获得一定的收益，但是其他地区也会获得收益，因此为了持续地保护流域内的水资源，流域类其他地区应当根据自愿协商的机制（即科斯方法）给予该地区补偿。

第二节　空间计量经济学相关理论

空间计量经济学是现代计量经济学的一个新的分支，主要考虑经济变量的空间效应，主要内容有空间模型的设定、检验以及估计等。空间计量模型可以刻画多个区域之间的空间相关性，故本书利用空间计量模型来研究中国水环境规制对农产品虚拟水贸易的影响。

一、空间计量模型的类型

本部分首先叙述空间权重矩阵的构造,然后以空间面板模型为例,叙述空间计量模型的具体形式。其中,空间面板模型可分为静态空间面板模型和动态空间面板模型两大类。

(一) 空间权重矩阵

1. 0—1 权重矩阵

未标准化的 0—1 权重矩阵是一个对称化的空间权重矩阵,具体形式如下:

$$W = \begin{bmatrix} w_{11} & w_{12} & \cdots & w_{1n} \\ w_{21} & w_{22} & \cdots & w_{2n} \\ \vdots & \vdots & \vdots & \vdots \\ w_{n1} & w_{n2} & \cdots & w_{nn} \end{bmatrix} \quad (2.14)$$

其中,当区域 i 与区域 j 相邻接时,$w_{ij}=1$;当区域 i 与区域 j 不相邻时,$w_{ij}=0$;另外认为自身与自身不相邻,即(2.14)式中主对角线上元素为 0。为了减少或消除区域间的外在影响,通常将(2.14)式中所示的权重矩阵进行行和标准化,即令行和等于 1。

2. 其他权重矩阵

除了 0—1 权重矩阵之外,还有距离权重矩阵(用球面距离或者交通运输距离来加权)、经济权重矩阵(用 GDP 总额、资本等来加权)等(Anselin,1988)。由于本书只采用 0—1 权重矩阵,因此对其他权重矩阵不作进一步介绍。

(二) 静态空间面板模型

静态空间面板模型主要有静态面板空间滞后模型、静态面板空间误差模型、静态面板空间杜宾(Durin)模型、静态面板空间 Durin 误差模型、静态面板空间残差移动平均模型等(Elhorst,2010)。其中,最常见的是静态面板空间滞后模型和静态面板空间误差模型,本书只叙述这两种形式的模型。

1. 静态面板空间滞后模型

静态面板空间滞后模型的具体形式如下:

$$Y = \lambda(I_T \otimes W_N)Y + X\beta + u \quad (2.15)$$

$$u = (l_T \otimes I_N)\mu_N + (l_N \otimes I_T)\mu_T + v \quad (2.16)$$

其中,Y 为因变量的堆栈数据集,λ 为空间滞后系数,I_T 为 T 阶单位矩阵,$\otimes$ 为矩阵的克内罗克(Kronecker)积,W_N 为 N 阶空间权重矩阵,X 为自变量的堆栈数据集,u 为空间误差,l_T 或者 l_N 为元素全为 1 的 T 阶或者 N 阶列向量,μ_N 或

者 μ_T 为随机或者固定的个体效应以及时间效应，v 为独立同分布服从于 $N(0, \sigma^2)$ 的堆栈数据集。

2. 静态面板空间误差模型

静态面板空间误差模型的具体形式如下：

$$Y = X\beta + u \tag{2.17}$$

$$u = \rho(I_T \otimes W_N)u + \varepsilon \tag{2.18}$$

$$\varepsilon = (l_T \otimes I_N)\mu_N + (l_N \otimes I_T)\mu_T + v \tag{2.19}$$

其中，ρ 为空间误差系数，$\varepsilon = (\varepsilon_{11}, \cdots, \varepsilon_{N1}, \cdots, \varepsilon_{1T}, \cdots \varepsilon_{NT})'$，其他符号的含义类似于静态面板空间滞后模型。

（三）动态空间面板模型

类似于静态空间面板模型，动态空间面板模型也包括动态面板空间滞后模型、动态面板空间误差模型、动态面板空间 Durin 模型、动态面板空间 Durin 误差模型、动态面板空间残差移动平均模型等（Elhorst，2012）。本书同样只叙述常见的动态面板空间滞后模型和动态面板空间误差模型。

1. 动态面板空间滞后模型

动态面板空间滞后模型的具体形式如下：

$$Y_t = \tau Y_{t-1} + \lambda W_N Y_t + \eta W_N Y_{t-1} + X\beta + \mu + \varepsilon_t \tag{2.20}$$

其中，$t = 1, \cdots T$，$Y_t = (Y_{1t}, Y_{2t}, \cdots, Y_{Nt})'$，$\tau$、$\lambda$、$\eta$ 分别代表为时间动态效应项系数、空间滞后项系数、时空滞后项系数，其他符号类似于静态空间面板模型。

2. 动态面板空间误差模型

动态面板空间误差模型的具体形式如下：

$$Y_t = \tau Y_{t-1} + X\beta + \mu + v_t \tag{2.21}$$

$$v_t = \rho W_N v_t + \varepsilon_t \tag{2.22}$$

其中，各符号的含义类似于静态面板空间误差模型以及动态面板空间滞后模型。

二、空间相关性检验

一般通过面板形式的 Moran I 检验来判断模型的空间相关性，利用 LM—Lag 检验与 LM—Error 检验来判断究竟采用空间滞后模型还是空间误差模型（Elhorst，2010）。

（一）Moran I 检验

空间相关检验一般采用 Moran I 检验来检验全局的空间相关性，对于局部空间相关性的检验有安瑟林（Anselin，1995）提出的局部 Moran I 指数以及格蒂和奥德（Geti and Ord，1992）提出的 Geary 指数（参见沈体雁等，2010）。本书只列出检验全局的空间相关性 Moran I 指数。

所谓 Moran I 指数，是指：

$$I = \frac{N \sum_{i=1}^{N} \sum_{j=1}^{N} w_{ij}(Y_i - \bar{Y})(Y_j - \bar{Y})}{\sum_{i=1}^{N} \sum_{j=1}^{N} w_{ij} \sum_{i=1}^{N} (Y_i - \bar{Y})^2} \quad (2.23)$$

其中，w_{ij} 为空间权重矩阵的代表元素，Y 代表所要考虑的变量。根据空间数据的分布性质可以知道 Moran I 指数的期望、方差为（Cliff and Ord，1972；Anselin，1988）：

$$E(I) = -\frac{1}{N-1} \quad (2.24)$$

$$VAR(I) = \frac{N^2 r_1 + N r_2 + 3 r_3}{r_3(N^2 - 1)} - E(I)^2 \quad (2.25)$$

其中，$r_1 = \frac{1}{2} \sum_{i=1}^{N} \sum_{j=1}^{N} (w_{ij} + w_{ji})$，$r_2 = \sum_{i=1}^{N} (\sum_{j=1}^{N} w_{ij} + \sum_{i=1}^{N} w_{ji})$，$r_3 = (\sum_{i=1}^{N} \sum_{j=1}^{N} w_{ij})^2$。

另外，还有基于面板混合回归模型的残差来构造的 Moran I 指数，表达式如下，它是基于横截面形式的回归模型的残差构造的 Moran I 指数的推广（Cliff and Ord，1972；沈体雁等，2010）。

$$I = \frac{e'(I_T \otimes W_N)e}{e'e} \quad (2.26)$$

其中，e 是面板混合回归之后的残差，其他符号的含义类似于前面的定义。

（二）LM 检验

参考安瑟林等（Anselin et. al，2008）以及埃洛斯特（Elhorst，2010）论文中的结果，基于面板混合回归结果的 LM-Lag 检验、LM-Error 检验、稳健 LM-Lag 检验以及稳健 LM-Error 检验的具体形式如下：

$$LM - Lag = \frac{[e'(I_T \otimes W_N)y\hat{\sigma}^{-2}]^2}{J} \quad (2.27)$$

$$LM - Error = \frac{[e'(I_T \otimes W_N)e\hat{\sigma}^{-2}]^2}{TT_W} \quad (2.28)$$

$$RobustLM - Lag = \frac{[e'(I_T \otimes W_N)y\hat{\sigma}^{-2} - e'(I_T \otimes W_N)e\hat{\sigma}^{-2}]^2}{J - TT_W} \quad (2.29)$$

$$RobustLM - Error = \frac{[e^{'}(I_T \otimes W_N)e\hat{\sigma}^{-2} - [TT_W/J]e^{'}(I_T \otimes W_N)y\hat{\sigma}^{-2}]^2}{TT_W[1 - TT_W/J]^{-1}}$$

(2.30)

其中

$$J = \frac{1}{\hat{\sigma}^2}(I_T \otimes W_N)X\hat{\beta}[I_{NT} - X(X^{'}X)^{-1}X^{'}](I_T \otimes W)X\hat{\beta} + TT_W \quad (2.31)$$

$$T_W = trace(W_N^{'}W_N + W_N^{'}W_N) \quad (2.32)$$

e 是面板混合回归之后的残差，$\hat{\sigma}^2 = \frac{e^{'}e}{NT}$①，$trace$ 代表矩阵的迹，其他符号类似于前面的定义。

三、空间计量模型的估计

（一）静态空间面板模型的估计

由于空间计量模型含有空间权重矩阵，普通的最小二乘估计（OLS）是有偏的（沈体雁等，2010），因此需要采用极大似然估计（MLE）或者广义矩估计（GMM）。其中，埃洛斯特（Elhorst，2003、2014）等提出了用极大似然估计方法来估计静态空间面板模型，卡普尔等（Kapoor et al.，2007）、克勒济安和普鲁查（Kelejian and Prucha，2010）等提出用广义矩估计方法来估计静态空间面板模型。由于本书第五章只采用动态面板空间滞后模型，因此本书对静态空间面板的估计方法不作介绍，具体估计方法可参见以上文献。

（二）动态空间面板模型的估计

虞等（Yu et al.，2008）、李和虞（Lee and Yu，2010）以及埃洛斯特等（Elhorst et al.，2013）提出用拟极大似然法来估计动态面板空间滞后模型。埃洛斯特（Elhorst，2005）提出用无条件极大似然法来估计动态面板空间误差模型。由于本书第五章只采用动态面板空间滞后模型，因此仅对估计动态面板空间滞后模型的方法进行简单介绍。公式（2.20）所示的动态面板空间滞后模型的估计方法如下：

记 $S_N = S_N(\lambda) = I_N - \lambda W_N$，$\delta = (\tau, \eta, \beta^{'})^{'}$，$\theta = (\delta^{'}, \lambda, \sigma^2)^{'}$，$\xi = (\delta^{'}, \lambda, u^{'})^{'}$，则（2.20）式的极大似然函数为：

---

① 这与混合回归残差的方差计算公式不同，分母不需要减去 K。

$$\ln L_{N,T}(\theta, u) = -\frac{NT}{2}\ln 2\pi - \frac{NT}{2}\ln \sigma^2 + T\ln|S_N(\lambda)| - \frac{1}{2\sigma^2}\sum_{t=1}^{T}V_{Nt}(\xi)V_{Nt}(\xi)$$

(2.33)

其中，$V_{Nt}(\xi) = S_N(\lambda)Y_t - \tau Y_{t-1} - \eta W_N Y_{t-1} - X_t\beta - u$。对（2.33）式求 θ 偏导数可得相应参数的极大似然估计值（Yu et al.；2008）。

第三节 CGE 模型的相关理论

CGE 模型的理论基础是一般均衡理论，不过与纯粹的理论不一样的是，CGE 模型是可计算的，它通过一定的算法（如 Johansen-Euler 算法、MCP 算法）求解一系列非线性方程组，从而得到模拟的结果。本书利用多区域 CGE 模型来进行虚拟水贸易政策模拟研究。

一、一般均衡理论

一般均衡理论最初由瓦尔拉斯（Walas）在《纯粹经济学讲义》中提出，并由阿罗（Arrow）和德布诺（Debreu）利用不动点定理给出了严格的证明。一般均衡理论的主要观点是认为经济中存在着这样一组价格系统，使得：每个厂商都会在给定的价格下决定其产量和对生产要素的需求，来达到其利润的最大化；每个消费者都能在给定的价格下提供自己所拥有的生产要素，并在各自的预算限制下购买产品来达到自己的消费效用最大化；每个市场（产品市场和要素市场）都会在这套价格体系下达到总供给与总需求的相等（均衡）。

（一）生产方面

对于作为生产者的每个厂商来说，均面临着一个固定的商品价格 $p \geq 0$，并选择一个生产计划使得其利润最大化，即：

$$\max_{y^j \in Y^j} p \cdot y^j$$

(2.34)

其中，p 为商品价格向量，·表示向量的点积，y^j 为生产或者投入的商品向量（生产的商品为正数，投入的商品或者要素为负数），Y^j 为生产可能集（假定它是 n 维欧氏实空间上的非空有界闭集（紧集），并且是强凸的），并令 $\Pi^j(p) = \max_{y^j \in Y^j} p \cdot y^j$ 表示厂商 j 的利润函数。

（二）消费方面

对于消费者来说，其预算约束为：

$$p \cdot x^i \leq p \cdot e^i + \sum_{j \in J}\theta^{ij}\Pi^j(p)$$

(2.35)

其中，x^i 表示消费者 i 所消费的商品量，e^i 为消费者 i 的初始商品禀赋，θ^{ij} 是消费者 i 拥有企业（厂商）j 的股份份额。令 $m^i(p)$ 表示（2.35）式的右边，则消费者效用最大化问题可表示为：

$$\max_{x^i \in R^n_+} u^i(x^i) \leqslant m^i(p) \tag{2.36}$$

其中，R^n_+ 表示 n 维欧氏正实数空间，u^i 为消费者的效用函数（假定在 R^n_+ 上是连续的、强递增的且严格拟凹的）。

（三）市场均衡

定义商品 k 的总超额需求为：

$$z_k(p) = \sum_{i \in \Gamma} x^i_k(p, m^i(p)) - \sum_{j \in J} y^j_k(p) - \sum_{i \in \Gamma} e^i_k \tag{2.37}$$

其中，Γ 表示消费者集合，J 表示生产者集合，则总超额需求向量为：

$$z(p) = (z_1(p), \cdots, z_n(p)) \tag{2.38}$$

一般均衡存在性定理：考虑经济 $(u^i, e^i, \theta^{ij}, Y^j)_{i \in \Gamma, j \in J}$，如果每个 u^i、Y^j 满足其定义时的假设条件，且对于某些总生产向量 $y \in \sum_{j \in J} Y^j$ 来说，$y + \sum_{j \in J} e^i \gg 0$，则至少存在一个价格向量 $p^* \gg 0$，使得 $z(p^*) = 0$。

本定理的证明主要应用到不动点定理，详细证明参见 Jehle and Reny（2010）论文中的定理 5.13。

二、CGE 模型求解的算法基础

关于 CGE 模型的求解算法，主要有：非线性规划方法、不动点算法（即 Scarf 算法）、牛顿（Newton）算法、线性多步算法（即 Johansen-Euler 算法）、MCP 算法（即 Mixed Complementary Problem 算法）（胡宗义和刘亦文，2009）。其中 Johansen-Euler 算法是澳大利亚学者开发的 GEMPACK（General Equilibrium Modeling Package）软件所采用的算法，MCP 算法是 GAMS（The General Algebraic Modeling System）软件所采用的算法，本书仅对 Johansen-Euler 算法与 MCP 算法进行介绍。

（一）Johansen-Euler 算法

假定一般均衡模型包含 m 个方程，n 个变量，由于变量包括内生变量和外生变量，因此 $m < n$。满足方程组（不一定线性）：

$$Q(X) = 0 \tag{2.39}$$

其中 Q 是 m 维向量，$Q = (q_1, q_2, \cdots, q_m)'$，$X$ 为 n 维向量，$X = (x_1, x_2, \cdots, x_n)'$，（2.39）式的具体形式如下：

$$\begin{cases} q_1(X) = q_1(x_1, x_2, \cdots, x_n) = 0 \\ q_2(X) = q_2(x_1, x_2, \cdots, x_n) = 0 \\ \cdots \\ q_m(X) = q_m(x_1, x_2, \cdots, x_n) = 0 \end{cases} \quad (2.40)$$

其中，方程组包括生产者的利润最大化、消费者效用最大化以及要素、商品等的均衡。

一般情况下，为了保证方程组有解，要求（2.40）式包含 m 个内生变量，$n-m$ 个外生变量。将（2.39）式中的内生变量与外生变量分离，即将（2.39）式化为：

$$AX_1 = -DX_2 \quad (2.41)$$

其中，X_1、X_2 分别表示内生变量和外生变量组成的向量，A 是 $m \times m$ 阶系数矩阵，D 是 $m \times (n-m)$ 阶系数矩阵。分别将（2.41）式中 X_1、X_2 在各自的初始点处进行一阶导数线性化，并进行多步线性化调整，直至得到均衡解，具体调整过程可参见李丽等（2009）的论文。

（二）MCP 算法

MCP 算法是求解混合互补问题（Mixed Complementary Problem）的一种算法。所谓混合互补问题，是指：

给定 $F: R^n \to R^n$，$l, u \in R^n$，求 $z, w, v \in R^n$，满足 $F(z) - w + v = 0$，$l \leq z \leq u$，$w \geq 0$，$v \geq 0$，$w'(z-l) = 0$，$v'(u-z) = 0$，其中，$F: R^n \to R^n$ 是 n 欧氏空间上的可微函数。

在混合互补问题中，令 $l = 0$，$u = +\infty$，$F(z) = q + Mz$，则得到线性互补问题（Linear Complementary Problem，简称 LCP），即：给定 $M \in R^{n \times n}$，$q \in R^n$，求 $z \in R^n$，满足 $q + Mz \geq 0$，$z \geq 0$，$z'(q + Mz) = 0$。

在混合互补问题中，令 $l = 0$，$u = +\infty$，$F(z) = f(z)$，则得到非线性互补问题（Nonlinear Complementary Problem，简称 NCP），即：给定 $f: R^n \to R^n$，求 $z \in R^n$，满足 $f(z) \geq 0$，$z \geq 0$，$z'f(z) = 0$。

一般均衡问题可以转化为混合互补问题（Rutherford，1992，1995），以简单的线性规划为例说明转化方法。考虑以下线性规划问题（运输总成本最小化问题）：

$$\min \sum_{ij} c_{ij} X_{ij}, \text{ s.t. } \sum_j X_{ij} \leq a_i, \sum_i X_{ij} \leq b_j, X_{ij} \geq 0 \quad (2.42)$$

其中，c_{ij}、X_{ij} 分别代表第 i 个产地到第 j 个销售地的运输成本、销售数量，a_i 代表第 i 个产地的产量，b_j 代表第 j 个销售地的销售量。将（2.42）式中的三个约束条件变形可转化为混合互补问题：

约束条件一可化为：$\sum_j X_{ij} \leq a_i$，$w_i \geq 0$，$w_i(a_i - \sum_j X_{ij}) = 0$，$\forall i$；

约束条件二可化为：$\sum_i X_{ij} \leq b_j$，$p_j \geq 0$，$p_j(b_j - \sum_i X_{ij}) = 0$，$\forall i$；

约束条件三可化为：$w_i + c_{ij} \geq p_j$，$X_{ij} \geq 0$，$X_{ij}(w_i + c_{ij} - p_j) = 0$，$\forall i, j$。

其中，w_i 可视为第 i 个生产地的产品供应价格，p_j 可视为第 j 个销售地产品的销售价格，其他符号含义类似于（2.42）式。

本书构建的多区域 CGE 模型比上述线性规划模型要复杂得多，但是求解 CGE 模型也可以转化为求解混合互补问题（Rutherford，1992、1995），而这一步通常通过 GAMS 软件中的 MCP 算法自动实现。关于 MCP 算法的具体迭代过程以及算法的收敛性，由于涉及更为复杂的数学知识，因此本书不做详细介绍，读者可以参考何郁波等（2010）的论文。另外也有部分研究者采用 NLP 算法来求解 CGE 模型，具体例子可以参见 GAMS 软件自带的模型库中相关程序。

第三章　中国虚拟水贸易政策实施现状和虚拟水贸易政策研究的理论预期

第一节　中国水资源分布和利用现状

本书在介绍中国虚拟水贸易政策实施现状和虚拟水贸易政策研究的理论预期之前，先介绍中国水资源分布和利用现状。由于本书虚拟水贸易政策模拟部分采用的是 2007 年区域间投入产出表，因此对中国水资源分布和利用现状的分析也主要针对 2007 年进行，另外，本书研究的虚拟水贸易政策侧重于农业方面，因此对各省、市、自治区农业用水情况进行了较为详细的介绍。

一、中国水资源分布现状

根据 2008—2012 年《中国环境统计年鉴》，2007—2011 年中国水资源分布情况如表 3.1 所示：①从水资源总量来看，2007 年水资源总量排前三位的省份是西藏、四川和云南，最后三位的是北京、天津和宁夏。②从人均水资源量来看，2007 年人均水资源量排前三位的省份是西藏、青海和云南，最后三位的是宁夏、北京和天津。③从总体上来看，与南方地区相比，在 2007—2011 年中国北方地区的大多数省份人均水资源量较低，不过部分地区由于人口较少，人均水资源量较多，例如青海。另外，中国的水资源分布还存在时间上的不均等性，例如北京市 2008 年的水资源总量和人均水资源量明显高于 2007 年、2009 年、2010 年以及 2011 年。

二、中国水资源利用现状

由于水资源总量只是一种储量，值得进一步关注的是已经利用的水资源量的现状，因此本书再对中国各省供水量和用水量的情况进行分析。根据 2008 年《中国环境统计年鉴》，2007 年中国各省供水量和用水量情况如表 3.2 所示。

表 3.1　2007—2011 年中国各省水资源总量及人均水资源量

单位：亿立方米、立方米/人

省份	2007年 总量	2007年 人均	2008年 总量	2008年 人均	2009年 总量	2009年 人均	2010年 总量	2010年 人均	2011年 总量	2011年 人均
北京	23.8	148.2	34.2	205.5	21.8	126.6	23.1	124.2	26.8	134.7
天津	11.3	103.3	18.3	159.8	15.2	126.8	9.2	72.8	15.4	116.0
河北	119.8	173.1	161.0	231.1	141.2	201.3	138.9	195.3	157.2	217.7
山西	103.4	305.6	87.4	256.9	85.8	250.8	91.5	261.5	124.3	347.0
内蒙古	295.9	1232.2	412.1	1710.3	378.1	1563.9	388.5	1576.1	419.0	1691.6
辽宁	261.7	610.8	266.0	617.7	171.0	396.0	606.7	1392.1	294.8	673.2
吉林	346.0	1269.2	332.0	1215.2	298.0	1088.9	686.7	2503.3	315.9	1149.5
黑龙江	491.8	1286.4	462.0	1208.0	989.6	2586.9	853.5	2228.6	629.5	1642.0
上海	34.5	187.9	37.0	197.5	41.6	218.3	36.8	163.1	20.7	89.1
江苏	495.7	653.3	378.0	494.1	400.3	519.8	383.5	489.2	492.4	624.6
浙江	892.1	1777.2	855.2	1680.2	931.3	1808.4	1398.6	2608.7	745.0	1365.7
安徽	712.5	1165.3	699.3	1141.4	733.1	1195.3	922.8	1526.9	602.1	1009.8
福建	1072.9	3005.7	1036.9	2886.3	800.8	2214.9	1652.7	4491.7	774.9	2090.5
江西	1113.0	2556.5	1356.2	3093.5	1166.9	2642.5	2275.5	5116.7	1037.9	2319.1
山东	387.1	414.6	328.7	350.0	285.0	301.7	309.1	324.4	347.6	361.6
河南	465.2	496.1	371.3	395.2	328.8	347.6	534.9	566.2	328.0	349.0
湖北	1015.1	1782.1	1033.9	1812.3	825.3	1443.9	1268.7	2216.5	757.5	1319.1
湖南	1426.5	2247.1	1600.0	2512.8	1400.5	2190.6	1906.6	2938.7	1126.9	1711.9
广东	1581.2	1686.3	2206.8	2323.8	1613.7	1682.5	1998.8	1943.3	1471.3	1404.8
广西	1386.3	2922.4	2282.5	4763.1	1484.3	3069.3	1823.6	3852.9	1350.0	2917.4

续表

省份	2007年 总量	2007年 人均	2008年 总量	2008年 人均	2009年 总量	2009年 人均	2010年 总量	2010年 人均	2011年 总量	2011年 人均
海南	283.5	3373.3	419.1	4933.5	480.7	5596.2	479.8	5538.7	484.1	5545.6
重庆	663.0	2357.6	576.9	2040.3	455.9	1600.3	464.3	1616.8	514.6	1773.3
四川	2299.8	2822.6	2489.9	3061.7	2332.2	2857.5	2575.3	3173.5	2239.5	2782.9
贵州	1054.6	2805.2	1140.7	3019.7	910.0	2397.7	956.5	2726.8	624.3	1797.3
云南	2255.5	5013.9	2314.5	5111.0	1576.6	3459.7	1941.4	4233.1	1480.2	3206.5
西藏	4321.4	152969.2	4560.2	159726.8	4029.2	139658.9	4593.0	153681.9	4402.7	145779.8
陕西	377.0	1007.7	304.0	809.6	416.5	1105.6	507.5	1360.3	604.4	1616.6
甘肃	228.7	875.9	187.5	715.0	209.0	794.3	215.2	841.7	242.2	945.4
青海	661.6	12029.5	658.1	11900.5	895.1	16113.6	741.1	13225.0	733.1	12956.8
宁夏	10.4	171.1	9.2	149.8	8.4	135.5	9.3	148.2	8.8	137.7
新疆	863.8	4167.8	815.6	3859.9	754.3	3516.6	1113.1	5125.2	885.7	4031.3
全国	25255.2	1916.3	27434.3	2071.1	24180.2	1816.2	30906.4	2310.4	23256.7	1730.2

注：中国各省水资源总量包括地表水资源量和地下水资源量，并扣除地表水和地下水的重复量；未包括港澳台地区。

表3.2 2007年中国各省供水量和用水量情况

单位：亿立方米、立方米/人

省份	供水量				用水量				
	总量	地表水	地下水	其他	总量	农业	工业	生活	生态	人均
北京	34.81	5.67	24.19	4.95	34.81	11.73	5.75	14.60	2.72	216.6
天津	23.37	16.46	6.81	0.10	23.37	13.84	4.20	4.82	0.51	213.4
河北	202.50	38.90	163.08	0.52	202.50	151.59	24.97	23.91	2.03	292.6
山西	58.74	22.51	36.23	0.00	58.74	34.32	14.44	9.53	0.45	173.6
内蒙古	180.04	91.11	87.95	0.99	180.04	141.77	17.45	14.17	6.65	749.9
辽宁	142.87	73.30	67.17	2.40	142.87	91.67	24.35	24.32	2.53	333.5
吉林	100.78	62.03	38.75	0.00	100.78	67.53	19.52	11.74	1.99	369.6
黑龙江	291.37	166.74	124.63	0.00	291.37	214.75	57.54	18.61	0.47	762.1
上海	120.19	119.79	0.40	0.00	120.19	16.21	81.35	21.60	1.04	654.5
江苏	558.34	548.45	9.88	0.00	558.34	268.51	225.25	48.42	16.16	735.9
浙江	210.98	204.85	5.65	0.47	210.98	100.22	64.17	33.95	12.64	420.3
安徽	232.05	211.65	19.92	0.48	232.05	120.56	83.81	26.08	1.60	379.5
福建	196.28	190.22	5.24	0.82	196.28	100.94	72.77	21.15	1.42	549.9
江西	234.87	224.14	10.73	0.00	234.87	151.35	58.60	22.90	2.02	539.5
山东	219.55	115.59	101.98	1.98	219.55	159.71	24.12	32.51	3.20	235.1
河南	209.28	83.44	125.46	0.39	209.28	120.07	51.30	32.74	5.17	223.2
湖北	258.73	249.41	8.43	0.89	258.73	132.65	96.62	29.38	0.09	454.2
湖南	324.26	303.98	19.57	0.71	324.26	193.89	82.54	44.62	3.21	510.8
广东	462.51	440.56	21.22	0.73	462.51	224.84	141.07	90.54	6.06	493.3
广西	310.41	293.89	13.53	2.99	310.41	208.39	47.80	48.58	5.63	654.4

续表

省份	供水量					用水量				人均
	总量	地表水	地下水	其他	总量	农业	工业	生活	生态	
海南	46.69	42.87	3.82	0.00	46.69	35.84	4.67	6.09	0.09	555.5
重庆	77.43	75.55	1.85	0.03	77.43	18.75	40.91	17.33	0.43	275.3
四川	213.98	196.70	15.91	1.37	213.98	118.71	58.98	34.43	1.86	262.6
贵州	98.03	91.33	6.21	0.48	98.03	48.72	31.79	16.95	0.56	260.7
云南	150.03	142.65	5.43	1.95	150.03	105.95	22.33	19.95	1.80	333.5
西藏	36.70	34.39	2.31	0.00	36.70	33.43	1.13	2.15	0.00	1299.1
陕西	81.55	47.29	33.43	0.82	81.55	55.51	11.67	13.55	0.81	217.9
甘肃	122.50	91.89	28.78	1.82	122.50	96.05	14.03	9.45	2.97	469.1
青海	31.11	23.45	7.65	0.00	31.11	20.47	7.17	3.28	0.19	565.6
宁夏	71.00	65.94	5.06	0.00	71.00	64.75	3.52	1.76	0.97	1169.7
新疆	517.74	449.16	67.78	0.80	517.74	476.77	9.23	11.29	20.45	2498.1
全国	5818.67	4723.90	1069.06	25.70	5818.67	3599.51	1403.04	710.39	105.73	441.5

注：在统计资料中，第三产业的用水量统计在生活用水中；未包括港澳台地区。

从表 3.2 可以看到：①从水资源供给情况来看，一般情况下，北方地区的省份对地下水的开采量比南方地区的省份要多。②从用水情况来看，大部分省份农业用水量占总用水量的比例最大，但是北京和上海等地人口众多，农业生产较少，因此其生活用水量大于当地的农业用水量。从人均用水量来看，排名前三位的省份是新疆、西藏和宁夏，最后三位是北京、天津和山西。总体来说，农业用水量占总用水量比例较高的省份人均用水量也较高。

结合表 3.1 和 3.2 中的数据可以看到，2007 年北京、天津、河北、上海、江苏、宁夏等省份的水资源供给量大于水资源总量，这说明这些省份需要从外省调入水资源，或者加大对当地的地表水和地下水的开采利用程度。

由于本书侧重于研究农业虚拟水贸易政策，因此根据 2005—2012 年《中国环境统计年鉴》列出 2004—2011 年中国各省农业用水量的时间序列数据，如表 3.3 所示。

表 3.3　　2004—2011 年中国各省农业用水量　　单位：亿立方米

省份	2004 年	2005 年	2006 年	2007 年	2008 年	2009 年	2010 年	2011 年
北京	12.97	12.67	12.05	11.73	11.35	11.38	10.83	10.20
天津	11.98	13.59	13.43	13.84	12.99	12.84	10.97	11.60
河北	147.07	150.22	152.57	151.59	143.23	143.91	143.77	140.50
山西	32.93	32.68	34.22	34.32	32.92	34.41	37.98	43.40
内蒙古	149.44	143.88	142.18	141.77	134.10	138.67	134.52	135.90
辽宁	85.71	87.16	91.54	91.67	90.89	91.12	89.82	89.70
吉林	66.44	66.38	70.35	67.53	69.29	71.15	73.84	81.60
黑龙江	186.25	192.08	208.26	214.75	218.15	237.40	249.60	272.30
上海	18.81	18.46	18.37	16.21	16.74	16.78	16.76	16.50
江苏	288.54	263.81	270.69	268.51	287.34	300.12	304.23	307.60
浙江	107.29	106.73	101.06	100.22	98.73	97.28	94.64	92.10
安徽	121.74	113.55	136.44	120.56	151.91	167.22	166.70	168.40
福建	104.24	101.54	97.96	100.94	99.30	100.83	97.19	98.60
江西	128.54	134.60	132.92	151.35	148.89	157.21	151.02	171.70
山东	154.29	156.32	169.40	159.71	157.61	156.40	154.76	148.90

续表

省份	2004年	2005年	2006年	2007年	2008年	2009年	2010年	2011年
河南	124.54	114.49	140.15	120.07	133.49	138.10	125.59	124.60
湖北	131.72	142.12	142.96	132.65	142.80	149.43	138.29	142.30
湖南	202.30	201.33	198.40	193.89	193.19	189.25	185.79	183.10
广东	240.26	230.65	226.92	224.84	227.74	228.71	227.47	224.20
广西	210.10	225.38	222.28	208.39	202.91	195.26	194.57	193.20
海南	37.85	35.14	36.74	35.84	35.63	34.03	33.88	33.80
重庆	20.33	21.39	18.12	18.75	18.93	19.02	19.84	23.60
四川	121.17	121.83	121.20	118.71	113.64	123.64	127.26	128.40
贵州	51.92	50.45	54.33	48.72	51.58	50.80	50.05	49.70
云南	109.66	108.41	105.57	105.95	105.06	103.46	95.32	96.10
西藏	25.65	30.27	31.77	33.43	33.94	27.45	31.72	27.40
陕西	49.72	52.22	56.80	55.51	57.70	57.21	55.47	56.20
甘肃	96.73	94.98	94.31	96.05	96.93	93.77	94.28	93.80
青海	21.84	21.06	21.79	20.47	22.37	21.61	23.19	23.50
宁夏	68.62	72.27	71.73	64.75	67.97	65.26	65.05	66.10
新疆	457.04	464.36	469.95	476.77	486.15	489.39	484.64	488.40
全国	3585.68	3580.00	3664.45	3599.51	3663.46	3723.11	3689.14	3743.60

注：未包括港澳台地区。

从表3.3可以看到：第一，从全国情况来看，2004—2011年中国农业用水量有增长的趋势，但是并不是单调增长，例如2005年的中国农业用水量低于2004年的农业用水量。第二，从各省情况来看，在2004—2011年北京、上海、浙江等地的农业用水量有下降的趋势，这与全国整体情况是相反的。

第二节　虚拟水贸易政策的分类和实施现状

一、虚拟水贸易政策的分类

由于虚拟水贸易政策很多，因此根据本书的研究目的，基于虚拟水贸易视角，本书研究的虚拟水贸易政策主要有通过作用于产品贸易来影响虚拟水贸易的进出口税收政策、农产品绿色通道政策以及水环境规制政策①，通过作用于产品产出或者生产用水（可看成作用于虚拟水含量）来影响虚拟水贸易的水价政策、农业水资源税政策、水量政策、农业用水效率政策各种组合政策②。

（一）作用于产品贸易的虚拟水贸易政策

对于虚拟水国际贸易，本书通过调整进口关税税率和出口退税税率的方式来模拟虚拟水国际贸易政策。对于虚拟水国内贸易，由于缺乏相应的税收，不能通过税率调整的方式来模拟虚拟水国内贸易政策，本书是通过计量经济学方法来研究虚拟水国内贸易的边界效应（农产品运输"绿色通道"的建立有助于降低虚拟水贸易的边界效应）、以及水环境规制对农产品虚拟水国内贸易的影响。在本书的农业虚拟水贸易政策模拟部分，具体的进出口税收政策包括：农业部门进口税率降低1%，记为jinkoun；农业部门出口补贴率降低1%，记为chukoun。

（二）作用于产品产出或生产用水的虚拟水贸易政策

作用于产品产出或生产用水的虚拟水贸易政策包括水价政策、水资源税政策、水量政策以及用水效率政策。

1. 水价政策

本书所研究的水资源使用情况包括生产用水、生活用水以及生态用水，其中生产用水包括农业用水和非农产业生产用水。由于在CGE模拟中，生产要素的价格均是标准化为1的价格，因此在本书的虚拟水贸易政策模拟部分，具体的水价政策为：生产用水平均水价上涨1%（即从1变为1.01），记为sj。

---

① 虽然农业进出口税收政策和农产品绿色通道政策不属于真实水方面的政策，但是由于农业进出口税收政策、农产品绿色通道政策会直接影响到虚拟水贸易，因此可以视为虚拟水贸易政策。

② 根据虚拟水贸易的计算方法，虚拟水贸易量等于虚拟水含量乘以产品贸易量，而虚拟水含量等于用水量除以产出，因此农业进出口税收政策、农产品绿色通道政策以及水环境规制政策可看成是直接作用于产品贸易量的虚拟水贸易政策，农业水资源税政策、农业用水效率政策以及生产用水的水价、水量政策可看成是直接作用于虚拟水含量（生产用水或者产出）的虚拟水贸易政策。

2. 水资源税政策

由于农业水价长期低于水资源的真实价值，因此本书还假定对农业征收水资源税，不过现阶段中国还没有征收水资源税，本书假定农业部门的生产税税率增加1%，以此来考察农业征收水资源税的影响。在本书的虚拟水贸易政策模拟部分，具体的水资源税政策是：农业部门的生产税税率增加1%，记为szysn。

3. 水量政策

由于本书所研究的水资源包括生产用水、生活用水以及生态用水，因此本书的水量政策涉及这三个方面，并且考虑在实际情况中供水量可能增加或者减少。在本书的虚拟水贸易政策模拟部分，具体的水量政策包括：生产用水方面供水量减少1%，记为sljs；生产用水供水量增加1%，记为slzj。

4. 用水效率政策

由于农业用水占总用水量的60%以上，因此为了缓解水资源供求矛盾，节水政策非常重要，如通过喷灌、微灌、滴灌、低压管道灌溉、渠道防渗等农业节水灌溉技术来提高农业用水效率，从而节约生产用水。在本书的虚拟水贸易政策模拟部分，具体的用水效率政策是：农业部门用水效率提高1%，记为ysxln。

(三) 组合政策

本书的单项政策较多，相应的组合政策会更多，因此只对以下有代表性的组合政策进行模拟。

(1) 农业部门进口税率降低1%，并且农业部门出口退税率降低1%，记为vw1。

(2) 农业部门进口税率降低1%，并且农业部门出口退税率降低1%，同时将属于涉农部门的食品制造业出口退税率增加1%，但其他行业的税率保持不变，记为vw2。

(3) 全行业生产用水平均水价上涨1%，并且农业部门的生产税税率增加1%，记为rw1。

(4) 生产用水供给量增加1%，并且农业部门用水效率提高1%，记为rw2。

(5) 农业部门进口税率降低1%，农业部门出口退税率降低1%，全行业生产用水平均水价上涨1%，并且农业部门的生产税税率增加1%，同时将属于涉农部门的食品制造业以及其他工业部门出口退税税率增加1%，记为vwrw。

其中，vw1、vw2政策是虚拟水组合政策，rw1和rw2是真实水组合政策，vwrw是虚拟水和真实水组合政策。

需要指出的是，在本书的第八章中，以上虚拟水贸易政策均是在水环境约束条件下进行模拟,也就是保持污水排放量不变。

本书中涉及的虚拟水贸易政策如图 3.1 所示。

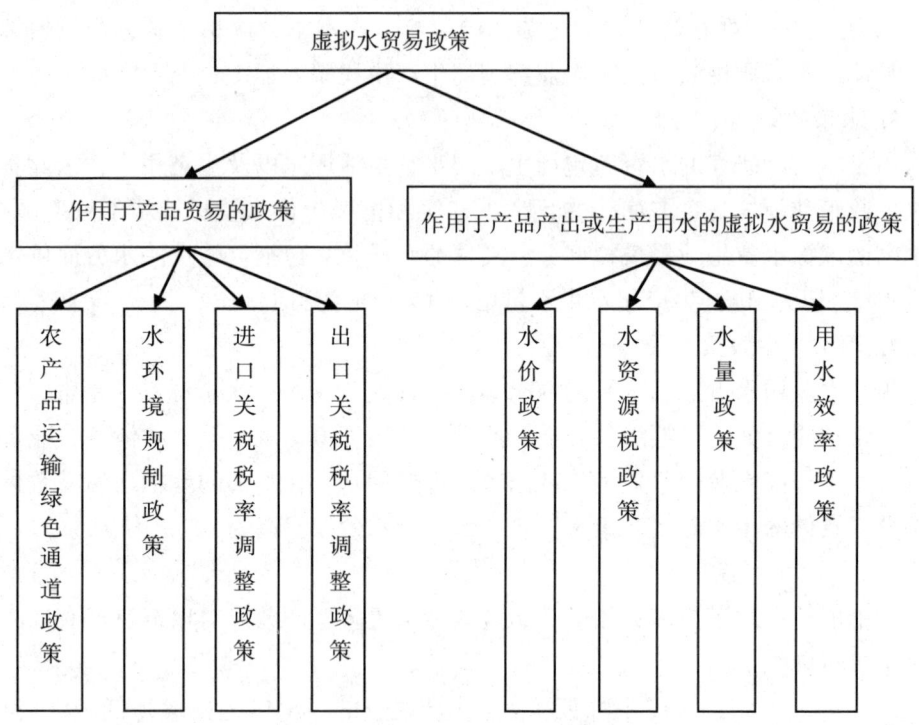

图 3.1 本书涉及的虚拟水贸易政策

二、中国虚拟水贸易政策实施现状

(一)影响国内外产品贸易的政策

虽然目前虚拟水贸易仍处于理论探索阶段,但是中国现有的一些政策已经隐含了虚拟水贸易的思想,例如鲜活农产品运输"绿色通道"的建立、水环境规制政策、进口关税和出口退税率的调整等。其中,农产品运输"绿色通道"的建立有助于国内各区域的虚拟水贸易,降低农产品进口关税税率则有助于农产品进口,从而增加虚拟水进口;降低出口退税率则抑制农产品出口,从而减少虚拟水出口。

1. 鲜活农产品运输"绿色通道"方面

鲜活农产品运输"绿色通道"最早建立于 1995 年,主要内容有:在收费站设立专用通道口，对整车合法运输鲜活农产品车辆给予"不扣车、不卸载、不罚款"和减免通行费的优惠政策。从 1995 年起，全国先后建成了山东寿光至北京、海南至北京、海南至上海、山东寿光至哈尔滨等四条蔬菜运输"绿色通道"，穿越全国 18 个省（市、自治区），总里程达到 1.1 万公里。除此之外，一些省（市）也相继建立了具有区域特点的鲜活农产品公路运输"绿色通道"。根据交通部、农业部等联合印发的《全国高效率鲜活农产品流通"绿色通道"建设实施方案》，在 2005 年底，中国基本建成了"五纵二横①"的"绿色通道"网络。另外，自 2010 年 12 月 1 日起，绿色通道扩大到全国所有收费公路，而且减免品种进一步增加，主要包括新鲜蔬菜、水果、鲜活水产品、活的禽畜和新鲜的肉、蛋、奶。

2. 水环境规制政策方面

早在 1984 年，我国就颁布了《中华人民共和国水污染防治法》，并于 2008 年进行了修订完善。2012 年以来，中央以及地方政府相关部门也相继发布《关于实行最严格水资源管理制度的意见》、《实行最严格水资源管理制度考核办法》等文件，对水功能区限制纳污红线、重要江河湖泊水功能区水质达标率等方面的水资源管理问题也提出了严格要求。党的十八届三中全会指出用制度保护生态环境，划定生态保护红线，实行资源有偿使用制度和生态补偿制度，改革生态环境保护管理体制，并强调了发挥市场在资源配置中的决定作用。可以看到，中央及地方政府对水环境制定了各项政策，颁布了多种法规，这种水资源方面的环境规制（即水环境规制）的政策绩效值得关注。

3. 进口关税方面

2002 年，中国政府制定了《农产品进口关税配额管理暂行办法》，根据中国加入世界贸易组织货物贸易减让表所承诺的配额量，确定实施进口关税配额管理农产品的年度市场准入数量。关税配额量内进口的农产品适用关税配额税率，配额量外进口的农产品按照《中华人民共和国进出口关税条例》的有关规定执行。实施进口关税配额管理的农产品品种为：小麦（包括其粉、粒）、玉米（包括其粉、粒）、大米（包括其粉、粒）、豆油、菜籽油、棕榈油、食糖、棉花、羊毛及布条。

4. 出口退税方面

出口退税是指对出口货物退还其在国内生产和流通环节实际缴纳的产品税、

---

① 五纵是指国道银川至昆明、呼和浩特至南宁、北京至海口、哈尔滨至海口、上海至海口，二横是指国道连云港至乌鲁木齐、上海至拉萨。

增值税、营业税和特别消费税。自 1994 年分税制改革以来，中国出口退税政策经过了多次调整。在中国加入世界贸易组织之初，中国降低了部分农产品出口退税率。以 2014 年 12 月 31 日财政部和国家税务总局发布的《关于调整部分产品出口退税率的通知》为例，具体内容有：第一，提高部分高附加值产品、玉米加工产品、纺织品服装的出口退税率；第二，取消含硼钢的出口退税；第三，降低档发的出口退税税率。

（二）水价政策

根据水利部发布的《2008 年全国水利发展统计公报》，2008 年百家水管单位农业供水平均水价为 0.026 元/立方米、工业供水平均水价为 0.26 元/立方米、自来水供水平均水价为 0.3981 元/立方米。可以看到农业水价相对较低，另外中国各省、各产业用水的水价并不一致。

（三）水资源税政策

中国现阶段并没有实施水资源税政策，本书通过假定各区域农业部门生产税税率上涨来模拟征收水资源税的政策。

（四）水量政策

根据表 3.1 至表 3.3 可以看到，中国各省各产业用水量并不一样，对大多数省份来说，农业用水所占的比例最大，另外即使是同一省份，每年的用水情况也不一样。

对各区域来说，供水量的增加，主要来自天然降水的增加、地下水开采，对北方地区来说，供水量的增加还可能来自南水北调工程的调入①。另外由于干旱的影响，水资源供给可能会减少。因此本书的水量政策模拟部分考虑了水量增加和水量减少政策。

（五）用水效率政策

由于本书政策模拟的基期是 2007 年，因此这里根据 2008 年《中国环境统计年鉴》中的数据列出 2007 年各省农业节水灌溉面积，如表 3.4 所示。

---

① 供水量是伴随需水量的增加而增加的，对于缺水地区，确实需要增加供水量，但是对于丰水地区，不一定需要增加供水量，不过本书为了便于比较，假定各区域增加相同比例的供水量。另外，干旱一般也是局部性的，不过本书为了便于比较，假定各区域减少相同比例的供水量。

表 3.4　　　　　　　2007 年中国各省农业节水灌溉面积　　　　　　单位：千公顷

省份	喷滴灌	微灌	低压管灌	渠道防渗	其他节水	合计
北京	94.8	16.1	147.8	45.6	0.9	305.3
天津	5.3	0.8	125.8	80.2	0.1	212.2
河北	309.7	19.8	1622.8	301.8	238.8	2492.8
山西	144.4	28.3	452.3	173.0	0.5	798.6
内蒙古	527.8	12.7	675.5	599.1	1.3	1816.4
辽宁	179.8	29.8	94.6	89.9	14.0	408.0
吉林	213.2	0.0	40.4	15.6	8.3	277.5
黑龙江	675.6	7.1	16.6	50.8	1084.9	1835.0
上海	1.7	0.2	101.8	44.0	0.00	147.6
江苏	16.7	5.5	65.6	988.7	448.4	1524.9
浙江	19.9	14.1	70.6	720.5	116.5	941.5
安徽	72.2	6.6	67.1	172.7	425.1	743.7
福建	24.2	6.0	69.3	383.8	10.6	493.8
江西	7.2	0.4	2.1	107.2	121.0	237.9
山东	143.3	43.1	922.3	433.7	477.7	2020.1
河南	117.7	8.3	588.2	460.1	228.6	1402.9
湖北	11.7	6.2	19.0	283.5	16.7	337.1
湖南	19.6	1.3	4.2	234.6	22.2	281.8
广东	8.8	1.5	8.0	149.5	2.9	170.8
广西	4.6	0.1	7.7	345.0	307.3	664.6
海南	1.2	0.9	0.5	61.5	40.4	104.4
重庆	4.3	0.3	16.7	94.6	6.4	122.3
四川	41.2	9.1	47.5	907.3	47.4	1052.4
贵州	2.7	7.2	19.3	264.8	66.5	360.5
云南	5.0	1.5	37.9	364.7	49.5	458.6
西藏	0.0	0.0	0.1	25.2	0.3	25.5
陕西	37.6	13.3	205.1	472.1	102.7	830.8
甘肃	43.8	23.8	84.0	540.8	78.8	771.2
青海	2.0	0.0	0.0	64.3	1.2	67.5
宁夏	6.1	8.7	14.3	159.7	17.7	206.4
新疆	134.6	704.3	47.0	1424.0	67.6	2377.4
全国	2876.5	977.0	5573.9	10058.1	4004.0	23489.5

注：未包括港澳台地区。

从表 3.4 可以看到：第一，从全国整体情况来看，采用渠道防渗的节水灌溉技术的农业节水灌溉面积最大，其次是低压管灌，微灌最小；第二，从各省的情况来看，农业节水灌溉总面积排前三位的是河北、新疆和山东，后三位的是海南、青海和西藏。

根据历年的《水资源公报》可知，农业用水效率也可以通过亩均用水量来测度，近年来中国农业亩均用水量数据如表 3.5 所示。

表 3.5　　　　　　2003—2012 年中国农业亩均用水量　　　　　　单位：立方米

年度	2003	2004	2005	2006	2007	2008	2009	2010	2011	2012
亩均用水量	430	450	448	449	434	435	431	421	415	404

从表 3.5 可以看到，中国的农业用水效率在提升（亩均用水量减少），提升幅度大约在 1% 左右。

第三节　虚拟水贸易政策 CGE 模拟研究的运行机制

由于多区域 CGE 模型是一个大型、复杂的模型，因此在进行虚拟水贸易政策研究之前，有必要对其运行机制进行相应的介绍，具体包括 CGE 模型用于多区域虚拟水贸易政策模拟研究的步骤、框架以及涉及的主要变量。

一、CGE 模型用于多区域虚拟水贸易政策模拟研究的步骤

本书利用 CGE 模型来进行多区域虚拟水贸易政策模拟研究，研究步骤如下：第一步，分析水资源管理的政策背景，确定虚拟水贸易政策模拟的目标；第二步，构建多区域 CGE 模型；第三步，根据区域间投入产出表，编制 SAM 表，构建基准数据集；第四步，根据相关文献，确定外生弹性参数；第五步，利用 GAMS 软件，设计程序；第六步，根据历史资料，设定虚拟水贸易政策模拟的情景，然后通过设计好的程序，求解 CGE 模型，获得模拟结果，并对模拟结果进行分析。

二、CGE 模型用于多区域虚拟水贸易政策模拟研究的框架

大自然中的水资源包括绿水和蓝水，而这些水资源可用于生产、生活和生态

三个方面，因此本书水资源也涉及生产、生活和生态用水三个方面。当采取各种作用于生产用水的虚拟水贸易政策改变水资源供给或者需求时，会引起劳动力、资本等其他生产要素需求的变化，从而引起部门产出、居民收入和消费、政府收入、国内外贸易以及真实 GDP 等经济变量的变化。不过由于中国是一个幅员辽阔的国家，不同地区的水资源禀赋和经济结构并不一致，节水的成本效益和紧迫性也不一样，因此同一种政策对不同的区域会产生不同的影响。另外，对于作用于产品贸易量的虚拟水贸易政策来说，改变进口关税税率或者出口退税率，会直接地影响到各区域的商品进口或者出口，进而引起国内区域间商品的贸易、各区域农业部门产出、工业部门产出、居民收入和消费、政府收入以及真实 GDP 等经济变量的变化。

根据各省的地理位置、气候条件、农业生产状况、水资源的分布情况以及本书的研究目的，本书将 31 个省、市、自治区（不包括港澳台地区）划分为八大区域，具体的区域划分如下：东北区域包括内蒙古、黑龙江、辽宁和吉林，华北区域包括北京、天津和山西，黄淮海区域包括河北、河南、山东和安徽，西北区域包括陕西、甘肃、青海、宁夏和新疆，长江中下游区域包括江苏、湖南、湖北和江西，东南区域包括上海、浙江和福建，华南区域包括广东、广西和海南，西南区域包括重庆、四川、贵州、云南和西藏（数据暂缺）。需要说明的是，在本书的第四章和第五章中的实证研究中，以每个省份为一个区域。

参考金和金（Kim and Kim, 2003）、卡尔扎迪拉等（Calzadilla et al., 2011）、王克强等（2011）的论文，本书在以下框架下构建用于虚拟水贸易政策模拟的多区域 CGE 模型，如图 3.2 所示。

三、虚拟水贸易政策模拟研究所考察的主要经济变量

根据 CGE 模型用于多区域虚拟水贸易政策模拟研究框架部分的分析，本书考察的主要经济变量有七大类：第一类是经济增长，用真实 GDP 来表征；第二类是国内外贸易，用商品进出口价值量、各区域调出到国内其他地区的商品的价值量、国内其他地区调入到本区域的商品的价值量等变量来表征；第三类是居民收入和消费，用城镇居民收入、农村居民收入、城镇居民消费、农村居民消费等变量来表征；第四类是政府收入，用中央财政收入和地方财政收入来表征；第五类是要素需求，用劳动力需求价值量、资本需求价值量、生产用水需求价值量等变量来表征；第六类是部门产出，用农业部门总产出、非农部门总产出、污水治理部门产出等变量来表征；第七类是其他水资源相关变量，主要包括生活用水需

求价值量、生态用水价值量以及污水排放量,其中为了与生产用水的单位保持一致,生活和生态用水采用的是价值量,但是污水排放通常关注的是污水排放实物量,因此采用实物量(亿吨)作为单位。各变量的具体情况如表3.6所示。

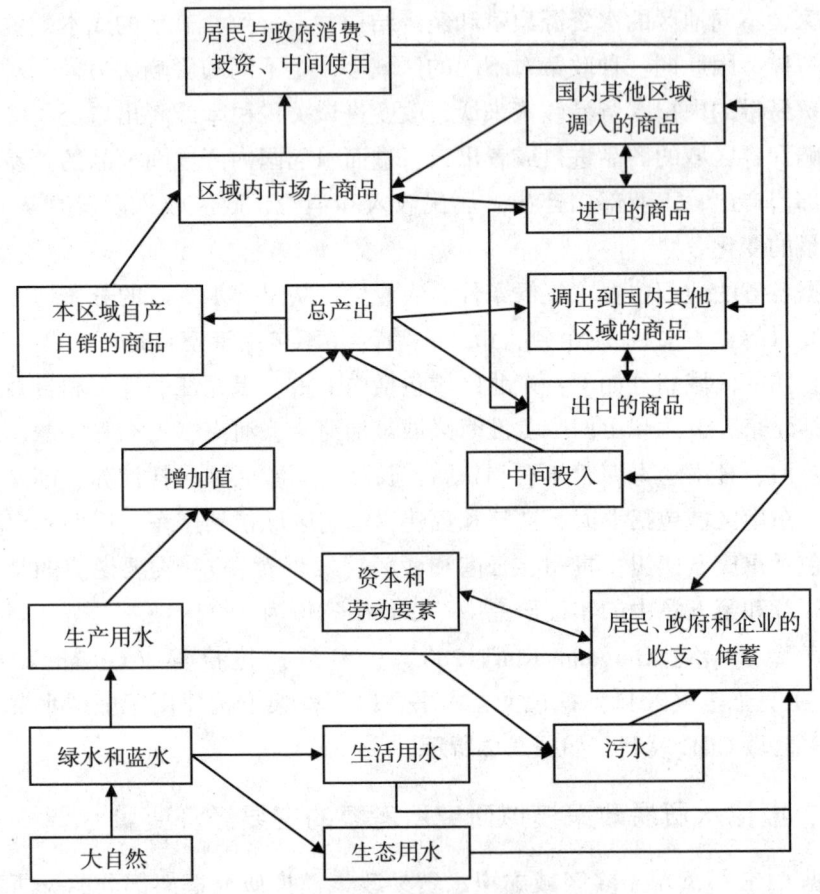

图 3.2　本书所采用的多区域 CGE 模型的框架

注：图 3.2 中的"本区域"是指具体的某一个区域。

表 3.6　　水资源政策的 CGE 模拟研究的主要变量

变量分类	具体变量名称	单位
一、经济增长	真实 GDP	亿元
二、国内外贸易	进口	亿元
	出口	亿元
	调出到国内其他地区	亿元
	国内其他地区的调入	亿元
三、居民收入和消费	城镇居民收入	亿元
	农村居民收入	亿元
	城镇居民消费	亿元
	农村居民消费	亿元
四、政府收入	中央财政收入	亿元
	地方财政收入	亿元
五、要素需求	劳动力需求	亿元
	资本需求	亿元
	生产用水需求	亿元
六、部门产出	农业部门总产出	亿元
	非农部门总产出	亿元
	污水治理部门产出	亿元
七、其他水资源相关变量	生活用水需求	亿元
	生态用水需求	亿元
	污水排放量	亿吨

根据虚拟水贸易量的计算方法，虚拟水贸易量等于虚拟水含量乘以产品贸易量，而虚拟水含量则通过生产用水量除以产出得到，因此表 3.6 中进口、出口、调出到国内其他地区、国内其他地区的调入、生产用水需求、农业部门总产出、非农部门总产出、污水治理部门产出等变量也可以间接表征虚拟水贸易政策对虚拟水贸易的影响。

第四节　虚拟水贸易政策研究的理论预期

本书先用计量经济学方法重点研究了作用于国内贸易量的虚拟水贸易政策（第四章和第五章），之后利用多区域 CGE 模型对各种虚拟水贸易政策进行了政策模拟分析（第六章和第七章），下面是对各种虚拟水贸易政策研究的理论预期。

一、虚拟水贸易边界效应测算与影响因素方面

在测算贸易边界效应的论文中，一般以贸易量为因变量，以边界效应等影响贸易的因素为自变量，边界效应变量通过以下方式引入：设定自身贸易时为 1，不同省份贸易时为 0（McCallum，1995；Poncet，2003；Anderson 和 Wincoop，2003；Crafts 和 Klein，2013）。除边界效应变量之外，通常考虑的自变量还有各省收入以及贸易伙伴的收入、贸易距离、是否是相邻省份等。根据虚拟水贸易量的计算方法（投入产出法），各产业的完全用水系数是影响虚拟水贸易量的重要变量，另外中国水资源、工农业产品在南北区域之间分布不均衡，因此各省是否属于相同的南北区域也会影响虚拟水贸易量。

以上变量对虚拟水贸易量的作用方向的理论预期如下：

（1）各省收入以及贸易伙伴的收入越高，一般情况下虚拟水贸易量也会越大，因此是正向的。

（2）贸易距离越大，贸易成本会越高，各省之间虚拟水贸易量会减少，因此是负向的。

（3）各省完全用水系数越大，单位产出的耗水量会越大，根据虚拟水贸易量的计算方法，虚拟水贸易量也会越大，因此是正向的。

（4）是否是相邻省份、是否属于相同的南北区域对虚拟水贸易的影响比较复杂，由于各省之间可能是相互竞争关系，也可能是相互合作关系，因此这两个变量方向可能是正向的也可能是负向的。

（5）调出到外省的虚拟水既可能低于本省自身的消费，也可能高于本省自身的消费，因此边界效应变量方向可能是正向也可能是负向的。

由于农产品与工业产品相比，不方便长途运输，因此预期农业的虚拟水贸易边界效应会大于工业的虚拟水贸易边界效应。另外由于交通运输的便利，特别是农产品运输"绿色通道"的建立，与 2002 年相比，预期 2007 年工农业部门虚拟

水贸易边界效应均会降低。

与工农业产品贸易是实物贸易不一样，服务业贸易具有无形性，并且服务业一般局限于服务本省，贸易量统计数据的准确性比较差，另外由于缺乏准确的服务业的用水量数据，只能按比例估算（中国投入产出学会课题组，2007；李方一等，2012），鉴于以上原因，本书从全国平均和省级两个层面研究全行业、农业和工业虚拟水贸易的边界效应，但是类似于范剑勇和林云（2011）等文献，不单独研究服务业虚拟水贸易的边界效应。

本书考虑以下影响虚拟水贸易边界效应的因素：

（1）根据测算部分的分析，各省用水方面的比较优势会影响虚拟水贸易的边界效应。

（2）一个省份的虚拟水生产量，除了用于本省的消费（即省内贸易）、省际调出外，还会存在虚拟水出口，因此虚拟水出口也是一个影响边界效应的重要因素。

（3）实际上，虚拟水贸易边界效应测算部分考虑的因素均会影响边界效应的测算结果，本书用各省省内外虚拟水贸易比例来综合考虑这些因素①。

（4）各省的市场一体化程度会影响贸易的边界效应（赵永亮和徐勇，2007），虚拟水贸易的边界效应也是如此。

（5）各省的财政自主程度会影响贸易的边界效应（刘生龙和胡鞍钢，2011），虚拟水贸易的边界效应也是如此。

各影响因素对虚拟水贸易边界效应作用的理论预期如下：

（1）各省相对于贸易伙伴存在用水方面的比较优势，那么就越可能调出虚拟水，从而会降低虚拟水贸易的边界效应，不过本书中采用的是完全用水系数的省内外之比来表征比较优势，这实际上表征的是比较劣势，完全用水系数越大，耗水量越大，调出虚拟水的可能性会变小，从而会提高虚拟水贸易的边界效应，因此是正向的。

（2）各省虚拟水出口越大，那么用于国内虚拟水消费的部分会越少，但是究竟是减少本省的消费（即省内贸易），还是减少调出给外省的消费（即省际调出），各省的具体情况会不一致，因此各省虚拟水出口的影响可能是正向也可能

---

① 本书为了刻画各省用水效率对虚拟水贸易边界效应的影响，将用水方面的比较优势因素单独列出，这类似于刘生龙和胡鞍钢（2011）将交通基础设施当成一个重要的影响贸易边界效应的因素。另外根据模型构建部分的（4.31）式，考虑到各省的固定效应项就有 30 个，但是因变量（各省边界效应的对数值）也只有 30 个，因此不综合考虑这些影响因素，则无法估计模型。

是负向的。

（3）虚拟水贸易的边界效应在一定程度上测算的就是各省省内外贸易比例，各省省内外贸易比例越高，虚拟水贸易的边界效应会越大，因此是正向的。

（4）一般说来，各省的市场一体化程度越高，越有可能降低虚拟水贸易的边界效应，因此对工业来说，应该是负向的；但是由于市场一体化程度较高的省份，如北京、上海、天津，它们本身的农产品虚拟水生产量比较低，而生产的虚拟水一般先优先满足当地需求，然后才会有虚拟水的调出，因此对农业来说可能是正向的也可能是负向的。

（5）一般情况下，各省财政自主程度越高，市场一体化程度也越高，这会降低虚拟水贸易的边界效应，但是也可能会行使地方保护主义加大虚拟水贸易的边界效应，因此可能是正向的也可能是负向的。

二、水环境规制对农产品虚拟水贸易的影响方面

为了研究中国水环境规制对农产品虚拟水贸易的影响，本书在 Leamer (1984) 对 HOV 模型改进形式的基础上，通过加入环境规制变量、技术变量以及各省虚拟水贸易的空间效应与动态效应，对经典 HOV 模型做进一步拓展。

（一）要素投入的影响

根据理论基础中用 HOV 模型来解释虚拟水贸易时得到的公式（2.7）式可以知道，当一个省份的要素投入越多，该省虚拟水生产能力越大，如果再假定该省虚拟水消费量一定，那么农产品虚拟水净调出量越大，因此是正向影响的。不过由于要素禀赋理论的假定过于严格，农产品的消费量也会随生产能力而改变等原因，实证中也会出现部分要素投入对净调出量是负向影响的情况（Tobey，1990；Valluru and Peterson，1997；Cole and Elliott，2003；陆旸，2009）。

（二）环境规制变量

按照研究环境规制与产品贸易关系的一般做法，本节也将水环境规制变量当成要素引入 HOV 模型。一般来说，环境规制越强的省份，对环境关注程度越大，生产者的治理成本也越高，从而驱使地方政府将污染严重的行业迁移，例如上海畜牧业生产量在下降（虞炜等，2011），如果再假定消费量不变，那么净调出将下降，从这方面来说，中国水环境规制对农产品虚拟水净调出的影响为负。但是正如科尔和艾略特（Cole and Elliott，2003）、陆旸（2009）指出，环境规制越强的省份，治理污染的能力也越强，也更关注农产品质量，生产出来的农产品更优质，从而存在产品的出口优势，故中国水环境规制对农产品虚拟水净调出的影响

也可能为正。当只考虑环境规制强度的一次项时，实证结果是正向还是负向，要看哪种影响更强烈。当同时考虑环境规制强度的一次项和二次项时，在适度的环境规制条件下，环境规制越强的省份可以通过提升自身的治污能力，来获得比较优势，从而抵消环境规制对农产品虚拟水净调出的负向影响，因此环境规制强度一次项的估计系数为正。当然，如果环境规制过于强烈，这种通过提升自身的治污能力，来获得比较优势的办法也会不足以抵消环境规制对农产品虚拟水净调出的负向影响，因此环境规制强度的二次项的估计系数为负。从而，我们假定，水环境规制强度对虚拟水净调出呈现倒 U 形曲线的特征。

（三）技术变量

在研究中国水环境规制对农产品虚拟水贸易量时，本书用农产品虚拟水含量来表征各省农业用水效率，对于同一种农产品来说，虚拟水含量越高的省份，表明其农业用水效率越低，从而存在技术上的比较劣势，因此预期农产品虚拟水含量对农产品虚拟水贸易量的影响为负。

另外，在用 HOV 模型解释虚拟水贸易的可行性时，假定了各省的生产函数相同，但是实际上各省的生产技术水平并不一致，通常用农产品单位面积产量来表征生产技术水平。农产品单位面积产量越大的省份，表明存在生产技术上的比较优势，因此该指标对农产品虚拟水贸易量的影响为正。

（四）空间效应

对于农产品贸易来说，相邻省份的贸易会更频繁，但是也可能由于相邻省份都是农产品生产大省，例如黑龙江省与吉林省都是产粮大省，两省之间的粮食贸易量反而不会很大，因此省份之间农产品贸易的空间效应也是应当考虑的，不过这种空间效应可能显著为正或为负，也可能不显著。

（五）动态效应

人们常常会根据上一期的情况来安排当期的农业生产活动，对于虚拟水消费来说，有文献已经证明了这种动态效应也存在（刘红梅等，2013），因此本节在研究环境规制对中国国内农产品虚拟水贸易的影响时，也考虑了这种动态效应，并预期这种动态效应是正向的。

三、虚拟水贸易政策模拟方面

由于 CGE 模型中参数、政策冲击强度和闭合规则的选取方式会影响到模拟结果，因此本书对虚拟水贸易政策模拟的理论预期均是对第七章的基准情况进行的预期。

(一) 进出口税收政策

对 jinkoun 政策来说，由于采用降低农产品进口税率的政策，降低了进口贸易成本，各区域对商品的进口会增加。为了保持进出口的平衡，出口也会相应地增加。由于来自外国商品的竞争，各区域从国内其他区域调入的商品会减少。另外由于该政策是进口政策，对进口的影响会大于对出口的影响，因此平衡各区域的净调入和调出，各区域调出到其他区域的商品会增加。由于本区域生产的商品受到商品的进口以及国内其他区域调入的影响，当进口增加、国内其他区域调入减少时，本区域生产的商品可能增加也可能减少。与之对应，生产用水、资本和劳动力需求也可能增加或者减少。由于居民收入主要来自提供劳动力与资本等生产要素，因此预期居民收入的符号会与劳动力与资本等生产要素之和的符号一样，居民消费由居民收入决定，因此符号会与居民收入一致，居民生活用水也是如此。对真实的 GDP 来说，可以近似地从要素增加值之和是否大于零来判断是否增加。由于要素需求可能增加或者减少，地方的财政收入也可能增加或者减少，地方财政收入的变动会影响其对生态用水的支出，因此生态用水需求也可能增加或者减少。对中央来说，由于进口税率的降低，进口关税收入减少，而其他税收影响较小，中央的财政收入会减少。另外由于模型闭合规则中对污水排放量进行了控制，因此污水排放量会保持不变。对 chukoun 政策来说，由于降低了出口补贴率，相当于增加了出口贸易的成本，各区域商品出口的意愿减弱，出口减少。对其他变量的预期可类似于 jinkoun 政策进行相应的分析，故不再赘述。

(二) 水价政策

对 sj 政策来说，生产用水水价上涨 1% 对生产用水需求的价值量的影响是正向的，但是由于生产用水水价上涨会导致对生产用水需求的实物量下降（即节约了水资源）。生产用水水价上涨提高了生产成本，因此对农业部门来说，各区域农业部门总产出下降，但是对非农部门来说，影响会比较小，甚至可能因为原来投入到农业部门的生产要素、中间投入等转移到非农部门，从而非农部门产出可能会增加。不过由于农业部门是要素密集型行业，当农业部门总产出下降时，生产要素的需求也会下降，从而要素增加值的角度来看，各区域的真实 GDP 会下降。由于居民收入主要来自提供劳动力与资本等生产要素，当劳动力与资本与需求下降时，居民收入也是下降的，相应地，居民消费和生活用水需求下降。国际和国内贸易会受到部门产出和居民消费的影响，并且国际和国内贸易之间也相互影响，因此该政策对贸易的影响可能正向也可能负向。虽然水价上涨导致地方政府征收的水资源费会增加，但是由于生产过程中劳动力与资本投入的减少，会导致增值税下降，因此政府收入可能下降，相应地，生态用水需求下降。另外，由于模型闭合规则中对污水排放量进行了控制，因此污水排放量会保持不变。

（三）水资源税政策

农业部门征收水资源税会导致农业部门生产成本增加，因此虽然该政策可以节约生产用水，但是农业部门总产出会减少。由于受到资本供给约束和农业部门总产出减少的影响，各区域非农部门总产出可能增加也可能减少。农业部门总产出减少，会导致劳动力需求减少，结合非农部门总产出增加或者减少的影响，部分区域的资本需求可能增加，但变化率的绝对值会小于劳动力需求减少变化率的绝对值。结合要素增加值的变化情况，各区域真实 GDP 减少。当劳动力需求减少，居民收入会减少，从而对居民消费和生活用水需求减少。国际和国内贸易会受到部门产出和居民消费的影响，并且国际和国内贸易之间也相互影响，因此该政策对贸易的影响可能正向也可能负向。另外，由于模型闭合规则中对污水排放量进行了控制，因此污水排放量会保持不变。由于农业部门征收了水资源税，地方政府的水资源税收入增加，另外本书在模型设定中，水资源税只归于地方财政收入。由于中央财政受到进出口税收的影响，各区域的财政收入可能增加也可能减少。

（四）水量政策

对 sljs 政策来说，由于生产用水量的减少，另外水资源要素与劳动力、资本要素替代性差，因此在水资源供给量下降较多时，导致不能生产原来那么多的产品，劳动力、资本要素需求下降，从而从增加值角度，真实 GDP 会以比较快的速度下降。由于农业受水资源供给影响强烈，因此当总供水量减少时，各区域农业部门的总产出下降；对非农部门来说，供水量对其影响较小，当农业部门发展受到供水量的限制时，原来农业部门投入的劳动力、资本要素会转移到非农部门，因此非农部门产出可能减少也有可能增加。由于居民收入主要来源于提供劳动与资本等生产要素，当劳动与资本需求下降时，居民的收入也下降，相应地，居民消费以及生活用水需求也会下降；由于生产要素需求下降，增值税收入也会下降，因此政府的收入会下降，相应地，生态用水需求下降。国际和国内贸易会受到部门产出和居民消费的影响，并且国际和国内贸易之间也相互影响，因此该政策对贸易的影响可能正向也可能负向。另外，由于模型闭合规则中对污水排放量进行了控制，因此污水排放量会保持不变。由于 slzj 政策是 sljs 政策反方向上的政策，因此预期这些政策对经济变量的作用与 sljs 政策对经济变量的作用相反。

(五) 用水效率政策

农业部门用水效率的提高，可以节约生产用水需求，降低生产成本，因此预期农业部门总产出增加；但是由于受到资本供给约束的影响，各区域非农部门总产出可能增加也可能减少。农业部门总产出增加，会导致劳动力和资本需求增加。在各要素增加值之和增加的情况下，各区域的经济会增长，政府收入会增加，对生态用水的需求会增加。在劳动力和资本需求增加的情况下，居民收入会增加，从而对居民消费和生活用水需求增加。国际和国内贸易会受到部门产出和居民消费的影响，并且国际和国内贸易之间也相互影响，因此该政策对贸易的影响可能正向也可能负向。另外，由于模型闭合规则中对污水排放量进行了控制，因此污水排放量会保持不变。

(六) 组合政策

水资源组合政策对经济变量的影响方向由单项政策对经济变量的影响方向而决定，预期有如下规律：如果几种单项政策对某个经济变量均是正值（负值）影响的，那么组合政策对某个经济变量也是正值（负值）影响的，如果部分单项政策对某个经济变量是正值影响的，但是另外的单项政策对这个经济变量是负值影响的，那么组合政策对该经济变量可能是正值影响的，也可能是负值影响的。另外，由于 CGE 模型是非线性模型，因此组合政策数值上并不是对各单项政策数值进行简单的相加。

总体来说，由于 CGE 模型的非线性、各区域经济状况的不一致以及水资源禀赋的差异，即使是采用同样强度的政策，对各区域经济变量的大小和方向的影响也会存在差异。

第四章 虚拟水贸易量的计算方法和中国省际虚拟水贸易的边界效应研究

在研究虚拟水贸易的边界效应之前，本书先叙述两种计算虚拟水贸易量的方法，然后根据虚拟水贸易的计算方法，结合贸易理论，构造研究虚拟水贸易边界效应的实证模型，从全国和各省层面对其展开实证研究。

第一节 虚拟水贸易量的计算方法

计算虚拟水含量的方法有两种：一种是生产树法（Product Tree Method），这种方法先利用彭曼公式计算农作物的蒸腾量，再考虑农作物的产量以及种植面积得到农作物的虚拟水含量。畜产品的虚拟水含量则通过计算生产这些产品本身所消耗的水加上消耗的原材料所含有的虚拟水，再除以产品的产量得到。另一种是利用投入产出法计算虚拟水含量（实际上是在计算完全用水系数）。

虚拟水贸易量的计算是基于虚拟水含量计算的。第一种方法，是一个地区的虚拟水贸易量等于本地区虚拟水生产量减去虚拟水消费量，也等于虚拟水含量乘以产品贸易量。第二种方法，则是通过各部门的完全用水系数乘以本部门的进出口量，再汇总得到净进口（出口）虚拟水量。下面详细叙述计算虚拟水贸易量的方法，并做相应的比较。

一、生产树法

本节根据利用生产树法计算虚拟水贸易的一些代表性文献（Allen et al., 1998；Hoekstra and Hung, 2002；Chapagain and Hoekstra, 2003；Hoekstra et al., 2009；Aldaya et al., 2012）对生产树法进行总结和介绍。

（一）农作物虚拟水含量的计算方法

根据胡克斯特拉和洪（Hoekstra and Hung, 2002）的文献，计算农作物虚拟水含量时首先利用彭曼—孟（Penman-Monteith）公式计算 ET_0，即参考作物面的蒸腾量。所谓参考作物面，是一种假想的参照作物冠层，假设作物高度为 0.12m，固定的叶面阻力为 70s/m，反射率为 0.23，非常类似于表面开阔、高度一致、生长旺盛、完全遮蔽地面且充分湿润的绿色草地。ET_0 的具体表达式如下：

$$ET_0 = \frac{0.408\Delta(R_n - G) + \gamma \frac{900}{T+273} U_2(e_a - e_d)}{\Delta + \gamma(1 + 0.34 U_2)} \tag{4.1}$$

其中，ET_0 为参考作物的蒸腾量，单位为 mm/d；Δ 为饱和水气压与温度相关曲线的斜率，单位为 kPa/T（℃）；R_n 为作物表面的净辐射，单位为 MJ/（m²·d）；G 为土壤热通量，单位为 MJ/（m²·d）；T 为平均空气温度，单位为 T（℃）；U_2 为两米高的风速，单位为 m/s；e_a 为饱和水气压，单位为 kPa；e_d 为实测水气压，单位为 kPa；γ 为干湿度常数，单位为 kPa/T（℃）。在实际计算过程中，ET_0 可以通过 CROPWAT 软件计算。

具体作物的需水量（CWR）是作物在整个生长期内累积的蒸腾量 ET_c，计算公式如下：

$$ET_c = K_c ET_0 \tag{4.2}$$

其中，K_c 为作物系数，不同的作物在不同的生长阶段的 K_c 不同。确定 K_c 以及作物的生长周期的办法可以参考艾伦（Allen，1998）以及胡克斯特拉和洪（2002）的论文。

每种作物的虚拟水含量 $SWD(n, c)$ 按以下公式计算：

$$SWD(n, c) = \frac{CWR(n, c)}{CY(n, c)} \tag{4.3}$$

其中，$SWD(n, c)$ 表示区域 n 内作物 c 的虚拟水含量，单位为 m³/t，$CWR(n, c)$ 为区域 n 内作物 c 生长期内每公顷的需水量，单位为 m³/ha，$CY(n, c)$ 为区域 n 内作物 c 的单位面积产量，单位为 t/ha。

计算流程总结如图 4.1 所示。

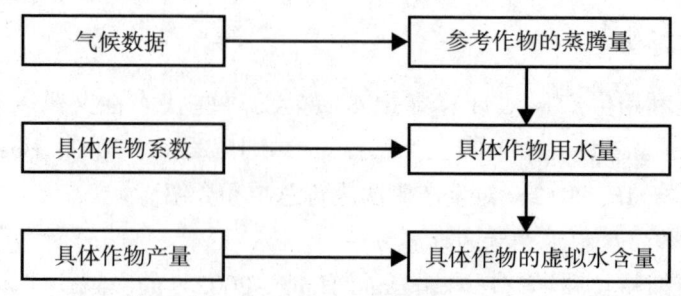

图 4.1　农作物虚拟水含量的计算流程

(二) 动物及其产品虚拟水含量的计算方法

1. 动物虚拟水含量的计算方法

动物虚拟水含量定义为动物存活的整个生命周期所消耗的水资源量,包括三部分:①动物整个生命周期所消耗的饲料所含虚拟水;②动物整个生命周期所消耗的饮用水;③饲养动物的服务活动过程中所消耗的水,例如清洁用水(Chapagain and Hoekstra, 2003)。具体计算公式如下:

$$vwc_a[n,a] = vwc_{\text{feed}}[n,a] + vwc_{\text{drink}}[n,a] + vwc_{\text{serv}}[n,a] \quad (4.4)$$

$$vwc_{\text{feed}}[n,a] = \frac{\int_0^t \{q_{\text{mix}}[n,a] + \sum_{c=1}^m SWD[n,c] \times c[n,a,c]\} dt}{W_a[n,a]} \quad (4.5)$$

$$vwc_{\text{drink}}[n,a] = \frac{\int_0^t q_d[e,a] dt}{W_a[n,a]} \quad (4.6)$$

$$vwc_{\text{serv}}[n,a] = \frac{\int_0^t q_s[n,a] dt}{W_a[n,a]} \quad (4.7)$$

其中,$vwc_a[n,a]$ 为动物 a 在地区 n 生长的虚拟水含量,单位为 m^3/t;$q_{\text{mix}}[n,a]$ 为混合饲料所需水,单位为 m^3/t;其他表达式的含义类似,不再赘述。

2. 动物产品虚拟水含量的计算方法

与农作物只是单一产品不同①,动物产品包括肉体、牛奶、毛皮、血液等多种类型。为了计算不同的动物产品的虚拟水含量,需要将动物生产过程中消耗的虚拟水量在动物产品之间分配。直接由动物提供的产品称为第一类产品,第一类产品的虚拟水含量包括动物的虚拟水含量和加工所需要水资源量。为了在不同产品间分配动物虚拟水含量和加工需水量,引入产品比例因子 pf 和价值因子 vf 来分配计算。具体计算公式如下:

$$PWR[n,a] = \frac{Q_{\text{proc}}[n,a]}{W_a[n,a]} \quad (4.8)$$

$$pf[n,p] = \frac{W_p[n,p]}{W_a[n,a]} \quad (4.9)$$

---

① 严格地说,农作物也不是单一产品,但是在计算虚拟水含量时一般只考虑可食用部分,并视为单一产品(胡克斯特拉和洪,2002)。

$$vf[n, p] = \frac{v[p] \times pf[n, p]}{\sum(v[p] \times pf[n, p])} \quad (4.10)$$

$$VWP_p[n, p] = (VWC_a[n, a] + PWR[n, a]) \times \frac{vf[e, p]}{pf[e, p]} \quad (4.11)$$

其中，$Q_{\text{proc}}[n, a]$ 为单位数量动物 a 在国家 n 加工所需水量，单位为立方米/头；$PWR[n, a]$ 指生产加工每吨动物所需要的水量，单位为 m³/t；$pf[n, p]$ 为产品比例因子，为第一类产品 p 的 $W_p[n, p]$ 与动物的重量比；$vf[n, p]$ 为价值因子，为第一类产品 p 的市场价值与所有第一类产品市场价值总和的比值；$v[p]$ 为产品 p 的市场价值；$VWP_p[n, p]$ 指产品 p 的虚拟水含量。

计算第二类、第三类等产品的虚拟水含量时，将上一类产品当成原材料，同样采用产品比例因子和价值比例因子的办法计算，类似于第一类产品，不再赘述。

对于工业产品，用生成树法计算研究正在起步阶段，因此本节不涉及，但是利用下面的投入产出法可以计算工业部门以及第三产业部门的虚拟水含量。

(三) 农产品虚拟水贸易量的计算方法

计算某地区的虚拟水贸易量（净出口量），可以各种产品的虚拟水生产量（利用生产量乘以虚拟水含量得到）减去虚拟水消费量（利用消费量乘以虚拟水含量得到）得到，也可以利用各种产品的贸易量（实物贸易量）乘以虚拟水含量所得到。具体公式如下：

$$VWT_{n, i} = \sum_c (WP_{n, c} - WC_{n, c} - WT_{n, c, o}) \quad (4.12)$$

$$VWT_{n, i} = \sum_c CT_{n, i, c} \times D_{n, c} \quad (4.13)$$

其中，$VWT_{n, i}$ 是虚拟水出口国 n 向进口国 i 每年出口农产品的虚拟水总量，$WP_{n, c}$ 是虚拟水出口国 n 农产品 c 的生产量，$WC_{n, c}$ 是虚拟水出口国 n 农产品 c 的消费量，$WC_{n, c, o}$ 是虚拟水出口国 n 农产品 c 销售（也可能购买）到世界其他地区的净出口量；$CT_{n, i, c}$ 是虚拟水出口国 n 向进口国 i 出口农产品 c 的贸易量，$D_{n, c}$ 是虚拟水出口国 n 农产品 c 的虚拟水含量。

二、投入产出法

利用投入产出法计算虚拟水贸易量的代表性文献有关和胡伯切克（Guan and Hubacek，2007）、马忠和张继良（2008）、李方一等（2012），本节根据这些文献，对投入产出法进行总结和介绍。

（一）完全用水系数的计算方法

计算完全用水系数时，首先定义直接用水系数。直接用水系数也被称为用水定额，是使用最为广泛的一种用水系数，表示生产一单位货物或服务所使用的自然形态的水的数量，反映各部门在生产本部门货物或服务过程中的直接用水强度，具有直观、物理意义明确的特点（中国投入产出学会课题组，2007）。

直接用水系数的数学表达式如下：

$$w_j = \frac{W_j}{X_j} \tag{4.14}$$

其中，W_j 为 j 部门的用水量，X_j 为 j 部门的总产出。

由于在生产本部门产品的同时，也要消耗其他部门的产品。例如：农业生产需要化肥、农药、除草剂等化学工业的产品，因此存在间接消耗。另外，如果中间使用和最终消费来源于进口，就不需要在本区域内生产，从而不需要消耗本区域的水资源。为了更合理地反映水资源的需求情况，定义完全用水系数如下：

$$\bar{w}_j = [w(I - BA)^{-1}]_j \tag{4.15}$$

其中，$w = (w_1, w_2, \cdots, w_n)$，$I$ 为单位矩阵，A 为本区域的直接消耗系数矩阵；B 为代表各种产品的区域内部生产比重矩阵，区域内部生产比重矩阵为对角矩阵；中括号的下标 j 表示行向量的第 j 个元素。

（二）虚拟水贸易量的计算方法

根据完全用水系数，利用投入产出表中数据，我们可以直接计算部门、区域内总的进出口虚拟水量。例如第 j 部门的出口虚拟水量为：

$$W_j^E = \bar{w}_j Y_j^E \tag{4.16}$$

其中，$\bar{w}_j$ 为第 j 部门的总产出完全用水系数，Y_j^E 为 j 部门出口总额。

区域内虚拟水出口总量为：

$$W^E = \sum_j \bar{w}_j Y_j^E \tag{4.17}$$

类似的，第 j 部门的进口虚拟水量为：

$$W_j^I = \bar{w}_j Y_j^I \tag{4.18}$$

其中，$\bar{w}_j$ 为第 j 部门的总产出完全用水系数，Y_j^I 为 j 部门进口总额。

区域内虚拟水进口总量为：

$$W^I = \sum_j \bar{w}_j Y_j^I \tag{4.19}$$

从而区域内虚拟水进出口净额为：

$$W_j^N = W_j^I - W_j^E \tag{4.20}$$

$$W^N = W^I - W^E \tag{4.21}$$

其中，W_j^N 为部门 j 的虚拟水进出口净额，W^N 为所有部门的虚拟水进出口净额。

另外，利用完全用水系数，我们也可以计算部门 j 的虚拟水消费量，具体表达式为：

$$\overline{W}_j = \overline{w}_j X_j \tag{4.22}$$

三、两种计算方法的比较

（一）计算所需要的原始数据来源方面的比较

1. 生产树法

生产树法所需要的数据比较多，计算过程比较复杂。对于种植作物，所需要的数据有中国气象数据网上的各省会城市的月度平均最低气温、月度平均最高气温、相对湿度、风速、日照数据；再利用 CROPWAT 软件计算 ET_0 数据，然后针对不同的作物，确定各自的作物系数、作物的生长周期等数据；最后根据《新中国农业六十年统计资料汇编》《中国农村统计年鉴》等资料上的农作物产量、种植面积等数据，计算出农作物的虚拟水含量。对于动物产品，则需要产品生产过程中所消耗的水、混合饲料的水、产品比例因子、价值因子等数据。

2. 投入产出法

投入产出法需要的数据比较少，计算过程相对而言比较简单。数据来源有各省的投入产出表以及《水资源公报》《中国环境年鉴》等相关数据。但是由于投入产出表是每五年才编制一次，因此不好计算每年的虚拟水贸易量。

（二）计算过程与结果的比较

1. 生产树法

生产树法计算的结果比较精确，但是计算过程较麻烦。另外，利用它计算蒸腾量的时候，假设没有棵间蒸发，实际上灌溉用水不可能完全被作物吸收，很多渗漏到土壤中去了，这可能导致低估虚拟水量。ET_0 的假设条件是参考作物面是全覆盖且有充足的水，实际则很难满足这个条件，这可能导致高估虚拟水量。

生产树法目前不太适用于工业部门及第三产业部门，虽然工业部门及第三产业部门直接用水比较少，但是通过间接消耗，虚拟水量还是比较大的。

生产树法计算的基础是农作物虚拟水含量，但是本身估计不一定完全准确，那么利用不太准确的数据计算畜产品的虚拟水的时候，误差也会增大。

2. 投入产出法

虽然用投入产出法计算虚拟水贸易量可以利用现成的投入产出表，但是此法计算的虚拟水消耗量严重低估了实际的虚拟水消耗量，从而计算出的虚拟水贸易量不够准确。这是因为资料中统计的各部分用水情况，只统计了存在经济价值的蓝水，但是种植作物吸收利用的水资源相当一部分来自天然降水。另外，投入产出表不是每年都会编制的，因此很难得到每年的虚拟水贸易量。

第二节　中国省际虚拟水贸易的边界效应研究

随着中国经济的快速发展，对水资源的需求越来越大，同时中国存在人多水少、水资源时空分布不均的严重问题。为了缓解水资源的供求矛盾，中国政府相关部门出台了很多文件，如《中共中央国务院关于加快水利改革发展的决定》《关于实行最严格水资源管理制度的意见》《实行最严格水资源管理制度考核办法》等，对水资源进行了最严格的管理。以上文件从真实水角度对水资源管理提出了严格的要求，但仍有很多问题不能解决，于是学术界提出通过虚拟水贸易解决中国乃至世界各国水资源的短缺问题的新思路：缺水地区可以通过从水资源充足地区调入虚拟水的方式来满足对水资源的需求。

中国是一个幅员辽阔的大国，国内各省份之间的行政区域边界导致的市场分割会在一定程度上阻碍虚拟水贸易的顺利进行，而这种行政区域边界的阻碍，就是本节所要研究的边界效应（Border Effect）。为了打破这种行政区域边界的阻碍，从农产品方面来说，自1995年起，全国先后建成了山东寿光至北京、海南至北京、海南至上海、山东寿光至哈尔滨等四条蔬菜运输"绿色通道"；2005年，交通部、农业部以及其他相关部门印发了《全国高效率鲜活农产品流通"绿色通道"建设实施方案》；另外，全国高速公路网、铁路网的建设也加速了虚拟水贸易的开展；中国的南水北调工程更是从真实水贸易的角度打破了这种行政边界的阻碍。只有尽可能地降低虚拟水贸易的边界效应，缺水地区通过虚拟水贸易的方式来解决水资源短缺问题才有可行性，因此，研究虚拟水贸易边界效应有重要的现实意义。

本书依据2002年与2007年区域间投入产出表的相关数据，结合第二章中的理论模型和理论预期，构建了研究虚拟水贸易边界效应的实证模型，并利用该模型对全国平均以及各省的虚拟水贸易边界效应进行了测算，检验了农产品运输"绿色通道"政策的绩效，然后分析了影响各省虚拟水贸易边界效应的因素，从而为减少虚拟水贸易边界效应、促进虚拟水贸易提供政策启示。

一、实证模型的构建以及数据来源的说明

(一) 实证模型的构建

1. 虚拟水贸易边界效应测算模型的构建

本节先叙述区域间虚拟水贸易量的计算方法,然后再结合安德森和温库普(Anderson and Wincoop,2003)所提出的测算边界效应的理论模型,构建本节测算虚拟水贸易边界效应的实证模型。

首先按照下面的(4.23)式计算省份 i 部门 h 的直接用水系数(中国投入产出学会课题组,2007):

$$w_{ih} = \frac{W_{ih}}{y_{ih}} \qquad (4.23)$$

其中,W_{ih} 为省份 i 部门 h 的直接用水量,y_{ih} 为省份 i 部门 h 的总产出。记 $W = (w_{i1}, \cdots, w_{ih})$ 为直接用水行向量,再乘以列昂惕夫(Leontief)逆矩阵,可得完全用水系数行向量(中国投入产出学会课题组,2007):

$$V = W(I - BA)^{-1} \qquad (4.24)$$

其中,I 为单位矩阵,A 为直接消耗系数矩阵,B 为省内生产比重的对角矩阵[①],V 的代表元素 v_{ih} 为省份 i 部门 h 的完全用水系数。从而省际调出(we)的虚拟水贸易量分别为:

$$we_{ihj} = v_{ih} \times x_{ihj} \qquad (4.25)$$

其中,x_{ihj} 为省份 i 部门 h 的调出到省份 j 的价值量[②]。通过对所有部门加总[③],可得省份 i 的产品的调出到省份 j 的价值量 x_{ij} 以及虚拟水贸易量 we_{ij}。省份 i 的产品的调出到省份 j 的价值量 x_{ij} 由下面的(4.26)式所示的引力模型所决定(Anderson 和 Wincoop,2003)[④]:

$$x_{ij} = \frac{y_i y_j}{y_T} \left(\frac{t_{ij}}{P_i P_j} \right)^{1-\sigma} \qquad (4.26)$$

其中,y_i 为省份 i 出售产品的收入,本节中用 GDP(具体到农业或者工业,则用增加值)来表征;y_j 为省份 j 购买产品的支出,在本节中仍用 GDP 来表征;另外,由于理性的消费者不会局限于只将农业或者工业的增加值用来购买农产品

[①] 其对角线上的元素=省内总产出/(省内总产出+省外调入),其他元素为零。
[②] 实际上,这就是通常所说的产品贸易量,但是为了避免与虚拟水贸易量混淆,这里用价值量表示。
[③] 研究工农业层面的边界效应时是相应部门的加总。
[④] 具体推导过程参见 Anderson 和 Wincoop(2003)或本书的附录。

或者工业产品,因此在农业和工业虚拟水贸易的边界效应研究中,该变量仍用 GDP 来表征,注意 y_i 与 y_j 并不一定相等(Chen,2004;Crafts 和 Klein,2013); t_{ij} 为贸易成本因子(具体表达式见下面的(4.28)式),并假定 $t_{ij}=t_{ji}$;$P_i=[\sum_j (t_{ij}/P_j)^{1-\sigma}(y_j/y^w)]^{1/(1-\sigma)}$ 为省份 i 的相对价格指数,P_j 的表达式与 P_i 类似,不再赘述;σ 为商品的替代弹性。将(4.26)式代入(4.25)式,有:

$$we_{ij} = v_i \times x_{ij} = v_i \times \frac{y_i y_j}{y_T} \left(\frac{t_{ij}}{P_i P_j}\right)^{1-\sigma} \tag{4.27}$$

本节结合一般贸易边界效应的测算方法与虚拟水贸易的实际情况,认为贸易成本因子 t_{ij} 与是否是省内贸易(home)、是否相邻(adj)、贸易距离(dist)、省份所在区域(reg)等因素有关(Anderson 和 Wincoop,2003;Poncet,2003;Crafts 和 Klein,2013),并采用以下方式引入模型:

$$t_{ij} = dist_{ij} \times \exp(home_{ij} + adj_{ij} + reg_{ij}) \tag{4.28}$$

其中,当 $i=j$ 时,借鉴海德和迈耶(Head and Mayer,2000)的研究,定义内部贸易距离①为 $\frac{2}{3}\sqrt{(area_i)/\pi}$,这里 $area_i$ 为省份 i 的面积;当 $i \neq j$ 时,采用省会城市之间最近的铁路距离。考虑到两个虚拟水产量较高的省份,即使是临近省份(通常铁路距离比较短)也可能贸易量比较小,因此本节把各省虚拟水产量占全国虚拟水总产量的比值作为权重,再与前面定义的距离相乘得到虚拟水产量加权距离来作为贸易距离(dist)(这类似于范剑勇和林云(2011)研究制造业贸易的边界效应时,把 GDP 加权距离作为贸易距离)。exp 表示是指数形式。当 $i=j$ 时,home=1;否则为 0。当省份 i 与省份 j 相邻时②,adj=1;否则为 0。当省份 i 与省份 j 同处于中国的南方或者北方时③,reg=1;否则为 0。将(4.28)式代入(4.27)式,并两边取对数,整理可得:

$$\ln(we_{ij}) = \ln(v_{it}) + \ln(y_i) + \ln(y_j) - \ln(y_T) + (1-\sigma)\ln(dist_{ij}) +$$
$$(1-\sigma)home_{ij} + (1-\sigma)adj_{ij} + (1-\sigma)reg_{ij} - (1-\sigma)P_i - (1-\sigma)P_j \tag{4.29}$$

---

① 不同的文献对内部贸易距离选取不一致,本节采用实证中最常用的内部距离。
② 类似于空间计量经济学中的处理方法,把有共同地理边界的两个省份定义为相邻省份。
③ 这是由于中国水资源南北分布不均衡,因此引入此变量来表征。南北分区的标准参考马静等(2004)论文所述,按照地理位置、气候条件、农业生产状况以及水资源的分布情况,南方地区包括江苏、湖南、湖北、江西、上海、浙江、福建、广西、广东、海南、四川、重庆、云南、贵州等 14 个省,其余 16 个省归于北方地区,这与按照地理意义划分南北地区略有区别。考虑到数据的可得性,本节未考虑西藏和港澳台地区。

将 (4.29) 式改写为回归模型：

$$\ln(we_{ij}) = \gamma_0 + \gamma_1 \ln(v_{it}) + \gamma_2 \ln(y_i) + \gamma_3 \ln(y_j) + \gamma_4 \ln(dist_{ij}) + \\ \gamma_5 home_{ij} + \gamma_6 adj_{ij} + \gamma_7 reg_{ij} + \gamma_8 P_i + \gamma_9 P_j + \varepsilon_{ij} \quad (4.30)$$

其中，γ_0 为常数项①，γ_1, …, γ_9 是相应自变量的回归系数，ε_{ij} 为随机误差项。注意到相对价格指数 P_i 与 P_j 中仍含有变量 $home$，因此 (4.30) 式不是普通的线性回归方程。安德森和温科普（2003）指出，可以通过引入省份固定效应②（即虚拟变量）的方式，来化简 (4.30) 式，即：

$$\ln(we_{ij}) = \gamma_0 + \gamma_1 \ln(v_{it}) + \gamma_2 \ln(y_i) + \gamma_3 \ln(y_j) + \gamma_4 \ln(dist_{ij}) + \\ \gamma_5 home_{ij} + \gamma_6 adj_{ij} + \gamma_7 reg_{ij} + \lambda_i pov_i + \lambda_j pov_j + \varepsilon_{ij} \quad (4.31)$$

其中，λ_i 和 λ_j 是省份虚拟变量的回归系数。本节采用 (4.31) 式来估计虚拟水贸易的边界效应，其中变量 $home$ 前的估计系数的指数值 $\exp(\gamma_5)$ 即虚拟水贸易的边界效应值。

2. 虚拟水贸易边界效应影响因素模型的构建

本节以 (4.31) 式中 $home$ 系数的估计值为因变量，另外采用 Anderson 和 Wincoop（2003）理论模型，将国内贸易的边界效应定义为（Yi, 2010）：

$$\frac{\text{国内贸易}}{\text{边界效应}} = \frac{\text{有贸易成本时省内贸易量} / \text{无贸易成本时省内贸易量}}{\text{有贸易成本时省际调出量} / \text{无贸易成本时省际调出量}} \quad (4.32)$$

类似的，虚拟水国内贸易的边界效应值也是这种形式，为了与因变量的形式保持一致，本节中选取的自变量均采用这种比值形式。

(1) 用水方面的比较优势的影响。由于本部分研究虚拟水贸易的边界效应的影响因素，因此各省用水方面的比较优势是需要考虑的一个重要变量，本节中仍用完全用水系数来表征，不过采用的取自然对数后省内与省外29省平均值之比的形式③，记为 X_1。

(2) 虚拟水出口的影响。虚拟水出口也是需要考虑的一个因素，本节采用取自然对数后虚拟水省内贸易量与出口量的比值来表征，记为 X_2。④

(3) 省内外虚拟水贸易比例的影响。虚拟水贸易边界效应测算部分考虑的因

---

① 此时 (4.29) 式中的全国总收入由于是与 i, j 无关的常数，因此归并到常数项中。

② 这里所说的固定效应与面板数据中的固定效应是有区别的，不过形式上是一致的，因此安德森和温科普（2003）仍称其为固定效应，本节沿用这种说法。

③ 用29个省的平均值而不用29个省之和，主要是为了保持相同数量级，不然回归系数会很大或者很小。

④ 为了与 (4.32) 式对应，将省内贸易量放在分子，出口量放在分母，另外部分省份农业的虚拟水出口量为0，此时记分母为1。

第四章 虚拟水贸易量的计算方法和中国省际虚拟水贸易的边界效应研究

素均会影响边界效应的测算结果,例如收入、贸易距离、各省的固定效应等,考虑到每年各产业的样本数只有 30 个,如果再考虑这些因素,变量数会超过样本数,但是我们可以采用取自然对数后省内虚拟水贸易量与调出到其他 29 个省虚拟水量平均值之比来表征这些因素的综合影响,记为 X_3。

(4) 市场一体化程度的影响。本节中采用樊纲市场一体进程指数(樊纲等,2011)来表征,同样采用省内与省外 29 省平均值之比的形式,记为 X_4。

(5) 政府财政自主程度的影响。采用政府的财政收入与 GDP 的比值来表征,同样采用本省与省外 29 省平均值之比的形式,记为 X_5。[①]

考虑到各产业虚拟水贸易的差异性,各变量的方向均待定。综上所述,本节构造研究虚拟水贸易边界效应影响因素的实证模型如下:

$$\ln(BE) = a_0 + \sum_{i=1}^{5} a_i X_i + \varepsilon \qquad (4.33)$$

其中,$\ln(BE)$ 为边界效应的对数值,也就是变量 home 的系数估计值;a_0 为常数项;a_i 为各自变量的回归系数;ε 为随机误差项。

(二) 数据来源的说明及描述性统计分析

1. 数据来源

(1) 边界效应的测算部分。本节计算虚拟水贸易量、完全用水系数所需要的原始数据来自 2002 年与 2007 年区域间投入产出表[②]、相应年度的《中国环境统计年鉴》以及《水资源公报》;各省 GDP 数据来自相应年度的《中国统计年鉴》、增加值数据直接来自区域间投入产出表;各省之间的距离数据来自国家铁路总局,并取省会城市之间的最短铁路距离;省内贸易距离通过海德和迈耶(2000)介绍的面积法计算。

(2) 虚拟水贸易边界效应影响因素部分。计算变量 X_1、X_2、X_3 所需要的原始数据来源于 2002 年与 2007 年区域间投入产出表、相应年度的《中国环境统计年鉴》以及《水资源公报》;计算变量 X_4 所需要的原始数据来源于樊纲等(2011);计算变量 X_5 所需要的原始数据来源于相应年度的《中国统计年鉴》。

[①] 变量 X_4、X_5 没有具体到农业和工业的数据,但是本书研究农业与工业虚拟水贸易边界效应影响因素时仍将其作为重要变量放入模型,实证结果也表明这些变量对农业与工业虚拟水贸易的边界效应也有影响。另外赵永亮和徐勇(2007)、赵永亮等(2008)、刘生龙和胡鞍钢(2011)等文献还考虑了其他一些变量,但是这些变量与虚拟水贸易边界效应关系不大,另外这些文献考虑的变量也不一致,因此本书将这些变量当成随机因素来考虑。

[②] 目前中国已经编制了 1997、2002、2007 年的区域间投入产出表,但是 1997 年只有八大区域的贸易数据,缺少省际贸易数据,故本书只考虑 2002 与 2007 年省际虚拟水贸易的边界效应。

2. 描述性统计分析

本节边界效应测算部分主要变量的描述性统计量如表4.1所示。

表4.1　边界效应测算部分主要变量的描述性统计量

变量	部门	年度	样本数	均值	标准差	最小值	最大值
$\ln(we)$	农业	2002	900	15.7775	4.4466	0	24.5903
		2007	900	15.4549	6.0768	0	24.0182
	工业	2002	900	19.2871	1.5788	15.0511	26.3645
		2007	900	19.4589	2.1835	10.6438	26.9158
	全行业	2002	900	19.5730	1.4907	15.9799	26.5203
		2007	900	19.8113	2.0586	11.6480	27.0104
$\ln(v)$	农业	2002	900	7.2724	0.6938	6.2383	9.3170
		2007	900	7.2761	0.6195	6.2367	9.1050
	工业	2002	900	6.7079	0.6434	5.3010	8.7670
		2007	900	6.7157	0.5961	5.6117	8.2898
	全行业	2002	900	6.6000	0.6480	5.1331	8.5872
		2007	900	6.6030	0.5958	5.5644	8.1252
$\ln(y_i)$	农业	2002	900	15.1571	0.9420	13.0671	16.4474
		2007	900	15.1663	0.9996	13.1124	16.4868
	工业	2002	900	16.3007	0.9790	14.0633	17.9335
		2007	900	16.7483	0.9465	14.5897	18.3741
	全行业	2002	900	17.1849	0.8783	15.0412	18.7210
		2007	900	17.4978	0.8819	15.3699	19.0551
$\ln(y_j)$	—	2002	900	17.1849	0.8783	15.0412	18.7210
		2007	900	17.4978	0.8819	15.3699	19.0551
$\ln(dist)$	—	2002	900	10.3867	1.1287	5.5730	5.6046
		2007	900	10.3611	1.1325	13.2367	13.2791

注：表4.1中仅列出边界效应测算部分主要变量的描述性统计量，限于篇幅，各虚拟变量、各省固定效应项以及影响因素部分变量的描述性统计量没有列出；对全行业来说，变量 $\ln(y_i)$ 与 $\ln(y_j)$ 的描述性统计量是一样的（均是GDP数据），但是数据的排列方式不一样；根据模型构建部分变量的定义，$\ln(y_j)$ 和 $\ln(dist)$ 的值与行业无关；变量 we、v、y、dist 原始数据的单位分别为立方米、立方米/万元、万元、千米；涉及货币单位的数据均以2002为基期做了调整。

二、虚拟水贸易边界效应的测算

（一）全行业虚拟水贸易的边界效应

1. 全行业虚拟水贸易的全国平均边界效应

本节利用（4.31）式来研究全国2002、2007年全行业层面的虚拟水贸易的平均边界效应，考虑到横截面数据的异方差性，采用OLS+稳健标准差来估计。另外，（4.31）式是考虑了省份固定效应的模型，作为对照，本节还对不考虑省份固定效应时的模型（即去掉（4.31）式中的省份固定效应项）进行了估计，具体结果如表4.2所示。

表4.2　2002年和2007年全行业虚拟水贸易的全国平均边界效应估计结果

变量	2002年		2007年	
	方程1	方程2	方程3	方程4
$\ln(v)$	0.8062***	1.0159***	0.9117***	1.2176***
	(22.86)	(38.43)	(13.85)	(17.44)
$\ln(y_i)$	0.8100***	0.8898***	1.0296***	1.0784***
	(33.90)	(29.97)	(21.19)	(18.88)
$\ln(y_j)$	0.9007***	1.0830***	1.4628***	1.7579***
	(17.90)	(17.95)	(17.04)	(13.88)
$\ln(dist)$	−0.2290***	−0.3512***	−0.3823***	−0.6395***
	(−4.60)	(−6.89)	(−4.83)	(−6.28)
$home$	4.4242***	4.1577***	3.9758***	3.3815***
	(29.47)	(19.60)	(15.57)	(10.03)
adj	0.2091***	0.1423**	0.3552***	0.1137
	(2.63)	(2.40)	(2.81)	(0.92)
reg	0.0346	−0.0262	0.3724***	0.2794***
	(0.75)	(−0.89)	(4.26)	(3.71)
常数项	−12.9639***	−17.4126***	−26.2308***	−31.3120***
	(−18.71)	(−17.33)	(−19.65)	(−15.03)
F统计量	893.52	229.10	370.69	87.77
R^2	0.8290	0.9289	0.6970	0.8106
边界效应值	83.4431	63.9218	53.2919	29.4148
固定效应	否	是	否	是

注：方程1、3不考虑固定效应，方程2、4考虑固定效应；括号内为t统计量的值；***、**、*分别表示0.01、0.05、0.1水平上显著；考虑省份固定效应时未列出各省的固定效应估计值；回归方程均显著。

从表 4.2 中可以看到：

（1）2002、2007 年各模型的 $home$ 估计系数均能通过显著性检验，表明边界效应确实存在。

（2）与 2002 年相比，2007 年全行业虚拟水贸易的边界效应值要小，表明行政边界导致的贸易壁垒有所下降。

（3）与不考虑省份固定效应的模型相比，考虑省份固定效应时的边界效应要小；另外，模型的拟合优度更高，从拟合优度角度来说选择考虑省份固定效应的模型更好。

（4）本节研究得到的虚拟水贸易的边界效应与已有研究文献（Poncet，2003；赵永亮和徐勇，2007；行伟波和李善同，2009；刘生龙和胡鞍钢，2011；范剑勇和林云，2011）中得到的一般贸易的边界效应相比差异较大，这是由于虚拟水贸易量与一般贸易量相比，各产业的所占比例发生了变化。按照本节所采用的省内贸易量与调出量的定义，结合区域间投入产出表数据，2002 年农业、工业以及服务业的虚拟水贸易比例依次为 16.65%、74.28% 及 9.07%，一般贸易比例则为 9.08%、60.18% 及 30.73%；2007 年农业、工业以及服务业的虚拟水贸易比例依次为 10.96%、82.96% 及 6.08%，一般贸易比例则为 6.84%、68.77% 及 24.39%。①另外本节所采用的模型、贸易距离与上述文献也有所不同，这也可能导致虚拟水贸易边界效应与一般贸易的边界效应相比差异较大。

（5）回归中其他变量的符号大致与理论预期相符：完全用水系数值越高，虚拟水贸易量越高，因此符号是正的；收入越高，虚拟水贸易量越高，因此符号也是正的；由于距离是阻碍贸易的一个重要因素，因此符号是负的；另外省份是否相邻，是否在同一个区域也会影响虚拟水贸易量，但是在不同的回归方程中符号并非一致，这是由于省份之间既可能存在竞争关系，也可能是相互合作关系，如果竞争关系占主导作用，则为负值，否则为正值。

2. 各省全行业虚拟水贸易的边界效应

本节同样采用（4.31）式来研究各省 2002、2007 年全行业虚拟水贸易的边界效应，不过需要将 $home$ 变量换成 30 个省份（有相关数据的省份）与 $home$ 的

---

① 由于农业部门的贸易量（省内贸易与省际调出）比较小，因此根据（4.25）式，虽然农业部门用水量很大，但是虚拟水贸易量并不是三个产业部门中最多的。另外，服务业的虚拟水贸易所占比例较小，这也是本书不单独考虑服务业虚拟水贸易边界效应的一个原因。

乘积构成的交叉项（Chen，2004）[①]。限于篇幅，我们只列出考虑各省固定效应模型时 home 系数估计值，另外可以通过比较各省 home 系数估计值大小来比较各省边界效应大小，因此也不用再列出具体的边界效应值。home 系数的估计结果如表 4.3 所示。

表 4.3　　2002、2007 年部分省份全行业虚拟水贸易边界效应的测算中 home 系数的估计结果

省份	2002 年	2007 年	省份	2002 年	2007 年	省份	2002 年	2007 年
北京	2.5263*** (15.69)	2.0812*** (6.29)	浙江	2.7144*** (17.08)	1.8759*** (5.83)	海南	3.8743*** (17.25)	6.1874*** (13.43)
天津	2.7378*** (17.08)	1.3428*** (3.75)	安徽	2.7441*** (20.37)	3.0881*** (12.55)	重庆	2.4638*** (16.13)	3.5096*** (10.12)
河北	2.6304*** (21.72)	2.1098*** (8.45)	福建	4.7715*** (30.15)	3.8816*** (12.41)	四川	5.1724*** (43.44)	−0.4705 (−0.72)
山西	5.7899*** (37.71)	4.6722*** (15.98)	江西	4.5109*** (40.32)	4.9693*** (18.70)	贵州	4.6841*** (31.77)	4.1625*** (13.42)
内蒙古	4.9126*** (38.67)	3.9978*** (14.09)	山东	4.3380*** (29.92)	3.9642*** (14.75)	云南	4.8080*** (30.51)	3.9295*** (12.15)
辽宁	4.1506*** (21.24)	3.3889*** (9.61)	河南	4.5746*** (43.27)	2.8982*** (11.01)	陕西	4.1361*** (33.67)	2.6177*** (9.79)
吉林	2.3921*** (14.96)	2.6615*** (7.78)	湖北	4.6740*** (33.56)	4.7779*** (16.01)	甘肃	5.0853*** (33.00)	4.7315*** (15.38)
黑龙江	4.2525*** (21.69)	3.6085*** (10.21)	湖南	4.4174*** (34.44)	3.7846*** (13.58)	青海	5.5842*** (33.46)	6.4158*** (19.55)
上海	2.7769*** (14.28)	0.8118** (2.10)	广东	2.8370*** (16.40)	1.1805*** (3.76)	宁夏	4.9466*** (26.67)	4.5480*** (12.72)
江苏	3.8788*** (30.72)	2.2661*** (7.67)	广西	3.9159*** (25.05)	3.4418*** (10.54)	新疆	4.4179*** (26.83)	3.3908*** (9.26)

注：括号内为 t 统计量的值，***、**、* 分别表示 0.01、0.05、0.1 水平上显著。

---

① 如果不考虑各省的固定效应，也可以采用单独一个省与其他各省的贸易数据来研究各省单独的边界效应，如刘生龙和胡鞍钢（2011）的论文所述。但是如果考虑了各省的固定效应，则导致变量数大于样本数（此时样本数为 30 个），模型无法估计。

从表 4.3 可以看到：

（1）除四川省 2007 年 home 系数估计值不显著外，其他省份均显著，并且为正值[①]。

（2）将 2002、2007 年全国平均的边界效应值对比后可见，当年山西、甘肃、青海等省虚拟水贸易的边界效应较大，天津、上海、广东等省则较小；大致上内陆省份全行业的虚拟水贸易的边界效应较大，沿海省份则较小；当然海南省是个例外，这可能与它是一个岛屿导致的交通不便有关。

（3）与 2002 年相比较，2007 年大多数省份全行业虚拟水贸易的边界效应有所下降，这表明行政边界的阻碍在下降，虚拟水贸易的国内市场一体化程度有所上升。

（4）各省虚拟水贸易的边界效应差异较大，究竟是哪些因素在起作用，本节将在第三部分继续分析。

（二）农业和工业部门虚拟水贸易的边界效应

中国是个历史悠久的农业大国，农业生产需要消耗大量的水资源。虽然农产品占所有产品的贸易比例较低（2002 年占 16.65%，2007 年占 10.96%），但是根据中国投入产出学会课题组（2007）计算的结果，农业用水占所有行业用水的 70% 左右，因此农业虚拟水贸易的边界效应值得关注。另外，工业部门虚拟水水贸易量占很大比例（2002 年占 74.28%，2007 年占 82.96%），因此本节还同时研究工业部门虚拟水贸易的边界效应，本节未对服务业部门进行单独研究，原因见前面理论分析部分的说明。

根据区域间投入产出表，部分省份之间的农产品贸易量为 0（例如根据 2002 年区域间投入产出表，山西省农业只在省内贸易，调出到其他省份的贸易量均为 0）[②]，从而虚拟水贸易量也为 0，取对数之后会出现无意义的结果，因此本节借鉴 Chen（2004）论文中的方法，以 $1 + we_{ihj}$ 代替 we_{hij}，取对数之后仍能保证有意义。这样数据在 0 这一点左截取，因此本节采用 Tobit 方法来估计（4.31）式，不过与采用 OLS 方法不同，此时 home 前的回归系数不再是边际值，需要用麦当劳和莫菲特（Mcdonald and Moffitt，1980）论文中所介绍的方法进行变换处理。另外，考虑到横截面数据的异方差性，本节采用稳健的标准差。由于 2002、2007 年工业部门数据不存在截取，仍采用 OLS+稳健标准差方法来估计。

[①] 边界效应的 home 系数估计值可能会出现负值，这在刘生龙和胡鞍钢（2011）的研究中也可以看到，这表明边界效应值（对 home 的估计系数取指数后的值）小于 1，但是仍大于 0。

[②] 2002、2007 年数据中农产品贸易量分别有 52、102 个为 0，占样本总数（900 个）的 5.78%、11.33%。

第四章　虚拟水贸易量的计算方法和中国省际虚拟水贸易的边界效应研究

1. 全国农业和工业部门虚拟水贸易的平均边界效应

同样的，本节利用（4.31）式来研究全国农业和工业部门虚拟水贸易的平均边界效应。由于从全行业的回归结果可以看到，选择固定效应的模型更好，因此本节对农业和工业部门只列出考虑省份固定效应模型的回归结果，如表4.4所示。

表4.4　2002、2007年农业和工业部门虚拟水贸易的全国平均边界效应估计结果

变量	2002年		2007年	
	农业	工业	农业	工业
$\ln(v)$	1.6753***	1.0532***	4.6278***	1.1628***
	(7.79)	(34.12)	(8.56)	(14.86)
$\ln(y_i)$	2.6149***	0.6559***	1.7367***	0.0929
	(8.94)	(5.08)	(6.13)	(0.32)
$\ln(y_j)$	1.6386***	1.0050***	1.5248**	1.1243***
	(3.46)	(6.73)	(2.23)	(3.49)
$\ln(dist)$	−0.3309	−0.4596***	−0.8002*	−0.8813***
	(−0.97)	(−8.77)	(−1.73)	(−8.39)
home	6.5063***	3.6540***	4.7740***	2.7630***
	(6.14)	(17.68)	(4.03)	(8.04)
adj	−0.2082	0.1032	0.3116	−0.0313
	(−0.51)	(1.63)	(0.54)	(−0.23)
reg	−0.0540	−0.0463	1.7998***	0.2901***
	(−0.20)	(−1.40)	(4.70)	(3.61)
常数项	−60.6566***	−10.2296**	−75.0922***	2.9255
	(−6.96)	(−2.08)	(−7.09)	(0.26)
F统计量	14.58	232.54	16.73	75.67
log pesudolikelihood	−2330.3304	—	−2534.0282	—
R^2	—	0.9242	—	0.8004
边界效应值	669.3533	38.6285	118.3906	15.8476
固定效应	是	是	是	是

注：2002和2007年农业部门中home系数估计值已经按Mcdonald和Moffitt（1980）论文中介绍的方法进行了处理，此时括号内为z统计量，其他变量未做处理，括号内仍为t统计量的值；***、**、*分别表示0.01、0.05、0.1水平上显著；采用tobit方法时列出log pesudolikelihood，采用OLS方法时列出R^2；考虑省份固定效应时未列出各省的固定效应估计值；回归方程均显著。

从表 4.4 可以看到：

（1）在 2002、2007 年考虑固定效应的模型中，农业和工业部门虚拟水贸易边界效应的测算结果中 home 估计系数均能通过 0.01 水平下显著性检验，表明边界效应确实存在。

（2）与 2002 年相比，2007 年农业和工业部门虚拟水贸易的边界效应均有所降低，表明中国的市场一体化程度有所提高。

（3）与工业部门相比，农业部门的边界效应要高①，这是由于①单位价值的农产品体积很大，并且具有一定的保质期（例如蔬菜、水果），因此不易长途运输所致。②各省居民对农产品消费偏好不一致，具有明显的地域性，例如南方人不习惯吃面食，另外各省居民对蔬菜、水果的偏好也有一定的地域性。③中国各省对农产品市场还没有完全放开，一般会先满足省内需求，然后才会调出到其他省份。区域间投入产出表中数据也可以反映这个特点，例如 2002 年山西省农业只有省内贸易，调出到其他省份的贸易量均为 0。

（4）其他变量的估计系数符号大致与理论预期相符，类似于全行业虚拟水贸易边界效应测算结果的分析，不再赘述。②

2. 各省农业和工业部门虚拟水贸易的边界效应

同样的，本节利用（4.31）式来研究各省 2002、2007 年农业和工业部门虚拟水贸易的边界效应，并用省份与 home 变量的交叉项替换原来的 home 变量。限于篇幅，我们只列出考虑各省固定效应模型时 home 系数的估计值，估计结果如表 4.5 所示。

表 4.5　2002、2007 年部分省份农业和工业部门虚拟水贸易边界效应测算中 home 系数的估计结果

省份	2002 年		2007 年	
	农业	工业	农业	工业
北京	8.8935***	2.0080***	4.3924***	1.7785***
	(5.81)	(12.37)	(3.13)	(5.15)

---

① 李善同等（2010）在对全国一般贸易的研究中也发现，农业贸易的边界效应要大于工业贸易的边界效应。

② 其他文献中收入变量也可能不显著，如行伟波和李善同（2009）；另外，农业部门的距离变量也可能不显著，这主要是由于大部分农产品在省内贸易，调出省外的比较少。

续表

省份	2002年		2007年	
	农业	工业	农业	工业
天津	2.8060** (2.06)	2.2770*** (13.67)	3.4502** (2.02)	0.6753* (1.76)
河北	5.4318*** (4.54)	2.2652*** (16.72)	-0.1648 (-0.16)	1.6797*** (6.27)
山西	21.9620*** (9.63)	5.3381*** (32.01)	5.5649*** (4.59)	3.9900*** (12.90)
内蒙古	4.0206*** (5.30)	4.1730*** (33.91)	6.6747*** (4.89)	3.3465*** (11.64)
辽宁	4.7029*** (4.53)	3.4531*** (17.52)	4.8259*** (3.45)	2.3867*** (6.82)
吉林	6.0966*** (3.88)	2.1198*** (13.00)	4.5932*** (2.69)	2.0543*** (5.64)
黑龙江	4.9881*** (4.89)	3.5789*** (18.65)	5.8325*** (3.50)	3.1004*** (8.47)
上海	8.6265*** (4.70)	2.4265*** (11.98)	7.8112*** (4.07)	-0.1893 (-0.47)
江苏	8.0251*** (6.21)	3.5298*** (25.44)	0.4916 (0.43)	1.6173*** (5.14)
浙江	8.3380*** (4.81)	2.5423*** (14.73)	6.8072*** (3.37)	1.2155*** (3.77)
安徽	5.1232*** (4.02)	2.5076*** (18.44)	0.6794 (0.63)	2.7823*** (10.44)
福建	6.0401*** (5.96)	4.2667*** (25.49)	10.1350*** (4.72)	3.2530*** (9.50)
江西	3.6044*** (4.36)	4.2123*** (34.58)	2.9480** (2.39)	4.6747*** (16.20)
山东	5.0004*** (5.83)	4.0513*** (25.52)	6.2567*** (3.98)	3.6000*** (12.57)
河南	8.2189*** (7.12)	4.1310*** (37.85)	1.3193 (1.25)	2.2494*** (8.09)

续表

省份	2002 年		2007 年	
	农业	工业	农业	工业
湖北	4.1792***	4.3672***	1.6500	4.5852***
	(5.34)	(29.59)	(1.30)	(14.53)
湖南	4.4550***	3.6533***	2.3894*	3.1834***
	(5.37)	(29.32)	(1.94)	(11.11)
广东	8.3695***	2.2869***	2.7378	0.1687
	(6.08)	(11.64)	(1.62)	(0.53)
广西	4.2541***	3.0920***	1.4874	3.1310***
	(4.18)	(16.70)	(1.05)	(8.91)
海南	2.4686*	3.8396***	20.9353***	5.4519***
	(1.75)	(15.34)	(8.08)	(10.25)
重庆	3.0415***	1.9193***	8.2055***	2.7793***
	(2.75)	(11.41)	(4.60)	(7.60)
四川	4.3404***	4.8616***	-2.8607**	-1.1079*
	(4.92)	(36.63)	(-2.20)	(-1.66)
贵州	7.3879***	4.0183***	7.7993***	3.4356***
	(6.40)	(22.65)	(4.22)	(10.33)
云南	5.4353***	3.9018***	5.5187***	2.8746***
	(5.50)	(23.22)	(3.43)	(8.22)
陕西	4.4715***	3.5693***	13.8580***	1.7980***
	(5.21)	(27.25)	(5.92)	(6.40)
甘肃	6.4627***	4.2978***	4.0001***	3.9043***
	(7.21)	(26.22)	(3.53)	(11.68)
青海	9.9767***	5.0601***	9.8832***	5.5046***
	(7.92)	(28.18)	(7.49)	(15.95)
宁夏	4.8075***	4.2348***	11.9896***	3.7032***
	(4.00)	(19.63)	(6.43)	(9.23)
新疆	5.9804***	3.7199***	10.9121***	2.7947***
	(5.54)	(20.03)	(5.09)	(7.21)

注：2002 年和 2007 年农业部门的 $home$ 系数估计值已经按 Mcdonald 和 Moffitt（1980）中介绍的方法处理，括号内为 z 统计量的值，其他情形括号内为 t 统计量的值；＊＊＊、＊＊、＊分别表示 0.01、0.05、0.1 水平上显著。

从表 4.5 可以看到：

（1）各省农业和工业部门虚拟水贸易边界效应测算中 home 系数估计值绝大多数情况下能通过 0.1 水平下显著性检验。

（2）与 2002 年相比，2007 年大部分省份工农业层面虚拟水贸易的边界效应在下降，原因是高效率鲜活农产品流通"绿色通道"的建设、交通运输的便利等有助于打破行政边界的阻碍，从而促进各省的工农业产品的虚拟水贸易。

（3）各省工业部门的虚拟水贸易边界效应要低于农业，这是由于人们对工业产品的消费一般无地域性。

（4）2002 年山西省的农业虚拟水贸易的边界效应很大，这是由于 2002 年区域间投入产出表中山西省农业只在省内贸易，调出到其他省份的贸易量均为 0，从而农业虚拟水贸易也只在省内贸易，没有调出到其他省份，这也证明了本节所构建的模型与估计方法是正确的；2007 年海南省农业部门的情况类似。

（5）各省农业和工业部门虚拟水贸易的边界效应差异较大，本节将在第三部分继续分析虚拟水贸易边界效应的影响因素。

三、虚拟水贸易边界效应的影响因素分析

从虚拟水贸易边界效应的测算部分的表 4.3 与表 4.5 可以看到，不同的省份在全行业、农业和工业部门的虚拟水贸易边界效应差异较大，因此有必要进一步研究虚拟水贸易边界效应的影响因素，从而对这种差异性做出合理的解释。根据（4.33）式，2002 年和 2007 年虚拟水贸易边界效应影响因素实证结果如表 4.6 所示。

表 4.6　　　　　　虚拟水贸易边界效应影响因素的估计结果

变量	2002 年			2007 年		
	农业	工业	全行业	农业	工业	全行业
X_1	4.9946 (1.12)	2.2041*** (2.93)	2.2891*** (4.40)	7.5854* (1.75)	3.2217* (1.79)	3.0759** (2.49)
X_2	1.6728 (0.36)	-2.3287 (-1.27)	-0.5038 (-0.38)	-25.8742*** (-3.64)	-7.0247 (-0.63)	-9.4273 (-0.86)
X_3	0.0265*** (23.45)	23.3810*** (14.24)	25.4378*** (11.34)	9.2518*** (16.19)	22.4919*** (3.28)	22.7088*** (4.67)

续表

变量	2002 年			2007 年		
	农业	工业	全行业	农业	工业	全行业
X_4	1.6405	-1.5652***	-1.2516***	-7.1827***	-3.4531**	-3.6569**
	(1.05)	(-4.82)	(-4.34)	(-4.69)	(-2.48)	(-2.63)
X_5	2.1873*	-0.3160	-0.1929	0.1320	-0.4884	-0.2539
	(1.93)	(-1.65)	(-0.93)	(0.16)	(-1.17)	(-0.89)
常数项	-4.8633	-23.5957***	-28.2455***	16.3100	-17.9026	-14.9357
	(-0.58)	(-7.46)	(-7.12)	(1.46)	(-1.13)	(-1.03)
F 统计量	473.58	161.69	120.40	60.25	38.98	53.53
R^2	0.7515	0.9109	0.9287	0.8873	0.6105	0.6649

注：考虑到数据的异方差性，采用 OLS+稳健标准差的方法来估计；括号内为 t 统计量的值；***、**、*分别表示 0.01、0.05、0.1 水平上显著；回归模型均显著。

从表 4.6 可以看到：

（1）变量 X_1 前的系数估计值均为正值，并且除 2002 年农业外，均在 $P=0.1$ 水平下显著。这是由于变量 X_1 越大，该省相对于其他省省份单位产出的用水量会越大，从而与省际调出虚拟水相比，该省更倾向于虚拟水省内贸易，从而边界效应值越大，故是正向的。当然，由于农业用水相对于工业用水来说是粗放型的，因此估计结果可能会不显著。

（2）除 2002 年农业外，变量 X_2 前的系数均为负值。这是由于变量 X_2 越大，可能是虚拟水省内贸易量越大，也可能是虚拟水出口量越小。①当各省虚拟水生产量与虚拟水出口量保持不变，虚拟水省内贸易量越大，则调出到外省的虚拟水贸易量会越低，从而边界效应会越大。②当各省虚拟水生产量与虚拟水省内贸易量保持不变，虚拟水出口量越小，那么调出到外省的虚拟水贸易量会越大，从而边界效应会越小。对于农业来说，比较效益低下、经营规模小，本地生产的虚拟水优先满足省内消费（即省内贸易），这属于第一种情况，因此 2002 年农业该变量的估计系数为正值，但是由于 2005 年以来，国内农产品运输"绿色通道"等措施的实施，便利了农产品的国内贸易，即调出到外省的虚拟水贸易量变大，从而转变为第二种情况，从而 2007 年农业该变量的估计系数为负值。对工业来说，由于各省生产的虚拟水可以比较便利地调出到外省，因此也是第二种情况，从而该变量的估计系数为负值。另外由于工业产品虚拟水贸易占绝大部分，因此全行业的符号与工业的符号一致。

(3) 变量 X_3 前的系数估计值均显著为正。这是因为变量 X_3 表征的是有贸易成本时省内虚拟水贸易量与调出到其他省份虚拟水贸易量的比值，而这与（4.32）式中国内贸易边界效应的定义式部分吻合，并且根据（4.42）式，变量 X_3 越大，省际虚拟水贸易的边界效应应该越大，因此实证结果表现为正值。

(4) 除2002年农业外，樊纲市场一体进程指数（X_4）前的系数估计值均显著为负。这是由于市场一体化程度越高，越有可能开放本地市场，省际虚拟水调出量会越大，从而边界效应会越小。不过部分地区，如北京、上海等地，虽然市场一体化进程指数值比较高，但是农业虚拟水生产量本身很少，因此会优先满足当地居民的消费要求（即省内贸易），之后才会调出到其他省份，从而也可能系数不显著或者变为正值。

(5) 除农业外，变量 X_5 前的系数估计值均为负值，并且大多数情况下不显著。这是由于地方政府一方面会行使地方保护主义加大虚拟水贸易的边界效应，特别是农业，其估计系数为正值，这也是中国政府建立农产品"绿色通道"的重要原因；另一方面，财政自主程度较高的省份一般也是市场一体化程度比较高的省份，从而也可能降低虚拟水贸易的边界效应。

第五章 中国水环境规制和农产品虚拟水贸易

本章主要研究中国水环境规制对农产品虚拟水贸易的影响,由于需要利用灰水变化程度来度量环境规制强度,因此首先叙述灰水的计算方法。

第一节 灰水的计算方法

一、灰水的计算公式

所谓灰水,是指净化水体中污染物所需要的水(Hoekstra et al.,2009)。参考胡克斯特拉等(Hoekstra et al.,2009,2012)、盖立强等(2010)、徐长春等(2013)、曾昭和刘俊国(2013)提出的计算方法,采用下式计算灰水量:

$$Wg = \frac{L}{C_{max} - C_{nat}} \qquad (5.1)$$

其中,Wg 为灰水量;L 为污染物排放量;C_{max} 为环境质量达到标准时水体中污染物的浓度,本书根据美国环境保护局(EPA)的标准,取 10 mg/L;C_{nat} 为水体中污染物的初始浓度,本书假定初始浓度为 0mg/L。

二、农业灰水的计算

与工业生产对水体产生点源污染不同,农业生产对水体产生的污染主要是面源污染(张维理等,2004)。由于面源污染难以精确计算污染物排放量,在计算灰水时,一般只考虑化肥使用中氮肥的残留引起的水体污(Hoekstra et al.,2012;曾昭和刘俊国,2013),因此本书通过氮淋失率 α[①] 来计算污染物排放量 L,可得:

[①] 淋失率是指进入水体中的污染物与施肥量的比例。

第五章 中国水环境规制和农产品虚拟水贸易

$$L = \alpha \times Ng \quad (5.2)$$

其中，Ng 为作物生产时氮肥和禽畜粪便（含氮肥部分）的使用量①，各省氮肥使用量数据来自历年的《中国统计年鉴》，禽畜粪便（含氮肥部分）的使用量下文详述。另外，不同的文献采用的氮淋失率 α 不同（例如盖立强等，2010；徐长春等，2013；曾昭和刘俊国；2013），本书综合这些文献的处理办法，选择氮淋失率 α。

本书采用（5.3）式来估算禽畜粪便（含氮肥部分）的使用量：

禽畜粪便（含氮肥部分）的使用量＝个体日产粪便量×饲养期×饲养数×

含氮比例×使用率 (5.3)

其中，个体日产粪便量、饲养期、饲养数、含氮比例参考彭里和王定勇（2004）、周力（2011）的论文以及历年的《中国畜牧业年鉴》，使用率假定为100%。个体日产粪便量如表5.1所示。

表 5.1		禽畜个体日产粪便量				单位：kg/d
	生猪	肉鸡	蛋鸡	奶牛	肉牛	肉羊
粪	3.5	0.08	0.15	25	25	2.6
尿	3.5	—	—	10	10	

生猪、肉鸡、肉牛和肉羊的饲养数以出栏量计算，饲养期分别为300天、55天、365天、365天；蛋鸡和奶牛的饲养数以存栏量计算，饲养期均为365天。各类禽畜粪便中含氮比例如表5.2所示。

表 5.2			禽畜粪便中含氮比例					单位：%
		粪					尿	
生猪	肉鸡	蛋鸡	奶牛	肉牛	肉羊	生猪	奶牛	肉牛
0.60	1.24	1.24	0.30	0.30	0.60	0.50	1.00	1.00

---

① 由于禽畜粪便常用来作肥料，因此本书还考虑禽畜粪便（含氮肥部分）的使用量。

第二节　中国水环境规制对农产品虚拟水贸易的影响研究

水体污染会影响农产品生产质量，水环境治理对环境保护和食品（农产品）安全有重要意义，因此水体污染问题会影响农产品虚拟水贸易。从农产品生产来说，近年来，越来越多的研究意识到农产品生产过程中化肥、农药、畜禽粪便等残留物对水体的污染相当严重（张维理等，2004；周力，2011；Hoeksera et al.，2012；王常伟和顾海英，2013）；政府因此也制定了相应的政策，如自 2001 年以来，相关部门也相继发布了《畜禽养殖业污染物排放标准》《畜禽规模养殖污染防治条例》等法规。从农产品消费来说，随着生活水平的提高，人们越来越关注农产品质量，为了减少农产品所含有的有害物质的残留量，势必要求加强水环境规制；政府也因此制定了相应的政策，如 2001 年，农业部启动了"无公害食品行动计划"，进行无公害农产品认证，并从 2003 年开始实施认证工作。2014 年的中央一号文件也提出建立最严格的覆盖全过程的食品安全监管制度。近些年来，中国农产品市场化水平迅速提高，由于农产品贸易量实际上就是农产品生产量与消费量之差，因此水体污染问题会影响到农产品贸易，从而也会影响到虚拟水贸易。

有鉴于此，各级政府对水环境制定了各项政策，颁布了多种法规。本节将从各级政府的水环境规制对中国国内农产品虚拟水贸易产生的影响角度进行实证检验。一方面，由于水体污染治理会导致农产品成本增加，因此水环境规制可能会对国内农产品虚拟水贸易产生负向影响；另一方面，由于水环境规制越强的省份治理污染的能力也会变强，也更关注农产品质量，生产出来的农产品会更优质，从而存在产品的出口优势，因此水环境规制对国内农产品虚拟水贸易也可能会产生正向影响。对本节对此问题进行相应的理论与实证分析。

一、实证模型的构建

在第二章，我们用利默（Leamer，1984）对 HOV 模型的改进形式解释了农产品虚拟水贸易，并得到（2.7）式，即下面的（5.4）式：

$$Y_{ij} = W_{ij}E_{ij} = \left[\sum_{k=1}^{N}\left(\bar{a}_{ik} - \frac{\gamma_k}{G_c}\left(\sum_{s=1}^{N} \bar{a}_{is}V_{sc}\right)\right)\right]V_{ij}W_{ij} \tag{5.4}$$

其中，Y_{ij} 为省份 j 第 i 种农产品虚拟水国内净调出量，W_{ij} 为省份 j 第 i 种农产品虚拟水含量，E_{ij} 为省份 j 第 i 种农产品国内净调出量，$\bar{a}_{ij}$ 为投入产出逆矩阵中的元素，N 代表要素的总个数，γ_k 代表第 k 种要素的价格，G_c 代表全国的农业增加值，V_{ij} 代表省份 j 第 i 种要素禀赋，将（5.4）式中括号内的式子看成参数，再对（5.4）式两边取对数可得到实证模型。

根据本书第二章中理论基础部分的分析，利用拓展形式的 HOV 模型来研究中国水环境规制对国内农产品虚拟水贸易的影响是可行的，因此本书利用拓展形式的 HOV 模型来构建中国水环境规制对国内农产品虚拟水贸易影响的实证模型。在研究环境规制对贸易的影响时，HOV 模型可以写成以下形式（Leamer，1984；Tobey，1990；Valluru and Peterson，1997；Cole and Elliott，2003；陆旸，2009）：

$$Y = \beta_0 + \sum \beta_s X_s + \varepsilon \tag{5.5}$$

其中，Y 为商品的净出口量，β 为回归系数，X 为表征生产要素或者环境规制的变量，ε 为随机扰动项。在本节中，Y 为各省国内农产品虚拟水净调出量，X 包括各省农业物质资本存量 X_1、各省农业劳动力数量 X_2、各省农业用地面积 X_3、各省农业用水量 X_4（包括绿水与蓝水使用量）。关于环境规制变量 X_5、X_6 的选取，本节考虑到数据的可得性，并参考相关文献中的处理办法（Hernandez-Sancho et al.，2000；Domazlicky and Weber，2004；陆旸，2009；周力，2011；张成等，2011；Hoeksera et al.，2012），选取环境规制条件下各省上一年度净化农业生产污染物所需要的灰水量（指净化化肥、农药、牲畜粪便等残留物所需要的水）与当年所需灰水量的比值 X_5（即变化程度）作为衡量环境规制强度的变量。由于环境规制强度与虚拟水净调出量之间可能存在非线性关系（Antweiler et al.，2001；李小平等，2012），因此引入 X_5 的平方项来刻画这种非线性关系，记为 X_6[①]。

根据本节分析框架部分的说明以及虚拟水贸易量的计算方法（Hoekstra and Hung，2002；Chapagain and Hoekstra，2003；Hoeksera et al.，2012），各省粮食作物的加权虚拟水含量 X_7[②]、单位面积粮食产量 X_8 等技术方面的因素也会影响

---

① 国内外学者主要从以下角度度量环境规制（张成等，2011）：第一，从环境规制政策上考察环境规制强度的高低；第二，用治污投资占企业的总成本或产值的比重来衡量；第三，用治污设施运行费用来衡量；第四，将人均收入作为衡量内生环境规制强度的指标；第五，用环境规制机构对企业排污的检查和监督次数来衡量；第六，用环境规制下污染物排放量变化来衡量。由于化肥、农药、牲畜粪便等残留物的变化程度等价于灰水量变化程度，因此本书实际上是选择第六个角度来度量环境规制。另外，为了表征农业环境规制的渐进性，用比值来表示变化程度。

② 由于粮食不是单一作物，因此本书将水稻、小麦、玉米、豆类、薯类等粮食作物的虚拟水含量按照产量加权得到粮食作物的加权虚拟水含量。

农产品虚拟水贸易（刘红梅等，2013），因此本节将这些变量作为控制变量引入模型（由于农产品种类很多，但是农产品贸易主要是粮食贸易，因此本节只考虑粮食相关的指标），并推广到面板形式：

$$Y_{it} = \beta_0 + \sum_{s=1}^{8} \beta_{sit} X_{sit} + \varepsilon_{it} \tag{5.6}$$

在研究环境规制或者贸易问题时，因变量的空间效应与动态效应也是值得考虑的（Maddison，2006；张文彬等，2010；刘红梅等，2010、2011；许和连和邓玉萍，2012）。因此本节借鉴 Elhorst（2012），将（5.6）式进一步推广到一般形式的动态空间面板模型。

$$Y_t = \tau Y_{t-1} + \delta W_N Y_t + \eta W_N Y_{t-1} + \sum_{s}^{8} \beta_s X_{st} + v_t \tag{5.7}$$

$$v_t = \rho W_N v_t + \varepsilon_t \tag{5.8}$$

其中，$t = 1, \cdots, T$；$Y_t = (y_{1t}, y_{2t}, \cdots, y_{Nt})'$；$\tau$、$\delta$、$\eta$、$\rho$ 分别代表为时间动态效应项系数、空间滞后项系数、时空滞后项系数、空间误差项系数；W_N 为 N 阶（$N=29$）空间权重矩阵，本节取标准化后的 0-1 权重矩阵；v_t 为空间误差；ε_t 为随机扰动项。当 $\delta = 0$、$\eta = 0$、$\rho = 0$ 时，模型退化为普通的动态面板模型；当 $\delta \neq 0$、$\eta \neq 0$、$\rho = 0$ 时，模型退化为动态面板空间滞后模型；当 $\delta = 0$、$\eta = 0$、$\rho \neq 0$ 时，模型退化为动态面板空间误差模型。

在实证中，并不需要估计一般形式的动态空间面板模型，通常的做法是进行一系列 LM 检验（Lagrange Multiplier Test），来帮助判定是选择空间滞后模型还是空间误差模型。

二、实证分析

本部分先说明数据来源，并对各变量进行描述性统计分析，然后对动态空间面板模型进行选定检验，化简一般形式的动态空间面板模型，最后对化简形式的模型进行估计与分析。

（一）数据来源

本节研究 1991—2011 年中国绝大多数省份的环境规制对国内农产品虚拟水贸易的影响，另外在确定空间权重矩阵时，认为海南与广西、广东相邻。由于《畜禽养殖业污染物排放标准》自 2003 年 1 月 1 日起实施，另外农业部对进行无公害农产品认证的实施时间也是 2003 年，为了考察实施前后回归结果的异同，因此本节还将 1991—2011 年拆分为 1991—2002、2003—2011 年两个子时间段，分别研究各省环境规制对国内农产品虚拟水贸易的影响。

本节里省份农产品虚拟水净调出量数据来自笔者按照生产树法的计算，参考的主要文献有胡克斯特拉和洪（Hoekstra and Hung，2002）、查普曼和胡克斯特拉（Chapagain and Hoekstra，2003）、刘红梅等（2011）的论文，计算所需要的原始数据来自中国气象数据网以及历年的《中国农村统计年鉴》等资料。由于各省农业的物质资本存量缺乏直接的统计数据，本节参考吴方卫（1999）、张军等（2004）、单豪杰（2008）的做法，用永续盘存法估算。各省农业劳动力数量来自历年的《中国农村统计年鉴》。由于农业用地分为耕地、牧草地、林地、水面等，不能简单地将面积相加，因此本节参考王克强等（2007）的论文，以当量因子乘以用地面积再相加得到总用地面积。计算各省农业用水量（包括绿水和蓝水的使用量）、灰水量、粮食作物的加权虚拟水含量所参考的文献、原始数据与计算省份农产品虚拟水净调出量相同。单位面积粮食产量的数据来自历年的《中国农村统计年鉴》。另外，考虑到通货膨胀的影响，农业的物质资本存量以1991年为基期进行了平减处理。

（二）变量的描述性统计分析

本节各变量的描述性统计量如表5.3所示。

表5.3　　　　　　　　　各变量的描述性统计量

变量	变量含义	时间段（年）	最小值	最大值	平均值	标准差
Y	10农产品虚拟水国内净调出量	1991—2011	-15.7848	15.4721	-2.6829	13.1392
		1991—2002	-14.6951	15.4721	-2.8558	12.8671
		2003—2011	-15.7848	15.4696	-2.4525	13.5150
X_1	农业物质资本存量	1991—2011	8.0978	15.4221	12.9263	1.3234
		1991—2002	8.0978	15.0844	12.3971	1.3468
		2003—2011	11.4852	15.4221	13.6320	0.8944
X_2	农业劳动力	1991—2011	3.5247	8.3734	6.5224	1.1221
		1991—2002	4.1384	8.3734	6.5565	1.1343
		2003—2011	3.5247	8.1081	6.4769	1.1063
X_3	农业用地	1991—2011	4.4240	8.9627	7.4324	1.0606
		1991—2002	4.4240	8.9627	7.4376	1.0571
		2003—2011	4.4535	8.9417	7.4255	1.0671

续表

变量	变量含义	时间段（年）	最小值	最大值	平均值	标准差
X_4	农业用水	1991—2011	12.4373	16.5154	14.8021	0.9661
		1991—2002	12.5954	16.3655	14.7295	0.9444
		2003—2011	12.4373	16.5154	14.8989	0.9879
X_5	灰水量变化程度	1991—2011	0.5593	1.6654	0.9826	0.0803
		1991—2002	0.5593	1.6654	0.9774	0.0938
		2003—2011	0.7178	1.3935	0.9897	0.0570
X_6	灰水量变化程度的二次项	1991—2011	0.3128	2.7737	0.9720	0.1736
		1991—2002	0.3128	2.7737	0.9640	0.2042
		2003—2011	0.5152	1.9419	0.9827	0.1211
X_7	粮食作物加权虚拟水含量	1991—2011	6.5108	7.9348	7.1331	0.2696
		1991—2002	6.5108	7.9348	7.1661	0.2886
		2003—2011	6.6378	7.9249	7.0890	0.2352
X_8	单位面积粮食产量	1991—2011	7.6960	8.8775	8.3904	0.2541
		1991—2002	7.6960	8.8775	8.3259	0.2611
		2003—2011	7.9620	8.8503	8.4764	0.2169

注：除变量 X_5、X_6 外，均取自然对数值；农产品虚拟水国内净调出量正值表示净调出，负值表示净调入，类似于刘红梅等（2011），根据生产量减去消费量并按比例扣除净出口部分来计算国内贸易量，另外，未取对数的原始数据中每个年度各省的净调出量之和等于净调入量之和；各变量原始数据的单位如下：农产品虚拟水国内净调出量与农业用水的单位为万立方米，农业物质资本存量的单位为万元，农业劳动力的单位为万人，农业用地的单位为万公顷，粮食作物加权虚拟水含量为立方米/吨，单位面积粮食产量为千克/公顷。

(三) 动态空间面板模型的选定检验

目前，空间计量理论上尚未提出判定动态空间面板模型是选择空间滞后形式还是空间误差形式的方法，因此本节沿用判定静态空间面板模型是选择空间滞后形式还是空间误差形式的方法（即 LM 检验），作为初步判断[①]。根据 Elhorst (2010, 2014) 的建议，本节首先通过面板数据的 LM-lag 检验与 LM-error 检验以及稳健形式的检验来初步判断究竟采用空间滞后模型还是空间误差模型，然后再结合判定结果来估计具体的空间面板模型。

---

① 将静态空间面板的检验直接应用到动态空间面板上可能会存在一定程度的误判，实际上，即使在有固定效应的静态空间面板模型中，这种 LM 检验也可能存在误判（Debarsy and Ertur, 2010）。

本节根据是否放入环境规制变量的二次项以及技术变量，将回归方程划分为以下子方程：方程 1 的自变量为 $X_1 \sim X_5$，方程 2 的自变量为 $X_1 \sim X_6$，方程 3 的自变量为 $X_1 \sim X_5$ 和 $X_7 \sim X_8$，方程 4 的自变量为 $X_1 \sim X_8$。各方程的 LM 检验结果如表 5.4 所示。

表 5.4　　　　　　　　　各方程的 LM 检验结果

方程	时间段（年）	LM-lag 检验	robust LM-lag 检验	LM-error 检验	robust LM-error 检验
方程 1	1991—2011	15.8530***	12.1813***	6.0302**	2.3584
	1991—2002	17.4828***	28.1810***	2.8793*	13.5775***
	2003—2011	0.0629	0.4654	0.9513	1.3539
方程 2	1991—2011	16.6464***	12.9276***	6.3209**	2.6021
	1991—2002	18.0625***	28.7969***	3.0833*	13.8177***
	2003—2011	0.0890	0.3543	0.9034	1.1686
方程 3	1991—2011	10.2818***	31.1637***	0.0201	20.9020***
	1991—2002	11.9867***	62.3423***	1.5206	51.8761***
	2003—2011	0.4016	0.2542	0.1536	0.0062
方程 4	1991—2011	11.0735***	32.6850***	0.0027	21.6142***
	1991—2002	12.6358***	62.9131***	1.3235	51.6008***
	2003—2011	0.4166	0.2715	0.1547	0.0096

注：***、**、* 分别表示在 0.01、0.05、0.10 的水平上通过了检验；各种 LM 检验结果列出的是相应 LM 检验统计量的值，LM 检验统计量的表达式参见埃洛斯特（Elhorst，2010）的论文。

根据埃洛斯特（Elhorst，2010）中的判定准则：如果 LM-lag 检验或者 LM-error 检验显著，表明存在显著的空间滞后效应或者空间误差效应；如果 LM-lag 检验和 LM-error 检验均显著，那么根据 robust LM-lag 检验和 robust LM-error 检验的显著性来判定是选择空间滞后模型还是空间误差模型。由表 5.4 中结果可以看到，在 1991—2011 年整体时间段以及 1991—2002 年子时间段，空间滞后效应均显著，并且比空间误差效应更显著，但是在 2003—2011 年子时间段，空间滞后效应和空间误差效应均不显著，不过为了便于对各时间段的回归结果进行比较，本节在各时间段均对各方程的动态面板空间滞后形式进行估计，即在（5.7）式和（5.8）式中取 $\delta \neq 0$，$\eta \neq 0$，$\rho = 0$。

（四）动态空间面板模型的估计与分析

本节先对各方程在 1991—2011 年整体时间段的动态面板空间滞后模型进行

估计，然后以《畜禽养殖业污染物排放标准》以及农业部对进行无公害农产品认证的实施时间 2003 年为分界点，分别对各方程在 1991—2002 年子时间段和 2003—2011 年子时间段的动态面板空间滞后模型进行估计，并对回归结果进行比较分析。

1. 整体回归

虞等（Yu et al., 2008）提出了用拟极大似然方法（Qusasi-maximum likelihood method）来估计动态面板空间滞后模型，本节采用这种方法对各方程在 1991—2011 年整体时间段的动态面板空间滞后形式进行估计，估计结果如表 5.5 所示。

表 5.5　各方程在 1991—2011 年整体时间段动态面板空间滞后形式的估计结果

自变量及参数	方程 1	方程 2	方程 3	方程 4
τ	0.7374*** (27.5155)	0.7369*** (27.4895)	0.7264*** (27.1810)	0.7256*** (27.1392)
δ	0.2051*** (3.0632)	0.2041*** (3.0491)	0.1910*** (2.8678)	0.1870*** (2.8194)
η	-0.2946*** (-4.1183)	-0.2942*** (-4.1139)	-0.2959*** (-4.1712)	-0.2946*** (-4.1502)
X_1	-0.7225 (-0.7294)	-0.7146 (-0.7213)	-0.7290 (-0.7398)	-0.7159 (-0.7265)
X_2	3.6472** (2.2992)	3.6389** (2.2941)	3.0538* (1.8810)	3.0256* (1.8632)
X_3	-22.7988 (-1.3921)	-22.7197 (-1.3874)	-31.4339* (-1.9049)	-31.4517* (-1.9067)
X_4	2.6980* (1.8866)	2.7160* (1.8986)	2.6927* (1.7327)	2.7366* (1.7599)
X_5	0.9318 (0.4672)	5.2464 (0.4341)	1.2420 (0.6269)	7.8214 (0.6504)
X_6		-2.0129 (-0.3620)		-3.0668 (-0.5546)

续表

自变量及参数	方程1	方程2	方程3	方程4
X_7			-1.3869 (-0.7034)	-1.4501 (-0.7345)
X_8			4.4047* (1.7893)	4.4166* (1.7947)
log-likehood	-1360.9624	-1360.8648	-1355.8623	-1355.6516
R^2	0.5979	0.5980	0.6059	0.6516
拐点	—	1.3032	—	1.2752
样本量	609	609	609	609

注：＊＊＊、＊＊、＊分别表示在 0.01、0.05、0.10 的水平上通过了检验；括号内为 t 统计量的值；本节中的拐点是指一阶导数等于 0 的点。

（1）从环境规制变量来说。从表 5.5 中的方程 1~4 的估计结果以及拐点值可以看到，灰水量变化程度的一次项对中国国内农产品虚拟水净调出的影响均是正向影响的，灰水量变化程度的二次项对中国国内农产品虚拟水净调出的影响是负向的，但是估计系数均不显著。这表明，灰水量变化程度对中国国内农产品虚拟水净调出的影响呈现倒 U 形曲线的特征①，并且在 1991—2011 年的整体时间段内处于拐点的左侧。灰水的变化程度估计系数为正，表明各省上一年度净化农业生产污染物所需要的灰水量与当年净化农业生产污染物所需要的灰水量的比值越大，农产品虚拟水净调出越多。而该变量越大，隐含着随着水环境规制强度的加大，各省当年农产品生产导致的污染物会变少，由于水环境规制越强的省份可以通过提高治理水污染的技术、注重农产品质量、生产更优质的农产品，获得国内农产品虚拟水贸易的比较优势，因此会出现正向的结果，这也表明中国水环境规制起到了一定作用。但是，如果水环境规制强度过于强烈，也就是说大于拐点值，各省为了极大限度地降低农业生产所带来的水污染，将会选择降低农产品的生产，从而不利于中国国内农产品虚拟水净调出。然而当降低农产品生产时，当年净化农业生产污染物所需要的灰水量也会变少，上一年度灰水量与当年灰水量的比值将变大，因此也会出现灰水量变化程度的二次项为负的结果。水环境规制变量的估计系数不显著，表明在 1991—2011 年的时间段内，各省在农产品生产时对环境问题关注得还不够，污染防治意识不强，特别是农业生产的化肥、农药

---

① 李小平等（2012）也发现环境规制强度与中国工业行业贸易的比较优势存在倒 U 型关系。

残留物以及牲畜粪便等对水体的污染问题还未得到解决,因此有必要颁布相关法规,防治农业生产对水体的污染,并需要进一步提高中国水环境规制的政策绩效。瓦卢鲁和彼得森(Valluru and Peterson,1997)在研究环境规制对世界粮食贸易的影响时,也得到了环境规制变量不显著的结果。另外,虞炜等(2011)也发现环境规制变量对中国各省猪肉出口的影响不显著。

(2)从各要素变量来说。从表5.5中的方程1~4的估计结果可以看到,在HOV模型的框架下,除了农业劳动力、农业用水两者对中国国内农产品虚拟水贸易存在比较优势(指估计系数为正,下同)外,农业物质资本存量、农业用地不存在比较优势。这是因为农业物质资本很大一部分用在水利建设方面(吴方卫,1999),特别是北方地区,由于缺水,水利投资额度大,直接用在农业生产的比较少,因此并不是农业物质资本存量越高的省份,国内农产品虚拟水调出量越多;中国各省对农业用地的利用效率差别很大(这也是本节进一步考察单位面积粮食产量对虚拟水净调出的影响的一个原因),因此并不是农业用地面积越大,国内农产品虚拟水调出量越多。另外,中国对农业用地的统计数据在2008年之后未做更新,导致2009—2011年的数据与2008年的数据相同,这也可能导致估计结果的偏差。在托比(Tobey,1990)、瓦卢鲁和彼得森(Valluru and Peterson,1997)、科尔和艾略特(Cole and Elliott,2003)、陆旸(2009)等用HOV模型研究环境规制对贸易的影响的文献中,各要素变量也出现了不存在比较优势的现象。

(3)从技术变量来说。从表5.5中的方程1~4的估计结果可以看到,粮食作物加权虚拟水含量对农产品虚拟水净调出的影响为负,但是不显著。这是因为粮食作物加权虚拟水含量越高,一定程度上表明粮食生产时用水效率越低,因此按照比较优势来说是负向的,不过由于粮食作物加权虚拟水含量同时影响粮食作物的虚拟水生产量与消费量,而虚拟水消费量在抵消这种负向作用,从而估计结果不显著是可以理解的。对单位面积粮食产量来说,其值越高,粮食生产技术的比较优势越明显,因此对农产品虚拟水净调出量的影响显著为正。另外,比较方程3~4与方程1~2的拟合优度时,可以看到放入技术变量的拟合优度更高,表明应当放入技术变量。

(4)从空间效应与动态效应来说。从表5.5中的方程1~4的估计结果可以看到,时间动态效应项系数τ、空间滞后项系数δ、时空滞后项系数η三者均在0.01的水平上显著,表明这三种效应均存在。时间动态效应项系数显著为正,这是因为各省常常参考上一期的农产品生产与消费水平,来安排当期的农产品生产与消费，从而上期的农产品虚拟水净调出对当期的农产品虚拟水净调出的影响显著为正。空间滞后项系数显著为正，这是因为相邻省份相互联系更频繁，对农产品的消费习惯更接近。时空滞后项系数显著为负，表明上一期的邻近省份的农产品虚拟水净调出会反向影响当期本省的虚拟水净调出，这是因为相邻省份之间对农产品虚拟水贸易存在互竞关系，并且通过时间滞后效应来影响当期的贸易。

2. 分段回归

对于1991—2002年与2003—2011年这两个子时间段，本节同样采用虞等（Yu et al., 2008）论文中提出的拟极大似然方法来估计各方程的动态面板空间滞后形式，估计结果如表5.6所示。

(1) 从环境规制变量来说。从表5.6中的方程1~4的估计结果以及拐点值可以看到，在1991—2002年与2003—2011年子时间段与1991—2011年整体时间段有基本一致的结论：灰水量变化程度的一次项对中国国内农产品虚拟水净调出的影响均是正向影响的；灰水量变化程度的二次项对中国国内农产品虚拟水净调出的影响是负向的，但是估计系数均不显著。在1991—2011年整体时间段的结果分析中，我们已经分析了出现这种现象的原因，虽然自2003年起，中国实施了《畜禽养殖业污染物排放标准》，但是由于该标准只针对集约化、规模化的畜禽养殖场和养殖区，不适用于畜禽散养户，对种植业使用化肥、农药会产生的水体污染更是没有涉及。另外，各地对政策的执行力度不够，社会对农产品质量的认可度、市场在优质资源配置过程中的作用也有个逐步提高的过程，因此中国水环境规制的政策绩效还有待进一步提高，从而估计系数均不显著。

(2) 从各要素变量来说。从表5.6中的方程1~4的估计结果可以看到：在HOV模型的框架下，在1991—2002年子时间段，农业劳动力、农业用水两者对中国国内农产品虚拟水贸易存在比较优势，但是农业物质资本存量、农业用地不存在比较优势，这种现象的原因在1991—2011年整体时间段的结果分析中已经说明。在2003—2011年子时间段，则有与1991—2002年子时间段相反的结论，农业物质资本存量、农业用地对中国国内农产品虚拟水贸易存在比较优势，但是农业劳动力、农业用水不存在比较优势。就农业物质资本来说，由于水利设施在前期投入大、后期维护投入较少，从而后期绝大部分农业物质资本可以直接利用到农业生产上，因此获得了比较优势。就农业用地来说，虽然前期农业用地面积较大，但是农业用地利用效率较低的省份可以通过机械化耕种、规模化经营来提高农业用地利用效率，因此获得了比较优势。就农业劳动力来说，随着经济的发展，农业劳动力工资水平在提升，另外农业劳动力本身需要通过消费农产品的方式消费大量的虚拟水,这均会造成农业劳动力方面的比较优势丧失。就农业用水来说,中国的黄淮海地区的山东、河南、河北、安徽等地,由于长期缺乏水资源,为了满足农业生产所需要的水资源,该地区通过不断地改进节水灌溉技术,使得农业生产的用水量反而不是很大,但是这些地区却存在国内农产品虚拟水净调出,因此农业用水方面丧失比较优势也是可能的。在 Hoekstra and Hung (2002), Chapagain and Hoekstra (2003) 的研究中也发现了类似的现象。

(3) 从技术变量来说。从表 5.6 中的方程 1~4 的估计结果可以看到,在两个子时间段内,均存在粮食作物加权虚拟水含量对农产品虚拟水净调出的影响为负、单位面积粮食产量对农产品虚拟水净调出的影响为正的现象,并且结果均不显著,其原因参见整个时间段回归结果的分析。

(4) 从空间效应与动态效应来说。从表 5.6 中的方程 1~4 的估计结果可以看到,在两个子时间段内,时间动态效应项系数 τ 均在 0.01 的水平上显著,而空间滞后项系数 δ、时空滞后项系数 η 可能不显著,但是估计系数的正负号与整体时间段的估计结果完全一致。在空间模型的选定检验中,已经初步检验得到了在 2003—2011 年子时间段内空间效应可能会不显著的结论,这表明 Elhorst (2010) 在论文中建议的 LM 检验在一定程度上是有效的情况属实。而在 1991—2002 年子时间段内根据 LM 检验空间效应应该显著,但是回归结果中只有时空滞后项系数 η 显著,空间滞后项系数 δ 却不显著,这表明将静态空间面板中的 LM 检验直接应用到动态面板中,会出现失效的情况,不过由于目前空间计量理论上缺乏相应的检验,本节仍沿用该 LM 检验。正如理论分析部分的说明,对于农产品贸易来说,相邻省份的贸易会更频繁,但是也可能由于相邻省份都是农产品生产大省,例如黑龙江省与吉林省,它们之间的粮食贸易量反而不会很大,因此空间效应可能会正,也可能会负,甚至相互抵消,从而导致空间效应不显著。

表 5.6 各方程在 1991—2002 年与 2003—2011 年子时间段动态面板空间滞后形式的估计结果

自变量及参数	方程 1		方程 2		方程 3		方程 4	
时间段（年）	1991—2002	2003—2011	1991—2002	2003—2011	1991—2002	2003—2011	1991—2002	2003—2011
τ	0.5439***	0.7203***	0.5425***	0.7205***	0.5334***	0.7108***	0.5309***	0.7117***
	(14.0023)	(14.0102)	(13.9512)	(13.9928)	(13.7505)	(13.8973)	(13.6690)	(13.8925)
δ	0.1215	0.1647	0.1185	0.1649	0.1117	0.1685*	0.1120	0.1686*
	(1.3750)	(1.6112)	(1.3430)	(1.6134)	(1.2896)	(1.6565)	(1.2837)	(1.6570)
η	-0.2253***	-0.0209	-0.2242***	-0.0212	-0.2072**	-0.0395	-0.2076**	-0.0417
	(-2.6353)	(-0.1440)	(-2.6243)	(-0.1462)	(-2.4412)	(-0.2756)	(-2.4504)	(-0.2906)
X_1	-3.0858**	0.4445	-3.1603**	0.4496	-3.2980**	1.0264	-3.4143**	1.0628
	(-2.2854)	(0.2087)	(-2.3297)	(0.2110)	(-2.4448)	(0.4769)	(-2.5181)	(0.4930)
X_2	7.2836**	-5.7548*	7.3737**	-5.7819*	6.7881**	-7.3813**	6.9180**	-7.5218**
	(2.5265)	(-1.6599)	(2.5537)	(-1.6591)	(2.3452)	(-2.0705)	(2.3891)	(-2.0903)
X_3	-12.7289	41.6761	-12.2853	41.4889	-17.5135	28.0775	-17.0877	27.1992
	(-0.4140)	(0.7957)	(-0.3997)	(0.7913)	(-0.5700)	(0.5366)	(-0.5567)	(0.5190)
X_4	5.6619**	-5.0097*	5.7182**	-4.9953*	6.0678**	-2.5682	6.1847**	-2.4550
	(2.1653)	(-1.6804)	(2.1895)	(-1.6723)	(2.1045)	(-0.7827)	(2.1450)	(-0.7428)
X_5	0.8018	1.3692	6.8327	4.0939	1.2045	0.8431	10.4604	10.8409
	(0.3791)	(0.3391)	(0.5510)	(0.1154)	(0.5704)	(0.2101)	(0.8413)	(0.3053)
X_6			-2.8150	-1.2775			-4.3097	-4.6920
			(-0.4936)	(-0.0774)			(-0.7554)	(-0.2834)

续表

自变量及参数	方程1		方程2		方程3		方程4	
时间段（年）	1991—2002	2003—2011	1991—2002	2003—2011	1991—2002	2003—2011	1991—2002	2003—2011
X_7					-1.4702	-4.2772	-1.5835	-4.4045
					(-0.4574)	(-1.4860)	(-0.4927)	(-1.5121)
X_8					3.6086	1.3434	3.7440	1.2664
					(0.8589)	(0.4308)	(0.8915)	(0.4046)
log-likehood	-752.4382	-538.4213	-752.2443	-538.4178	-749.9815	-536.0483	-749.5575	-536.0408
R^2	0.3998	0.3520	0.4006	0.3519	0.4091	0.3629	0.4109	0.3629
拐点	—	—	1.2136	1.6023	—	—	1.2136	1.1553
样本量	348	261	348	261	348	261	348	261

注：***、**、*分别表示在0.01、0.05、0.10的水平上通过了检验；括号内为t统计量的值。

第六章 中国多区域虚拟水贸易政策模拟的 CGE 模型构建和数据基础

为了进行多区域虚拟水贸易政策模拟研究，本书将生产用水视为生产要素，将生活用水、生态用水视为商品，将水资源的污染与治理视为部门，参考洛夫格林等（Lofgren et al.，2002）、许召元（2007）、庞军和傅莎（2008）、张欣（2010）、卡尔扎迪拉（Calzadilla et al.，2011）、李国军（2011）等文献，构建多区域 CGE 模型[①]。

利用 CGE 模型来中国多区域虚拟水贸易政策模拟研究，其数据主要有编制社会核算矩阵（SAM 表）所需要数据以及 CGE 模型中涉及的参数数据，而编制用于多区域虚拟水贸易政策模拟的 SAM 表则首先要涉及水资源价值的核算以及区域间投入产出表的编制。

第一节 静态模型的构建

本节先叙述区域的划分，然后根据第二章中利用 CGE 模型进行多区域虚拟水贸易政策模拟研究的框架，按照生产模块、商品模块、机构模块、水污染与治理模块、均衡模块以及宏观闭合叙述用于多区域虚拟水贸易政策的静态 CGE 模型的构建。

一、区域的划分

由于本书第六章和第七章研究的主要目的是进行虚拟水贸易政策的多区域 CGE 模拟，因此需要构建多区域 CGE 模型和编制多区域 SAM 表。参考马静等（2004）的论文，本书按照地理位置、气候条件、农业生产状况以及水资源的分布情况，将

---

① 多区域 CGE 模型的每个方程均有代表区域的下标，本书为了简洁起见，除特别说明外，均省略。

31个省、市、自治区（不包括港澳台地区）划分为八大区域①，这与传统意义上只按照地理位置划分区域有所区别。具体的区域划分如表6.1所示。

表6.1　　　　　　　　本书研究的八大区域划分

一级区域	二级区域	省（直辖市、自治区）
北方	东北	内蒙古、黑龙江、辽宁、吉林
	华北	北京、天津、山西
	黄淮海	河北、河南、山东、安徽
	西北	陕西、甘肃、青海、宁夏、新疆
南方	长江中下游	江苏、湖南、湖北、江西
	东南	上海、浙江、福建
	华南	广西、广东、海南
	西南	重庆、四川、云南、贵州、西藏（数据暂缺）

二、生产模块

该模块主要涉及SAM表中活动账户，以及与之发生直接联系的其他账户。生产模块的方程主要是各种类型生产函数的嵌套，嵌套结构如图6.1所示。

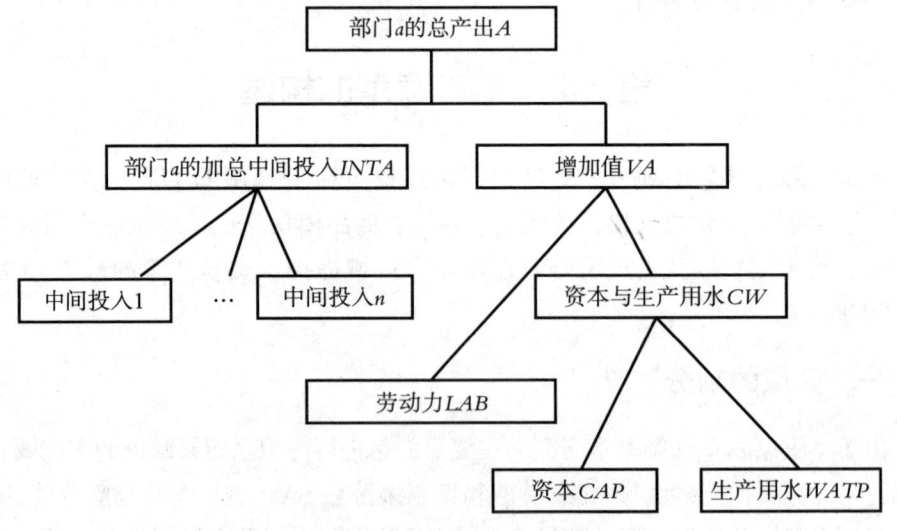

图6.1　生产函数的结构

---

① 港澳台地区缺乏必要的数据基础，因此本书不考虑。另外，本书只考虑八大区域是为了研究方便。

(一) 部门 a 的总产出

部门 a 的总产出由部门 a 的加总中间投入与增加值通过 CES 函数所表示，再结合成本最小化与利润最大化条件，可得以下方程：

$$QA_a = \alpha_a^a \left[\delta_a^a QVA_a^{-\rho_a^a} + (1 - \delta_a^a) QINTA_a^{-\rho_a^a} \right]^{-\frac{1}{\rho_a^a}} \tag{6.1}$$

$$\frac{PVA_a}{PINTA_a} = \frac{\delta_a^a}{(1 - \delta_a^a)} \left(\frac{QINTA_a}{QVA_a} \right)^{1+\rho_a^a} \tag{6.2}$$

$$PA_a \cdot (1 - ta_{a,\,govdf} - ta_{a,\,govzy}) \cdot QA_a = PVA_a \cdot QVA_a + PINTA_a \cdot QINTA_a \tag{6.3}$$

其中，$a \in A$ 表示生产活动，α_a^a 为生产效率参数，δ_a^a 为增加值份额，$1 - \delta_a^a$ 为中间投入份额，ρ_a^a 为增加值与中间投入的替代参数，$ta_{a,\,govdf}$ 为活动 a 的地方政府生产税税率，$ta_{a,\,govzy}$ 为活动 a 的中央政府生产税税率，PA_a 为活动 a 的总产出价格，PVA_a 为增加值的价格，$PINTA_a$ 为加总中间投入的价格，QA_a 为活动 a 的总产出数量，QVA_a 为增加值的数量，$QINTA_a$ 为加总中间投入的数量。

(二) 中间投入

由于中间投入涉及的部门较多，因此结合投入产出表的原理，采用较简单的 Leontief 生产函数，具体方程如下：

$$QINT_{c,a} = ica_{c,a} \cdot QINTA_a \tag{6.4}$$

$$PINTA_a = \sum_{c \in C} ica_{ca} \cdot PQ_c \tag{6.5}$$

其中，$ica_{c,a}$ 为投入产出系数，PQ_c 为商品 c 的价格，$QINT_{c,a}$ 为活动 a 对商品 c 的需求数量。

(三) 增加值

增加值构成也采用 CES 函数[①]，具体通过如图 6.1 所示的嵌套 CES 函数，将劳动力、资本以及生产用水三种生产要素联系起来。本书将增加值按图 6.1 分为两个层次来说明具体方程的构建。

1. 第一层次

第一层次由劳动力（LAB）、资本与生产用水（CW）生成增加值（VA），具体方程如下：

$$QVA_a = \alpha_a^{va} \left[\delta_a^{va} QLAB_a^{-\rho_a^{va}} + (1 - \delta_a^{va}) QCW_a^{-\rho_a^{va}} \right]^{-\frac{1}{\rho_a^{va}}} \tag{6.6}$$

[①] 也可以采用简单的 Leontief 生产函数以及柯布—道格拉斯生产函数（庞军和傅莎，2008；张欣，2010），不过需要类似修改相应的方程。

$$\frac{PLAB_a}{PCW_a} = \frac{\delta_a^{va}}{(1-\delta_a^{va})} \left(\frac{QCW_a}{QLAB_a}\right)^{1+\rho_a^{va}} \quad (6.7)$$

$$PVA_a \cdot (1 - tva_{a,\,govdf} - tva_{a,\,govzy}) \cdot QVA_a = PLAB_a \cdot QLAB_a + PCW_a \cdot QCW_a \quad (6.8)$$

其中，$tva_{a,\,govdf}$ 为地方政府增值税税率，$tva_{a,\,govzy}$ 为中央政府增值税税率，其他记号类似于部门 a 的总产出方程后面的说明，不再赘述。

2. 第二层次

第二层次为资本（CAP）和生产用水（$WATP$）生成资本与生产用水（CW）。具体方程如下：

$$QCW_a = \alpha_a^{cw} \left[\delta_a^{cw} QCAP_a^{-\rho_a^{cw}} + (1-\delta_a^{cw}) QWATP_a^{-\rho_a^{cw}}\right]^{-\frac{1}{\rho_a^{cw}}} \quad (6.9)$$

$$\frac{PCAP_a}{PWATP_a} = \frac{\delta_a^{cw}}{(1-\delta_a^{cw})} \left(\frac{QWATP_a}{QCAP_a}\right)^{1+\rho_a^{cw}} \quad (6.10)$$

$$PCW_a \cdot QCW_a = PCAP_a \cdot QCAP_a + PWATP_a \cdot QWATP_a \quad (6.11)$$

三、商品模块

该模块主要涉及 SAM 表中商品账户，以及与之发生联系的其他账户。

（一）活动账户与商品账户之间的联系

本区域生产活动 QA 产出到商品 QX 的关系为：

$$QA_a = \sum_c sax_{ac} \cdot QX_c \quad (6.12)$$

$$PX_c = \sum_a sax_{ac} \cdot PA_a \quad (6.13)$$

其中，类似于投入产出系数，sax_{ac} 为活动到商品的固定比例关系，在本书中假定活动与商品之间一一对应，因此该系数等于 1。

（二）商品的产出分配

商品的产出主要涉及区域内生产的商品在区域内销售、调出到其他区域以及出口到国际市场之间的分配，嵌套的层次结构如图 6.2 所示。

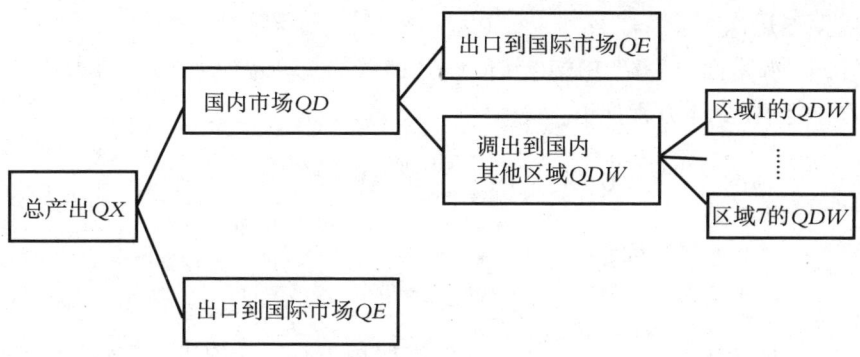

图 6.2 商品的产出分配

这种嵌套结构采用 CET 函数①,下面按层次说明具体的方程形式。

1. 第一层次

第一层次是国内生产的商品（QX）在国内市场（QD）与国际市场（QE）上的分配,方程如下：

$$QX_c = \alpha_c^t \left[\delta_c^t QE_c^{\rho_c^t} + (1 - \delta_c^t) QD_c^{\rho_c^t} \right]^{\frac{1}{\rho_c^t}} \quad (6.14)$$

$$\frac{PE_c}{PD_c} = \frac{\delta_a^t}{(1 - \delta_a^t)} \left(\frac{QD_a}{QE_a} \right)^{1-\rho_c^t} \quad (6.15)$$

$$PX_c \cdot QX_c = PD_c \cdot QD_c + PE_c \cdot QE_c \quad (6.16)$$

其中,α_c^t 为转换参数,δ_c^t 为出口商品的份额,ρ_c^t 为替代参数;PE_c 为出口商品 c 的价格,PD_c 是国内生产国内销售商品价格,QE_c 为出口商品的数量,QD_c 是国内生产国内销售的商品数量。

2. 第二层次

第二层次是国内生产国内销售的商品（QD）在区域内市场（QDN）以及国内其他地区市场上的分配（QDW）,具体方程如下：

$$QD_c = \alpha_c^d \left[\delta_c^d QDN_c^{\rho_c^d} + (1 - \delta_c^d) QDW_c^{\rho_c^d} \right]^{\frac{1}{\rho_c^d}} \quad (6.17)$$

$$\frac{PDN_c}{PDW_c} = \frac{\delta_a^d}{(1 - \delta_a^d)} \left(\frac{QDW_a}{QDN_a} \right)^{1-\rho_c^d} \quad (6.18)$$

$$PD_c \cdot QD_c = PDN_c \cdot QDN_c + PDW_c \cdot QDW_c \quad (6.19)$$

各变量的记号类似于第一层次。

---

① CET 函数与 CES 函数数学表达式类似,但是要求替代参数大于 1。

3. 第三层次

第三层次是国内生产在国内其他地区销售的总产品（QDW）在其余七大区域上的分配①，具体方程如下：

$$QDW_c = \alpha_c^w \left[\sum_{j=1}^{7} \delta_{c,j}^w QDW_{c,j}^{\rho_c^w} \right]^{\frac{1}{\rho_c^w}} \tag{6.20}$$

$$\sum_{j=1}^{7} \delta_{c,j}^w = 1 \tag{6.21}$$

$$QDW_{c,j} = \frac{QDW_c}{\alpha_c^w} \left(\frac{\delta_{c,j}^w}{PDW_{c,j}} \right)^{\frac{1}{1-\rho_c^w}} \left(\sum_{j=1}^{7} \left((\delta_{c,j}^w)^{\frac{1}{1-\rho_c^w}} \cdot (PDW_{c,j})^{\frac{\rho_c^w}{\rho_c^w-1}} \right) \right)^{\frac{-1}{\rho_c^w}} \tag{6.22}$$

$$PDW_c \cdot QDW_c = \sum_{j=1}^{7} PDW_{c,j} \cdot QDW_{c,j} \tag{6.23}$$

其中，方程中表示区域的 j 可以取 7 个值，因此实际上包含 7 个子方程，其他变量的记号类似于第一层次。

（三）商品的供给

商品的供给来源主要有本区域生产、外区域调入以及从国际市场上的进口，这种嵌套结构如图 6.3 所示。

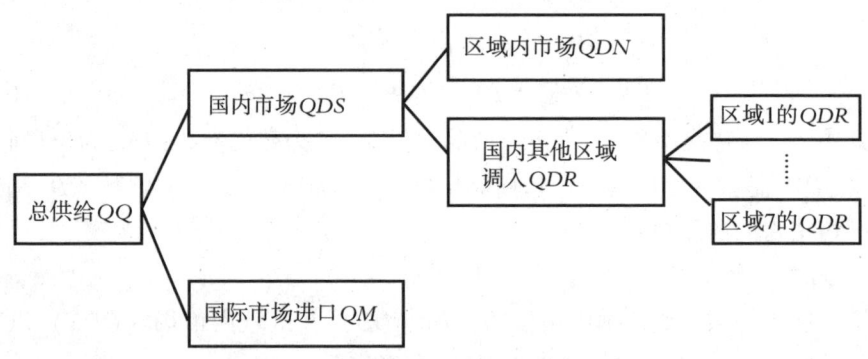

图 6.3　商品的供给来源

这种嵌套结构采用阿明顿（Armington）假设，实际上就是 CES 函数，下面按图 6.3 所示的层次说明模型的构建。

1. 第一层次

商品供给（QQ）第一层次来源于国内市场（QDS）与国际市场进口（QM），

---

① 也可以将其他七个区域合并为一个，从而化简模型，在商品的供给模块也可以进行类似处理。

具体方程如下：

$$QQ_c = \alpha_c^q \left[\delta_c^q QM_c^{-\rho_c^q} + (1-\delta_c^q) QDS_c^{-\rho_c^q} \right]^{-\frac{1}{\rho_c^q}} \quad (6.24)$$

$$\frac{PM_c}{PDS_c} = \frac{\delta_a^q}{(1-\delta_a^q)} \left(\frac{QDS_a}{QE_a}\right)^{1+\rho_a^q} \quad (6.25)$$

$$PQ_c \cdot QQ_c = PDS_c \cdot QDS_c + PM_c \cdot QM_c \quad (6.26)$$

其中，α_c^q 为转换参数，δ_c^q 为进口商品的份额，ρ_c^q 为替代参数；PM_c 为进口商品 c 的价格，PDS_c 是国内销售商品来自国内生产的价格，PQ_c 为复合商品的价格，QM_c 为进口商品的数量，QDS_c 是国内销售的商品来自国内生产的数量。

2. 第二层次

第二层次是国内市场的供给（QDS）拆分成区域内市场供给（QDN）与国内其他区域的调入（QDR），具体方程如下：

$$QDS_c = \alpha_c^{ds} \left[\delta_c^{ds} QDN_c^{\rho_c^{ds}} + (1-\delta_c^{ds}) QDR_c^{\rho_c^{ds}} \right]^{\frac{1}{\rho_c^{ds}}} \quad (6.27)$$

$$\frac{PDN_c}{PDR_c} = \frac{\delta_a^{ds}}{(1-\delta_a^{ds})} \left(\frac{QDR_a}{QDN_a}\right)^{1-\rho_c^{ds}} \quad (6.28)$$

$$PDS_c \cdot QDS_c = PDN_c \cdot QDN_c + PDR_c \cdot QDR_c \quad (6.29)$$

各变量的记号类似于第一层次。

3. 第三层次

第三层次是国内生产在国内其他地区销售的总产品（QDR）在其余七个区域上的分配，具体方程如下：

$$QDR_c = \alpha_c^r \left[\sum_{j=1}^{7} \delta_{c,j}^r QDR_{c,j}^{\rho_c^r} \right]^{\frac{1}{\rho_c^r}} \quad (6.30)$$

$$\sum_{j=1}^{7} \delta_{c,j}^r = 1 \quad (6.31)$$

$$QDR_{c,j} = \frac{QDR_c}{\alpha_c^r} \left(\frac{\delta_{c,j}^r}{PDR_{c,j}}\right)^{\frac{1}{1-\rho_c^r}} \left(\sum_{j=1}^{7} ((\delta_{c,j}^r)^{\frac{1}{1-\rho_c^r}} \cdot (PDR_{c,j})^{\frac{\rho_c^r}{\rho_c^r-1}} \right)^{\frac{-1}{\rho_c^r}} \quad (6.32)$$

$$PDR_c \cdot QDR_c = \sum_{j=1}^{7} PDR_{c,j} \cdot QDR_{c,j} \quad (6.33)$$

（四）国际贸易商品价格[①]

进口商品价格由国际市场价格、汇率和进口关税决定：

[①] 由于运输成本缺乏统计资料，无法核算，因此借鉴许召元（2007）、张欣（2010）中的做法，忽略这方面的影响；另外，在投入产出表编制过程中，已经考虑了运输成本的影响，但是没有单独估算出来。

$$PM_c = pwm_c \cdot (1 + tm_c) \cdot EXR \tag{6.34}$$

其中，pwm_c 是用外币计算的商品价格，tm_c 为进口关税税率，EXR 为汇率。

出口商品的价格由国际市场价格、汇率和出口退税决定：

$$PE_c = pwm_c \cdot (1 - te_c) \cdot EXR \tag{6.35}$$

其中，te_c 为出口退税率。

（五）生活用水、生态用水及虚拟水贸易

本书中，将生活用水、生态用水视为商品，其中生活用水由居民消费，上缴的水费归地方政府；生态用水由地方政府消费，水费也归地方政府。具体的方程在机构账户中体现（参见方程 6.39 等）。

商品的调入与调出、进口与出口隐含了虚拟水贸易，另外结合中国南水北调的实际情况，这实际上就是增加了调入地区的水资源供给量。

四、机构模块

机构账户包括居民、企业、政府、国内其他地区、国外账户，该模块主要涉及 SAM 表中机构账户，以及与之发生联系的其他账户。

（一）居民

本书中将居民群 h 分为 12 类，其中城镇居民 7 类，农村居民 5 类，具体分类方法见 SAM 表的编制部分。

1. 收入

居民的收入来自劳动、资本要素的收入，以及地方政府、企业对居民的转移支付，具体方程如下：

$$YH_h = shif_{h,l} \cdot YL + shif_{h,k} YK + transfr_{h,ent} + transfr_{h,govdf} \tag{6.36}$$

$$YL = PLAB \cdot QLAB \tag{6.37}$$

$$YK = PCAP \cdot QCAP \tag{6.38}$$

其中，YH 代表全体居民的收入，YL 代表全体居民的劳动收入，YK 代表资本收入（包括居民、企业、外国的资本收入），$shif_{h,l}$ 代表居民群 h 的劳动收入份额，$shif_{h,k}$ 代表居民群 h 的资本收入份额，$transfr_{h,ent}$ 代表企业对居民的转移支付，$transfr_{h,govdf}$ 代表地方政府对居民的转移支付[1]，其他变量的记号在生产模块中已经说明。

2. 支出

居民的支出包括对商品的消费支出、生活用水费用、缴纳给政府的排污费[2]、

---

[1] 假定只有地方政府对居民进行转移支付。
[2] 在只考虑生产用水时，居民生活用水费用、缴纳给政府的排污费等于零。

个人所得税以及居民储蓄,居民的效用函数采用线性支出函数(LES),具体方程如下:

$$EH_h = (1 - mps_h) \cdot (1 - ti_{h, govdf} - ti_{h, govzy}) \cdot YH_h - PWATL \cdot QWATL_h - PWATW_h \cdot QWATW_h \tag{6.39}$$

$$PQ_c \cdot QH_{c, h} = PQ_c \cdot \gamma_{c, h} + \beta_{c, h} \cdot (EH_h - \sum_c PQ_c \cdot \gamma_{c, h}) \tag{6.40}$$

其中,EH_h 为居民 h 用于商品消费的支出,$PWATL_h$ 为居民生活用水价格,$QWATL_h$ 为居民 h 的生活用水量,$PWATW_h$ 为居民 h 的生活污水排污单价,$QWATW_h$ 为居民 h 的生活污水排放量①,$QH_{c, h}$ 为居民 h 对商品 c 的消费量,mps_h 为储蓄份额,$ti_{h, govdf}$ 为缴纳给地方政府的所得税税率,$ti_{h, govzy}$ 为缴纳给中央政府的所得税税率,$\gamma_{c, h}$ 为居民 h 对商品 c 的基本消费量,$\beta_{c, h}$ 为居民 h 对商品 c 的边际消费份额,其他变量的记号在生产模块已经说明。

(二) 企业

1. 收入

企业的收入来自企业的资本要素收入,具体方程为:

$$YENT = shif_{ent, k} \cdot YK \tag{6.41}$$

其中,$YENT$ 代表企业的收入,$shif_{ent, k}$ 为企业资本收入占资本总收入的份额。

2. 支出

企业的支出包括对居民的转移支付、企业所得税以及企业自身的储蓄,具体方程为:

$$ENTSAV = (1 - ti_{ent, govdf} - ti_{ent, govzy}) \cdot YENT - \sum_{h=1}^{12} transfr_{h, ent} \tag{6.42}$$

其中,$ENTSAV$ 为企业储蓄,$ti_{ent, govdf}$ 为缴纳给地方政府的企业所得税税率,$ti_{ent, govzy}$ 为缴纳给中央政府的企业所得税税率。

(三) 地方政府

1. 收入

地方的财政收入来源有生产税(包括增值税与补贴)、对居民征收的生活污水排放费、生产用水产生的污水排放费(实质上由企业缴纳)、水资源费以及中央下拨给地方的收入,具体方程为:

---

① 约定排污费只缴纳给地方政府。

$$YGDF = \sum_a ta_{a,govdf} \cdot PA_a \cdot QA_a + \sum_h^{12} ti_{h,govdf} \cdot YH_h +$$
$$ti_{ent,govdf} \cdot YENT + \sum_h^{12} PWATW_h \cdot QWATW_h + \sum_a PWATW_a \cdot YWATW_a +$$
$$YWAT + YZYDF$$
(6.43)

$$YWAT = \sum_a PWATP_a \cdot QWATP_a + \sum_{h=1}^{12} PWATL \cdot QWATL_h + PWATS \cdot QWATS$$
(6.44)

其中，$YGDF$ 为地方的财政收入，$YZYDF$ 为中央下拨给地方的收入，$PWATW_a$ 为部门 a 生产用水产生的污水处理费单价，$QWATW_a$ 为部门 a 生产用水产生的污水排放量，$PWATS$ 为生态用水价格，$QWATS$ 为生态用水量。

2. 支出

地方的财政支出包括地方政府对商品的消费支出、对居民的转移支付、生态用水费用、上交给中央的支出以及自身的储蓄，具体方程为：

$$EGDF = \sum_c PQ_c \cdot QGDF_c + \sum_h transfr_{h,govdf} + YWATS + YDFZY + GDFSAV$$
(6.45)

其中，$EGDF$ 为地方财政支出，$QGDF_c$ 为地方政府对商品 c 的消费，$YDFZY$ 为地方上交给中央的支出，$GDFSAV$ 为地方政府储蓄。

（四）中央政府

1. 收入

中央的财政收入来源有生产税（包括增值税与补贴）、进口商品关税、出口退税（实际上是支出）、居民与企业缴纳的所得税以及地方上交给中央的收入，具体方程为：

$$YGZY = \sum_a ta_{a,govzy} \cdot PA_a \cdot QA_a + \sum_c tm_c \cdot pwm_c \cdot EXR -$$
$$\sum_c te_c \cdot pwm_c \cdot EXR + \sum_{h=1}^{12} ti_{h,govzy} \cdot YH_h + ti_{ent,govzy} \cdot YENT + YDFZY$$
(6.46)

其中，$YGZY$ 为中央财政收入。

2. 支出

中央政府的支出包括中央政府对商品的消费、下拨给地方政府的支出以及自身的储蓄。

$$EGZY = \sum_c PQ_c \cdot QGZY_c + YZYDF + GZYSAV \tag{6.47}$$

其中，$EGZY$ 为中央财政支出，$QGZY_c$ 为中央政府对商品 c 的消费，$GZYSAV$ 为中央政府储蓄。

国内其他地区、国外账户以及资本形成总额（储蓄、投资及存货变动）账户在均衡模块中叙述。

五、水污染与治理模块

该模块前文已经多次涉及，污水处理业与其他部门的方程形式上没有本质区别，包含生产活动 a 或者商品 c。下面叙述生产用水产生的污水、生活污水以及排污费方面的模型构建。

（一）生产用水产生的污水

借鉴庞军和傅莎（2008）、陈雯等（2012）的文献，本书将对企业征收的生产用水的排污费放入生产模块，同时在 SAM 表扣除企业缴纳的排污费。实际上，对企业征收生产用水水费与征收污水处理费是同时进行的，因此将生产用水看成是一种要素时，相应地对生产用水产生的污水排放费也应放入生产模块，同时修改增加值方程，使得其包含生产用水产生的污水的排放费[①]。具体方程如下：

$$WATWP = \sum_a PWATW_a \cdot QWATW_a \tag{6.48}$$

$$QWATW_a = watpwatw_a \cdot QWATP_a \tag{6.49}$$

其中，$WATWP$ 为生产用水产生的污水的排放费，$watpwatw_a$ 为生产用水产生污水的转化比例。

（二）生活污水

居民生产用水产生的污水，用方程描述如下：

$$WATWL = \sum_h^{12} PWATW_h \cdot QWATW_h \tag{6.50}$$

$$QWATW_h = watlwatw_h \cdot QWATL_h \tag{6.51}$$

其中，$WATWL$ 为生活用水产生的污水的排放费，$watlwatw_h$ 为生活用水产生污水的转化比例。

（三）污水处理费

另外，为了模拟水质的影响，再单独列出居民与企业上交的污水处理费、地

---

① 处理办法类似于生产税，不再赘述。

方政府征收的污水处理费两个方程①：

$$EWATW = \sum_{h}^{12} PWATW_h \cdot QWATW_h + \sum_{a} PWATW_a \cdot QWATW_a \quad (6.52)$$

$$YWATW = EWATW \quad (6.53)$$

$$QWATW = \sum_{h=1}^{12} QWAT_h + \sum_{a} QWAT_a \quad (6.54)$$

其中，$EWATW$ 为居民与企业上交的排污费，$YWATW$ 为地方征收的排污费，$QWATW$ 为居民生活和企业生产用水的污水排放总量。

六、均衡模块

（一）商品市场

区域内市场上的商品总供应应当等于总需求，即总供给等于中间使用、居民的消费、政府的消费以及资本形成总额之和，具体方程为：

$$QQ_c = \sum_{a} QINT_{c,a} + \sum_{h}^{12} QH_{c,h} + QGDF_c + QGZY_c + QINV_c \quad (6.55)$$

（二）要素市场

1. 劳动力市场

在静态模型中，劳动力供给量等于劳动力需求量，具体方程为：

$$QLABS = QLABSNC + QLABSCS = \sum_{a} QLAB_a \quad (6.56)$$

其中，$QLABSNC$ 与 $QLABSCS$ 分别为农村劳动力与城镇劳动力的供给量。

2. 资本市场

资本市场的实际供应量等于需求量，即

$$QCAPS = \sum_{a} QCAP_a \quad (6.57)$$

其中，$QCAPS$ 为资本供应量。

3. 生产用水

生产用水的需求量是水资源的总需求量减去居民生活用水量以及生产用水量，也等于供给量，即

$$\sum_{a} QWATP_a = QWAT - \sum_{h} QWATL_h - QWATS \quad (6.58)$$

$$QWATPS = \sum_{a} QWATP_a \quad (6.59)$$

---

① 实质上是方程 6.39、6.42、6.43 中的一部分。

其中，$QWATPS$ 为生产用水供应量。

（三）机构账户

前文中居民、企业、政府账户的方程已经隐含了平衡条件，这里再补充国内其他区域以及国外账户的平衡方程。

1. 国内其他地区

国内其他地区的收入来自调出商品到该区域的收入①，支出为调入该地区商品的支出以及净储蓄，具体方程为：

$$\sum_c PDR_{c,j} \cdot QDR_{c,j} = \sum_c PDW_{c,j} \cdot QDW_{c,j} + JSAV_j \tag{6.60}$$

其中，$JSAV_j$ 代表其他七个区域中第 j 个区域的净储蓄。

2. 国外账户

国外账户的收入来自出口到该区域商品的收入②、净资本收入，支出则是进口该区域商品的支出以及净储蓄，具体方程为：

$$\sum_c pwm_c \cdot QM_c + shif_{f,k} \cdot YK = \sum_c pwe_c \cdot QE_c + FSAV \tag{6.61}$$

其中，$FSAV$ 代表国外账户的净储蓄。

七、宏观闭合

参考张欣（2010）的论文，CGE 的宏观闭合方式有四种：凯恩斯（Keynesian）闭合、约翰森（Johansen）闭合、新凯恩斯闭合、新古典闭合。本书根据中国经济发展的实质状况，并根据不同的水资源政策的模拟目的，选取不同的闭合方式。由于中国现阶段是发展中国家，而发展中国家一般资本紧缺、劳动力有剩余，因此本书中大部分水资源政策假定各区域劳动力价格外生、资本供应量外生、生产用水水价外生、调出到国内其他区域的商品价格外生、从国内其他区域调入的商品外生。另外，本书将各区域汇率、生活用水、生态用水的单价外生给定。不过，由于本书同时涉及多种政策，其中水量相关政策需要水市场发挥作用，此时需要固定水量。另外，在第七、八章的模拟中，还假定了污水排放总量或者排污价外生给定的情况。

当选择宏观闭合之后，则有资本形成总额一栏的储蓄—投资均衡（这正是需要选择宏观闭合的原因），其中储蓄包括居民、企业、政府、国内其他区域、国外账户的储蓄，投资即资本形成总额，具体方程为：

---

① 对该区域来说，实际上是调入。
② 对该区域来说，实际上是进口。

$$\sum_{h=1}^{12} mps_h \cdot (1 - ti_{k,\,govdf} - ti_{k,\,govzy}) \cdot YH_h + ENTSAV + GDFSAV + GZYSAV +$$

$$\sum_{j=1}^{7} JSAV_j + EXR \cdot FSAV = \sum_c PQ_c \cdot QINV_c$$

(6.62)

为了研究水资源政策模拟的影响,通常还需要研究 GDP 及其价格指数 PGDP,按支出法,具体的方程为:

$$GDP = \sum_c \left(\sum_{h=1}^{12} QH_{c,h} + QGDF_c + QGZY_c + QINV_c + \sum_{j=1}^{7} (QDW_{c,j} - QDR_{c,j}) + QE_c - QM_c \right)$$

(6.63)

$$PGDP \cdot GDP = \sum_c PQ_c \cdot \left(\sum_{h=1}^{12} QH_{c,h} + QGDF_c + QGZY_c + QINV_c \right) +$$

$$\sum_c \left(\sum_{j=1}^{7} (PDW_{c,j} \cdot QDW_{c,j} - PDR_{c,j} \cdot QDR_{c,j}) \right) +$$

$$\sum_c (PE_c \cdot QE_c - PM_c \cdot QM_c +$$

$$\sum_c (tm_c \cdot pwm_c \cdot EXR \cdot QM_c - te_c \cdot pwm_c \cdot EXR \cdot QE_c)$$

(6.64)

综合以上各方程,本书建立了可用于分析生产用水、生活用水、生态用水、污水治理等方面虚拟水贸易政策模拟的多区域 CGE 静态模型。

第二节 动态模型的构建

为了模拟虚拟水贸易政策的动态影响,需要将构建动态 CGE 模型。常见的动态 CGE 模型主要有三种:递归动态、代际交迭、随机动态(张欣,2010)。本书采用递归动态的方式建立动态 CGE 模型。

递归动态 CGE 模型主要考虑生产账户、机构账户、资本形成总额的变化等(Thurlow,2004)。

第六章 中国多区域虚拟水贸易政策模拟的 CGE 模型构建和数据基础

一、生产账户

生产账户的变动主要考虑生产要素以及要素生产率的变动。本书中生产要素包括各类劳动力、资本以及水资源。

（一）劳动力

自改革开放以来，人口红利是导致中国经济的快速发展的原因之一，即劳动力供给的增长，会导致经济的增长。因此设计劳动力动态连接方程如下：

$$QLABS_{t+1} = (1 + lrate_t) QLABS_t \tag{6.65}$$

其中，$lrate$ 为劳动力供给增长率。

（二）资本

资本的变动与前期的资本及其折旧率有关，也与资本形成总量有关，相应的方程为：

$$QCAP_{t+1, a} = (1 - deprate_{t, a}) \cdot QCAP_{t, a} + QINV_{t, a} \tag{6.66}$$

$$QINV_{t, a} = QINV_{t, c} \tag{6.67}$$

其中，$deprate$ 为资本折旧率。

（三）水资源

由于水资源包括生产用水、生活用水、生态用水，另外本书还考虑污水处理问题，因此设计水资源动态连接方程如下：

$$QWAT_{t+1} = (1 + wrate_t) QWATS_t \tag{6.68}$$

$$QWATW_{t+1} = (1 + wwrate_t) QWATW_t \tag{6.69}$$

其中，$wrate$ 为水量供给增长率，$wwrate$ 污水排放量增长率[①]。

（四）要素生产率

要素生产率的变动主要考虑全要素生产率的变动以及劳动力、资本、生产用水等要素的生产率的变化。以全要素生产率为例，方程如下：

$$\alpha^{va}_{t+1, a} = (1 + varate_t) \alpha^{va}_{t, a} \tag{6.70}$$

其中，$varate$ 为全要素生产率的增长率。

二、机构账户

（一）居民

随着人口的增长，居民对商品的基本消费量也相应地增长。本书假定居民群 h 的基本生存消费量 $\gamma_{c, h}$ 与居民群 h 的增长率一致，边际消费份额 $\beta_{c, h}$ 保持不

---

① 为了模拟污水治理的经济效果，可设定增长率为负值或者为零。

变,具体方程如下:

$$\gamma_{t+1, c, h} = (1 + prate_{t, h})\gamma_{t, c, h} \tag{6.71}$$

其中,$prate$ 为居民群的增长率。

(二) 政府

政府账户的动态变化包括政府消费以及政府对居民账户的转移支付的变化。政府账户的动态变化会使政府征收的税收也发生变化,需要根据相关的统计资料得到相应的增长率,并有政府的收支平衡方程,即

$$YGDF_{t+1} = EGDF_{t+1} \tag{6.72}$$

$$YGZY_{t+1} = EGZY_{t+1} \tag{6.73}$$

其中,(6.72) 式是地方政府的收支平衡方程,(6.73) 式是中央政府的收支平衡方程。

三、资本形成总额

资本形成总额仍应当等于各类储蓄之和,即

$$\sum_{h=1}^{12} mps_h \cdot (1 - ti_{k, govdf} - ti_{k, govzy}) \cdot YH_{t+1, h} + ENTSAV_{t+1} + GDFSAV_{t+1} + GZYSAV_{t+1} + \sum_{j=1}^{7} JSAV_{t+1, j} + EXR \cdot FSAV_{t+1} = \sum_{c} PQ_c \cdot QINV_{t+1, c}$$

$$\tag{6.74}$$

第三节 水资源价值的核算与区域间投入产出表的编制

一、水资源价值的核算

按照使用情况,水资源可分为生产用水、生活用水以及生态用水。其中,农业部门的生产用水包括绿水(植物根部储存的水)和蓝水(有经济价值的江河、湖泊等水资源);工农业生产和生活用水会产生污水。

(一) 生产用水与生活用水价值的核算

各区域部门的生产用水总量以及居民生活用水量来源于 2008 年的《中国环境年鉴》。由于统计资料中只统计了蓝水的使用情况,对绿水的使用量则缺乏统计,因此本书对农业部门中的种植业与畜牧业按照计算虚拟水的方法计算生产用水量,林业、渔业与副业则只考虑蓝水的使用情况(虚拟水计算一般只考虑种植

业与畜牧业），并按照农林牧副渔产值比例为结构数，计算林业、渔业与副业生产用水量。由于缺乏 2007 年工业和服务业中各具体部门的用水量数据，因此本书以中国投入产出学会课题组（2007）的文献中各部门用水数据为结构数，进行摊派。各区域生活用水量以及城镇居民生活用水的比例数值来自 2008 年的《中国环境年鉴》。

由于中国每个城市的水价均不一样，各部门的水价差异也很大，并且缺乏详细的统计数据，特别是广大的农村地区，因此本书按照《2008 年全国水利发展统计公报》，公布的水价数据与各区域的实际情况来确定水资源价值量。首先确定水价，2008 年百家水管单位农业供水平均水价为 0.026 元/立方米、工业供水平均水价为 0.26 元/立方米、自来水供水平均水价为 0.3981 元/立方米；然后再根据《中国环境年鉴》中 2007 年的各省工农业生产用水与居民生活用水的水量总量数据和前述部门细分的方法确定各部门的用水量；最后根据价格乘以用水量得到水资源的价值量。经核算，本书得到 2007 年中国生产用水的价值量为 542.64 亿元。值得注意的是，仅生产用水的价值量就已经大于水资源费[1]（《2007 年中国水资源公报》公布的统计数据为 55 亿元）。由于只采用水资源费的数据会低估水资源价值量，另外不好分摊到生产用水、生活用水以及生态用水中，因此本书采用核算得到的水资源价值量，不采用水资源费的值。另外经核算得到，2007 年中国居民生活用水的水资源价值量为 265.55 亿元[2]。各区域生产用水与生活用水的价值量按比例分配得到。

（二）生态用水价值的核算

各区域生态用水量来自 2008 年的《中国环境年鉴》，中国生态用水总量为 105.73 亿立方米，单价为 0.67 元/立方米（欧阳志云等，2004）[3]，经核算得到中国 2007 年生态用水价值为 70.84 亿元，各区域生态用水价值类似核算。

（三）排污费的核算

由于中国各个城市的工业污水和生活污水排污费单价均不一样，为了研究方便，参考庞军和傅莎（2008）的论文以及《中国环境年鉴》中的统计数据，本书将各区域的工业污水排污费单价设为 1.1 元/吨，生活污水排污费单价设为

---

[1] 可以认为，水资源费只是水资源价值的一部分。
[2] 由于通常意义下的水费包括基本水费、水资源费、污水处理费、城市附加费、南水北调基金、水厂建设费、省专项费等，本书考虑的居民生活用水水价只包括基本水费、水资源费，污水处理费需要单独考虑，因此其水价与百家水管单位的自来水平均水价接近。另外，农村居民的生活用水水费很低，甚至不需要缴纳。
[3] 统计资料中的生态用水仅包括人为措施供给的城镇环境用水和部分河湖、湿地补水，因此本书按照欧阳志云等（2004）论文中水资源蓄积功能单价计算生态价值。

0.55元/吨，结合污水排放量数据，可得2007年中国的排污费为441.70亿元。并假定排污费归于地方政府。

（四）污水治理业

考虑污水治理时，需要将污水治理部门从非农产业中分离出来。对于农业生产的污水治理，由于缺乏统计数据，本书按照灰水量乘以农业用水的单价计算农业污水的治理费用；对于非农产业的污水治理费用，本书通过对投入产出表的拆分得到。

值得注意的是，由于不同的人采用的水资源单价、水量数据不一样，最后核算得到的水资源价值也不一样（段志刚，2004；李善同和许新宜，2004；邓群等，2008；李国军，2011；李昌彦等，2014），从而得到的水资源政策模拟结果也有较大差异。

二、区域间投入产出表的编制

本书出于研究目的将我国31个省、市、自治区划为八大区域（参见表6.1），但由于现有资料中缺乏这八大区域的区域间投入产出表，因此本书将2007年30个省份的区域间投入产出表合并得到八大区域的区域间投入产出表。

类似于一般的投入产出表，以东北区域为例，八大区域的区域间投入产出表如表6.2所示。

表6.2　　　　　　　　　区域间投入产出表

投入	产出	中间使用		最终使用				总产出
		部门	小计	消费与资本变动	调出到外地区	出口	小计	
中间投入	部门	30×30	30×1	30×5	30×7	30×1	30×1	30×1
	外地区调入	7×30						
	进口	1×30						
	小计	1×30						
增加值	劳动者报酬	1×30						
	生产税净额	1×30						
	固定资产折旧	1×30						
	营业盈余	1×30						
	小计	1×30						
总投入		1×30						

注：具体包括农林牧渔业等30个部门（刘卫东等，2012）；消费与资本变动包括农村居民消费、城镇居民消费、政府消费支出、固定资本形成总额、存货变动等；以东北为例，外地区包括华北、黄淮海、西北、长江中下游、东南、华南与西南。

表 6.2 所示的区域间投入产出表是编制区域 SAM 表的数据基础，需要注意是，编制的区域间投入产出表应满足总投入＝总产出、总投入＝中间投入+增加值、总产出＝中间使用+最终使用等三个恒等式。

第四节 社会核算矩阵（SAM 表）的编制

本书同样以东北区域为例叙述 SAM 表的编制，其中，SAM 表包括宏观 SAM 表与微观 SAM 表。另外，本书还涉及考虑水污染治理时的 SAM 表的编制以及 SAM 表的平衡方法。

一、宏观 SAM 表的编制

（一）描述性宏观 SAM 表

借鉴王其文和李善同（2008）、范金等（2010）、李国军（2011）等对宏观 SAM 表的编制方法，本书的描述性宏观 SAM 表如表 6.3 所示。

表 6.3　　　　　　　　　描述性宏观 SAM 表

项目	1 活动	2 商品	3 劳动	4 资本	5 生产用水	6 居民	7 企业	8 地方财政	9 中央财政	10 储蓄—投资—存货	11 外地区	12 国外	13 合计
1 活动		总产出											总产出
2 商品	中间投入					居民消费		地方政府消费	中央政府消费	资本形成	调出	出口	总需求
3 劳动	劳动报酬												劳动要素收入
4 资本	投资收益												资本要素收入

续表

项目	1 活动	2 商品	3 劳动	4 资本	5 生产用水	6 居民	7 企业	8 地方财政	9 中央财政	10 储蓄—投资—存货	11 外地区	12 国外	13 合计
5 生产用水	资源价值												水资源收入
6 居民			劳动收入	投资收益				转移支付	转移支付				居民总收入
7 企业				投资收益									企业总收入
8 地方财政	生产税净额				水资源税费	所得税	直接税		下拨地方财政				地方财政总收入
9 中央财政	生产税净额	商品税				所得税	直接税	上缴中央财政					中央财政总收入
10 储蓄—投资—存货						储蓄	储蓄	储蓄	储蓄		储蓄	储蓄	总储蓄
11 外地区		调入											外地区总收入
12 国外		进口		投资收益									国外总收入
13 合计	总投入	总供给	劳动支出	资本支出	水资源支出	居民支出	企业支出	地方财政支出	中央财政支出	总投资	外地区总支出	国外总支出	

(二)宏观 SAM 表的数据来源

以东北区域为例,本书按照会计核算原理叙述各账户的数据来源。

1. 活动账户

活动账户的收入来自总产出,支出用于总投入,具体各项见表 6.4。

表 6.4　　　　　　　　　　　活动账户　　　　　　　　　　单位:亿元

总投入			总产出	
中间投入		45435.43	区域内总产出	74872.68
要素增加值	劳动者报酬	11997.24		
	资本收益	16340.32		
	生产用水价值	56.37		
生产税净额	地方政府	260.85		
	中央政府	782.47		
合计		74872.68	合计	74872.68

区域内总产出（$T_{1,2}$）来自 2007 年区域间投入产出表中东北区域各省的总产出合计；中间投入（$T_{2,1}$）2007 年区域间投入产出表中东北区域各省的中间投入合计；劳动者报酬（$T_{3,1}$）来自 2007 年区域间投入产出表中东北区域各省的劳动者报酬合计；生产用水价值（$T_{5,1}$）的核算前文有详细介绍；生产税净额（$T_{8,1}$,$T_{9,1}$）来自 2007 年区域间投入产出表中东北区域各省的生产税净额合计,并按照 2008 年《中国财政年鉴》上的比例拆分为地方财政与中央财政；资本收益（$T_{4,1}$）是根据总投入等于总产出得到的余项数据。

2. 商品账户

商品账户的收入来自总需求,支出用于总供给,具体各项见表 6.5。

表 6.5　　　　　　　　　　　商品账户　　　　　　　　　　单位:亿元

总需求			总供给		
中间使用		45435.43	国内总产出		74872.68
最终消费	居民消费	8269.17	商品税	地方财政	
	地方政府消费	2501.01		中央财政	181.42

续表

总需求			总供给	
最终消费	中央政府消费	746.39	外地区调入	9746.59
	储蓄—投资—存货	14842.99		
	调出到外地区	12879.81	进口	3714.29
	出口	3840.18		
合计		88514.98	合计	88514.98

中间使用、国内总产出数据来源前文已经叙述；居民消费（$T_{2,6}$）来自2007年区域间投入产出表中东北区域各省的城镇居民消费与农村居民消费合计；政府消费（$T_{2,8}$，$T_{2,9}$）来自2007年区域间投入产出表中东北区域各省的政府消费合计，并按比例法确定地方与中央的消费（王其文和李善同，2008）；调出到外地区商品数据（$T_{2,11}$）来自2007年区域间投入产出表中东北区域对其他区域的调出，包括其他区域利用这些商品用于中间使用、居民及政府消费、资本形成总额的合计；出口（$T_{2,12}$）来自2007年区域间投入产出表中东北区域各省的出口合计；商品税（$T_{9,12}$）来自2008年《中国财政年鉴》关税，进口货物消费税、增值税以及出口货物退还的消费税、增值税，归属于东北区域的数据合计；外地区调入的商品（$T_{11,2}$）来自2007年区域间投入产出表中其他区域对东北区域的调入，包括东北区域利用这些商品用于中间投入、居民与政府消费、资本形成总额的合计；进口（$T_{12,2}$）来自2007年区域间投入产出表中东北区域各省的进口合计；储蓄—投资—存货（即资本形成总额）是根据商品总需求等于商品总供给得到的余项数据。

3. 劳动账户

劳动账户收入来自劳动者报酬，支出即劳动收入，具体各项见表6.6。

表6.6　　　　　　　　　　劳动账户　　　　　　　　　　单位：亿元

劳动要素收入		劳动要素支出	
劳动者报酬	11997.24	居民劳动收入	11997.24
合计	11997.24	合计	11997.24

劳动账户各项的数据来源前文已经叙述。

4. 资本账户

资本账户的收入来自资本总收益,支出包括居民、企业以及国外三者的投资收益,具体各项见表6.7。

表 6.7　　　　　　　　　　　资本账户　　　　　　　　　　单位:亿元

资本要素收入		资本要素支出	
资本总收益	16340.32	居民资本收益	477.10
		企业资本收益	16006.91
		国外资本收益	−143.69
合计	16340.32	合计	16340.32

资本总收益数据的来源前文已经叙述;全国居民的资本收益来自2007年资金流量表中住户部门的财产性收入,东北区域居民的资本收益($T_{6,4}$)先根据《2008中国统计年鉴》计算各省城镇居民、农村居民的财产性收入,从而得到东北区域居民的资本收益占全国的比例,进而得到东北区域居民的资本收益数据(王其文、李善同,2008);国外资本收益($T_{11,4}$)来自2007年中国资金流量表中国外部门财产性收入来源与运用的差额;企业资本收益($T_{7,4}$)是根据劳动要素收入等于劳动要素支出得到的余项数据。

5. 生产用水账户

生产用水账户的收入来自生产用水的资源价值,支出为生产用水资源费,具体各项见表6.8。

表 6.8　　　　　　　　　　　生产用水账户　　　　　　　　　　单位:亿元

生产用水要素收入		生产用水要素支出	
生产用水资源价值	56.37	生产用水资源费	56.37
合计	56.37	合计	56.37

生产用水资源费($T_{8,5}$)等于生产用水资源价值($T_{5,1}$),前文已经叙述了数据来源。

6. 居民账户

居民账户的收入来自要素收入和账户之间的转移支付,支出则为居民消费、缴纳的个人所得税以及储蓄,具体各项见表6.9。

表6.9　　　　　　　　　　居民账户　　　　　　　　　单位:亿元

居民收入		居民支出		
居民劳动收入	11997.24	居民消费		8269.17
居民资本收入	477.10	个人所得税	地方政府	98.83
企业对居民的转移支付	1551.88		中央政府	148.25
政府对居民的转移支付	987.09	居民储蓄		6497.06
合计	15013.31	合计		15013.31

居民劳动收入、居民资本收入以及居民消费数据的来源前文已经叙述;居民缴纳的个人所得税($T_{8,6}$,$T_{9,6}$)来自《2008中国税务年鉴》;全国居民的储蓄数据来自2007年中国资金流量表中住户部门的总储蓄,东北区域内居民储蓄($T_{10,6}$)根据《2008中国统计年鉴》得到的2007年底各省居民储蓄数据占全国储蓄的比例得出(王其文,李善同,2008);地方政府对居民的转移支付($T_{6,8}$)来自2008年《中国财政年鉴》中财政支出用于东北区域内社会保障和就业部分,并假定政府对居民的转移支付全来自地方政府;企业对居民的转移支付($T_{6,7}$)根据居民收入等于居民支出得到的余项数据。

7. 企业账户

企业账户的收入来自投资收益,支出来自对居民的转移支付、缴纳的税收以及企业储蓄,具体各项见表6.10。

表6.10　　　　　　　　　　企业账户　　　　　　　　　单位:亿元

企业收入		企业支出		
企业投资收益	16006.91	企业对居民的转移支付		1551.88
		企业直接税	地方政府	323.00
			中央政府	751.90
		企业储蓄		13380.13
合计	16006.91	合计		16006.91

企业投资收益、企业对居民的转移支付数据来源前文已经叙述；企业直接税（$T_{8,7}$，$T_{9,7}$）来自 2008 年《中国财政年鉴》中东北区域各省缴纳的企业所得税之和，以及按比例分摊缴纳的其他直接税收，并扣除缴纳的生产用水的水费；企业储蓄（$T_{10,7}$）根据企业收入等于企业支出得到的余项数据。

8. 地方财政账户

地方财政收入来自各种税收以及中央财政下拨给地方的收入，支出用于地方政府消费、转移支付、地方上缴给中央财政以及地方政府储蓄，具体各项见表 6.11。

表 6.11　　　　　　　　　地方财政账户　　　　　　　单位：亿元

地方政府收入		地方政府支出	
生产税	260.85	地方政府消费	2501.01
水资源费	56.37	地方政府对居民的转移支付	987.09
居民所得税	98.83	地方上缴中央财政	97.89
企业所得税	323.00	地方政府储蓄	41.67
中央财政下拨地方	2888.61		
合计	3627.66	合计	3627.66

中央下拨地方（$T_{8,9}$）、地方上缴中央（$T_{9,8}$）的数据来自 2008 年《中国财政年鉴》中的"各地区财政一般预算收支决算总表"；地方政府储蓄（$T_{10,8}$）根据地方财政收入等于地方财政支出得到的余项数据；其他各项的数据来源均在前文中已经叙述。

9. 中央财政账户

中央财政收入来自各种税收以及地方财政的上缴，支出用于中央政府消费、中央下拨给地方以及中央政府储蓄，具体各项见表 6.12。

表 6.12　　　　　　　　　中央财政账户　　　　　　　单位：亿元

中央财政收入		中央财政支出	
生产税	782.47	中央政府消费	746.39
商品税	181.42	中央下拨地方	2888.61
居民所得税	148.25	中央政府储蓄	-1673.07

续表

中央财政收入		中央财政支出	
企业所得税	751.90		
地方上缴中央	97.89		
合计	196.193	合计	196.193

中央政府储蓄（$T_{10,9}$）是根据财政收入等于财政支出得到的余项数据；其他各项的数据来源均在前文中已经叙述。

10. 储蓄—投资—存货账户

储蓄—投资—存货账户的收入来自储蓄，支出用于投资，具体各项见表6.13。

表 6.13　　　　　　　　　储蓄—投资—存货账户　　　　　　　　单位：亿元

总储蓄		总投资	
居民储蓄	6497.06	资本形成总额	14842.99
企业储蓄	13380.13		
地方政府储蓄	41.67		
中央政府储蓄	-1673.07		
外地区净储蓄	-3133.22		
国外净储蓄	-269.58		
合计	14842.99	合计	14842.99

外地区净储蓄（$T_{10,11}$）、国外净储蓄（$T_{10,12}$）数据来源在外地区账户、国外账户中叙述；其他各项数据的来源前文已经叙述。

11. 外地区账户

外地区支出用于东北区域的商品对外地区的调出，外地区的收入来自外地区的商品对东北区域的调入，具体各项见表6.14。

表 6.14　　　　　　　　　　外地区账户　　　　　　　　　　单位：亿元

外地区收入		外地区支出	
外地区调入	9746.59	调出到外地区	12879.81
		外地区净储蓄	-3133.22
合计	9746.59	合计	9746.59

外地区调入东北区域、东北区域调出到外地区的数据来源前文已经叙述；外地区净储蓄（$T_{10,11}$）是根据外地区收入等于外地区支出得到的余项数据。

12. 国外账户

外汇支出用于进口、支付国外净储蓄，外汇收入来自出口和国外资本收益，具体各项见表6.15。

表6.15　　　　　　　　　　国外账户　　　　　　　　　　单位：亿元

外汇收入		外汇支出	
出口	3714.29	进口	3840.18
国外资本收益	−143.69	国外净储蓄	−269.58
合计	3570.60	合计	3570.60

国外净储蓄（$T_{10,12}$）是根据外汇收入等于外汇支出得到的余项数据；其他项的数据来源前文已经叙述。

根据外地区账户可以看到，东北区域对外地区的出口大于进口，如果不考虑商品虚拟水含量的差异，则东北区域对外地区存在虚拟水净调出；同理，东北区域对国外也存在虚拟水净出口。

二、微观SAM表的编制

（一）微观SAM表的结构

与宏观SAM表的编制类似，微观SAM表也是依据会计核算的原理，各账户的收入与支出需平衡；不同的地方是，微观SAM表是在宏观SAM表的基础上，根据研究的需要对账户的拆分所得到。

由于本书重点研究农业虚拟水贸易政策模拟问题，需要将农业部门尽可能地细分，但是刘卫东等（2007）编制的30个部门的区域间投入产出表对农业部门没有细分，因此本书按照投入产出表以及SAM表的编制原理，确定农业细分部门的数据。本书将农业部门细分为粮食、油料、棉花和糖料、蔬菜、水果（包括坚果）、其他种植作物、林业、畜牧业、渔业以及农业服务业等10个子部门。

在拆分农业部门的同时，本书将工业、服务业尽可能地合并。按照《国民经济行业分类标准》（GB/T 4754—2011），将刘卫东等（2007）编制的区域间投入产出表中23个工业部门合并为采矿业、食品制造业、纺织业木材与造纸业、石化业、矿产品制造业、其他产品制造业、水电气生产与供应业及建筑业等7个部门。服务业则选取交通运输及仓储业为代表，其他服务业部门合并为一个部门，即将刘卫东等（2007）编制的区域间投入产出表中6个服务业部门合并为2个部门。另外考虑到污水治理问题，本书还拆分出来了污水治理部门，故本书一共考虑了20个部门。

本书将劳动力分为农村劳动力与城镇劳动力，同时将居民分为城镇居民与农村居民，并按照统计的分类方法，根据居民的收入高低情况，将城镇居民分为最低收入组、低收入组、中等偏下组、中等收入组、中等偏上收入组、高收入组和最高收入组，比例依次为10%、10%、20%、20%、20%、10%、10%；将农村居民分为低收入组、中等偏下收入组、中等收入组、中等偏上收入组和高收入组，比例依次为20%、20%、20%、20%、20%。

本书将生产税净额拆分为商品销售税、增值税与补贴，并将进出口环节的税收拆分为关税与进口货物增值税与消费税、出口货物退增值税与消费税。这是为了模拟进出口税率调整对国民经济的影响。

只考虑生产用水，微观SAM表的结构如表6.16所示。

表6.16　　　　　　　　　微观SAM表的结构示意图

项目		1	2	3	4	5	6	7	8	9	10	11	12	13
		活动	商品	劳动	资本	生产用水	居民	企业	地方财政	中央财政	储蓄—投资—存货	外地区	国外	合计
1	活动		20×20											20×1
2	商品	20×20					20×12		20×1	20×1	*20×1*	20×7	20×1	20×1
3	劳动	2×20												2×1
4	资本	1×20												1×1
5	生产用水	1×20												1×1
6	居民			12×2	12×1			*12×1*	12×1					12×1
7	企业				1×1									1×1
8	地方财政	1×20				1×1	1×12	1×1		1×1				1×1
9	中央财政	1×20	2×20				1×12	1×1	1×1					1×1

续表

项目		1 活动	2 商品	3 劳动	4 资本	5 生产用水	6 居民	7 企业	8 地方财政	9 中央财政	10 储蓄—投资—存货	11 外地区	12 国外	13 合计
10	储蓄—投资—存货						**1×12**	*1×1*	*1×1*	*1×1*		*1×7*	*1×1*	*1×1*
11	外地区		**7×20**											7×1
12	国外		**1×20**			1×1								1×1
13	合计	1×20	1×20	1×2	1×1	1×1	1×12	1×1	1×1	1×1	1×1	1×7	1×1	

注：20×20 表示 20 行 20 列的矩阵；正体数据来自宏观 SAM 表或者汇总结果，黑体数据来自对宏观 SAM 表的拆分，斜体数据代表余项。

（二）微观 SAM 表的数据来源

下面以东北区域为例，叙述宏观 SAM 表中数据在微观 SAM 表中的拆分方法。

1. 商品账户

拆分数据主要来自区域间投入产出表。其中，居民对商品的消费账户的拆分先依据区域间投入产出表拆分为城镇居民消费与农村居民消费，再以分组比例、各组人口数、各组平均消费支出三者的乘积为比例进行拆分；政府消费也根据该区域地方政府消费支出与中央消费支出的比例进行拆分。

2. 生产用水账户

水价数据来自 2008 年百家水管单位的平均水价，农业用水水量的数据来自生产树法计算的虚拟水数据，工业、服务业用水量来自《中国环境年鉴》，具体行业的用水量数据按照中国投入产出学会课题组（2007）的文献中各部门用水数据的比例进行拆分。

3. 居民账户

居民的劳动收入按照分组比例、人口数、平均收入三者的乘积为比例进行拆分。先约定只对家庭年收入高于 10000 万元的家庭征收个人所得税，再根据分组比例、各组人口数、各组平均收入三者的乘积为比例征收个人所得税。居民的储蓄根据分组比例、各组人口数、各组平均收入减去平均消费支出的余额三者的乘积为比例进行拆分。

4. 外地区账户

其他七个区域的数据来自区域间投入产出表。

(三) 考虑各类用水及水污染与治理时的微观 SAM 表

前面的 SAM 表编制只涉及生产用水，这里继续考虑生产用水、生活用水、生态用水以及污水治理的 SAM 表编制。只考虑生产用水时将水资源作为一种生产要素来处理，考虑各类用水情况以及污水治理时则需要把水资源账户同时作为生产要素与部门来处理。该类 SAM 表的编制方法主要参考庞军和傅莎（2008）、王其文和李善同（2008）的论文，通过进一步将只考虑生产用水的 SAM 表拆分即可得到。

下面叙述具体的编制方法及数据来源。

1. 活动账户、商品账户

将活动账户与商品账户的第三产业拆分成交通运输及仓储业、污水治理业以及其他服务业，这样做的依据是将污水治理业看成是第三产业。其中，T（商品，活动）账户里其他产业的生产过程中污水治理的中间投入数据拆分方法如下：农业部门假设污水治理费通过灰水量乘以单价得到；工业部门的污水量数据来自 2008 年《中国环境年鉴》，并假设污水治理单价为 0.70 元/立方米；服务业假定不产生污水①。T（活动、商品）账户中污水治理费用为农业污水治理费用、工业用水污水治理费用以及生活污水治理费用之和，生活污水治理单价按照庞军和傅莎（2008）论文中的数据进行调整得到，生活污水量同样来自 2008 年《中国环境年鉴》。由于污水治理账户的拆分导致其他账户也需要相应拆分，例如 T（活动，生产税）账户，这类数据则按照污水治理账户与其他服务业的总投入的比例进行拆分。

2. 生活用水、生态用水账户

根据 2008 年《中国环境年鉴》的相关数据，并假定城镇居民生活用水的费用占 75%，农村居民生活用水的费用占 25%，再根据各类居民的分组比例、人口数得到具体的生活用水费用。生态用水则假定是地方政府的行为。

3. 地方政府征收的排污费

排污费主要来自各类居民以及企业，居民上缴地方政府的排污费根据排污量与单价计算，各类居民的排污费按照生产用水的比例拆分，企业上缴地方政府的排污费等于工业污水治理费用。

---

① 统计资料一般将服务业的污水统计在生活污水中。

4. 其他账户

除作为余项的储蓄账户外,其他账户的数据基本上保持不变。

另外,考虑各类用水情况以及污水治理的宏观 SAM 表可以根据上述微观 SAM 表合并得到,不再赘述。

三、SAM 表的平衡

由于 SAM 表中数据来源很多,初步编制好的 SAM 表并不一定满足行和等于列和,因此需要采用手动平衡法、最小二乘法、RAS 法、交叉熵法等方法来平衡(张欣,2010),本书主要采用手动平衡法与交叉熵法。

第五节　CGE 模型的参数来源

一、通过校调法获取参数

通过校调法获得的参数主要是各种税率、CES 或者 CET 函数的份额参数和效率参数,通常利用 GAMS 程序直接对 SAM 表进行校调即可得到(张欣,2010)。本书以 CES 函数为例,说明份额参数与效率参数的获取方法。公式(6.2)所示的 CES 函数中份额参数可以表示为:

$$\delta_a^a = \frac{PVA_a \cdot QVA_a^{1+\rho_a^a}}{(PINTA_a \cdot QINTA_a^{1+\rho_a^a} + PVA_a \cdot QVA_a^{1+\rho_a^a})} \quad (6.75)$$

公式(6.1)所示的 CES 函数中效率参数可以表示为:

$$\alpha_a^a = \frac{QA_a}{[\delta_a^a QVA^{-\rho_a^a} + (1-\delta_a^a) QINTA_a^{-\rho_a^a}]^{-\frac{1}{\rho_a^a}}} \quad (6.76)$$

CET 函数的份额参数与效率参数类似可得,不再赘述。

二、通过计量方法获取参数

通过计量方法获取的参数主要有 CES 弹性参数、CET 弹性参数以及 Armington 弹性参数,主要的计量方法有线性化方法、贝叶斯方法以及广义最大熵方法(赵永和王劲峰,2008)。本书以公式(6.1)所示的 CES 函数为例,叙述线性化方法获取弹性参数。通过对公式(6.1)两边取对数,在 $\rho_a^a = 0$ 处 Taylor 展开,取二阶线性部分,并舍去三阶及以上高阶项,可得:

$$\ln QA_a = \beta_0 + \beta_1 \ln QVA_a + \beta_2 \ln QINTA_a + \beta_3 \left(\ln \frac{QVA_a}{QINTA_a}\right)^2 \quad (6.77)$$

其中，$\beta_0 = \ln \alpha_a^a$，$\beta_1 = \delta_a^a$，$\beta_2 = 1 - \delta_a^a$，$\beta_3 = -0.5\rho_a^a \delta_a^a(1 - \delta_a^a)$。

通过（6.77）式可以估算得到 ρ_a^a 的值。Zhai and Hertel（2006）、赵永和王劲峰（2008）通过多种计量方法获得了中国各部门的 CES 弹性参数、CET 弹性参数以及 Armington 弹性参数，本书采用他们的结果。

三、其他参数的来源

居民的效用函数如果采用线性支出函数（LES）或简单的柯布—道格拉斯效用函数，那么将涉及商品的收入弹性参数和经济状况的 Frisch 参数。商品的收入弹性参数的获取方法参见张欣（2010）的论文，即根据中国居民的收入情况，Frisch 参数取-3，表示介于中等收入水平(-2)与比较贫困（-4）之间。

第七章　中国多区域虚拟水贸易政策的CGE模拟研究

本章进行水环境约束下的虚拟水贸易政策的 CGE 模拟研究，涉及的用水方式包括生产用水、生活用水以及生态用水。本章考虑的虚拟水贸易政策包括农业进出口税收政策、农业水资源税政策、农业用水效率政策以及生产用水的水价、水量政策。根据虚拟水贸易的计算方法，虚拟水贸易量等于虚拟水含量乘以产品贸易量，而虚拟水含量等于用水量除以产出，因此本章中农业进出口税收政策可看成是直接作用于产品贸易量的虚拟水贸易政策，农业水资源税政策、农业用水效率政策以及生产用水的水价、水量政策可看成是直接作用于虚拟水含量（生产用水量或者产出）的虚拟水贸易政策。另外，本章的虚拟水贸易政策侧重于农业方面。

第一节　政策控制变量或者参数

一、作用于产品贸易的政策方面

由于虚拟水贸易实际上就是通过产品或者服务贸易来间接实现水资源的转移，因此决策者可以通过调整进出口税率的办法来调控虚拟水贸易。①

根据本书第六章的（6.34）式，进口商品价格由国际市场价格、汇率和进口关税决定，重写如下②：

$$PM_c = pwm_c \cdot (1 + tm_c) \cdot EXR \quad (7.1)$$

其中，pwm_c 是用外币计算的商品价格，tm_c 为进口关税税率，EXR 为汇率。本书通过改变进口关税税率的方式来进行虚拟水进口贸易方面的政策模拟。

---

① 对于国内贸易，由于区域之间通常不会征收关税或者出口退税，因此这里不进行虚拟水国内贸易政策模拟。实际上，虚拟水国内贸易存在运输成本等导致的边界效应，正是本书第四章研究的内容。

② 如果没有特别说明，本章的公式均省略了代表区域的下标 r。

同样，根据本书第六章的（6.35）式，出口商品的价格由国际市场价格、汇率和出口退税决定，重写如下：

$$PE_c = pwm_c \cdot (1 - te_c) \cdot EXR \quad (7.2)$$

其中，te_c 为出口退税率。本书通过改变出口退税率的方式来进行虚拟水出口贸易方面的政策模拟。

二、作用于生产用水或产出的政策方面

水价、水量、用水效率和水资源税等水资源政策直接作用于生产用水，影响了生产用水的供给和需求，以及生产部门的产出，从而通过影响虚拟水含量方式影响了虚拟水贸易量。当然，由于CGE模型中各变量是相互联系的，水价、水量、用水效率和水资源税等水资源政策也会影响到产品的贸易量，这进一步影响了各区域的虚拟水贸易量。

首先叙述水价政策、水量政策①，不过由于在CGE模型中，水价与水量政策一般是针对全行业的。在一定程度上，水资源税政策与水价政策等价，用水效率政策与水量政策等价。因此为了单独考察农业方面真实水政策的影响，本书还考虑对农业征收水资源税以及农业用水效率提升对国民经济的影响。由于CGE模型中，水价为归一化的水价，即价格等于1②，但是实际上各区域的平均水价并不一致，因此本书引入水价扭曲参数，即将第六章公式（6.9）~（6.11）改写为③：

$$QCW_a = \alpha_a^{cw} \left[\delta_a^{cw} QCAP_a^{-\rho_a^{cw}} + (1 - \delta_a^{cw})(\beta_a QWATP_a)^{-\rho_a^{cw}} \right]^{-\frac{1}{\rho_a^{cw}}} \quad (7.3)$$

$$\frac{PCAP}{PWATPwjdist_a} = \frac{\delta_a^{cw}}{(1 - \delta_a^{cw})} \left(\frac{\beta_a QWATP_a}{QCAP_a} \right)^{1+\rho_a^{cw}} \quad (7.4)$$

$$PCW \cdot QCW_a = PCAP \cdot QCAP_a + PWATPwjdist_a \cdot \beta_a QWATP_a \quad (7.5)$$

其中，$wjdist_a$ 为水价扭曲参数，β_a 为用水效率参数。

加入水价扭曲参数之后，本书通过调整水价（$PWATP$）来实现水价政策的模拟，另外，本书通过调整用水效率参数 β_a 来模拟用水效率的提升对国民经济的影响。

本书根据第六章的公式（6.59）式，通过控制生产用水量来模拟水量政策对国民经济的影响，重写如下：

---

① 本章中的水价、水量政策均指生产用水相关的政策，下同。
② 当水价是归一化的水价时，水资源需求量是价值量，不是实物量。
③ 如果采用柯布—道格拉斯生产函数或者列昂惕夫生产函数，也可以类似于CES生产函数进行修改。

$$QWATPS = \sum_a QWATP_a \tag{7.6}$$

虽然目前中国还没有征收水资源税,但是本书为了研究征收水资源税对国民经济的影响,本书假定存在水资源税。由于本书将生产用水看成一种要素进入 CGE 模型,因此本书通过改变生产税(主要是增值税)税率的方式模拟征收水资源税对国民经济的影响。重写第六章中公式(6.3),有:

$$PA_a \cdot (1 - ta_{a,govdf} - ta_{a,govzy}) \cdot QA_a = PVA_a \cdot QVA_a + PINTA_a \cdot QINTA_a \tag{7.7}$$

其中,$ta_{a,govdf}$ 是归于地方政府的生产税税率,$ta_{a,govzy}$ 是归于中央政府的生产税税率。需要说明的是,虽然自 2006 年后,中国政府已经取消了农业税,但是只是对农业生产者销售的自产农产品免税,通过收购、生产并加工出售的农产品仍征收增值税,在投入产出表中农业部门的生产税净额并不为零,因此通过改变农业部门生产税(增值税)税率的方式来模拟征收水资源税对国民经济的影响是可行的。

第二节　情景设置

一、作用于产品贸易的政策方面

在 2001 年,中国加入了世界贸易组织,工农业产品的进口税率与出口退税率均有所降低。本书为了考察农产品虚拟水贸易政策调整的影响,假定各区域农业的进口税率或者出口退税率降低 1%,但是非农产业的进口税率与出口退税率保持不变,以此来考察农业部门贸易政策调整对经济系统的影响。

需要注意的是,出口退税率并非总是在下降,特别是在 2007 年之后,例如在 2009 年 6 月,中国政府为了保护出口企业的利益,再次提高了部分制造业产品的出口退税率。2009 年,时任财政部科学研究所所长的贾康表示,只要税率不到 17%,出口退税率仍有进一步上调空间。因此,本书在研究水资源组合政策时,也考虑了部分非农产品出口退税税率上升的情景,具体见组合政策部分的说明。

二、作用于生产用水或产出的政策方面

如前所述,我国为了改善水资源环境相继颁布了多项法律法规,因此本章在水环境约束条件下进行水资源政策模拟研究,即控制了各种水资源政策对污水排放量的影响。

根据水利部发布的《2008年全国水利发展统计公报》，2008年百家水管单位农业供水平均水价为0.026元/立方米、工业供水平均水价为0.26元/立方米、自来水供水平均水价为0.3981元/立方米。实际用水中，农业用水尤其是绿水，基本不收水费，水价较低，而工业水价和自来水水价则较高。由于缺乏各区域水价的具体数据，而且在本书的CGE模型设定中，水价是各行业的平均水价，因此本书假定各区域全行业平均水价上升1%，以此来考察水价上升对国民经济的影响。

由于农业水价长期低于水资源的真实价值，因此本书还假定对农业征收水资源税，不过现阶段中国还没有征收水资源税。本书假定农业部门的生产税税率增加1%，以此来考察农业征收水资源税的影响。

根据历年的《水资源公报》[①]，中国的供水总量等于用水总量，总用水量、农业用水量、工业用水量、生活用水量和生态用水量具体数据如表7.1所示[②]。

表7.1　　　　　　　　2003—2012年中国的用水量　　　　　　单位：亿立方米

年度	2003	2004	2005	2006	2007	2008	2009	2010	2011	2012
总用水量	5320	5548	5633	5795	5819	5910	5965	6022	6107	6131
生活用水	633	649	676	695	710	727	752	765	790	740
工业用水	1176	1232	1284	1345	1402	1401	1390	1445	1462	1381
农业用水	3431	3584	3583	3662	3602	3664	3722	3691	3743	3902
生态用水	80	83	90	98	105	118	101	121	112	108

根据表7.1中用水量数据，本书设定各区域生产用水的水资源供给量增长1%，以此来考察水量增加对国民经济的影响。对各区域来说，供水量的增加，主要来自天然降水、地下水以及南水北调工程的调入。另外由于干旱的影响，水资源供给可能会减少，因此本书同时考虑生产用水的供给量减少1%，以此来考察生产用水对国民经济的影响。

由于在CGE模型设定中，供水政策是针对全行业的，因此为了单独考察农

---

① 由于2003年之前没有统计生态用水的情况，因此本书只考察2003年之后的情况（包括2003年）。
② 《水资源公报》未单独统计第三产业的用水量，一般认为第三产业的用水量统计在生活用水中，本书将生活用水量的一部分归于第三产业。另外，《水资源公报》未统计农业部门绿水的使用量，本书实际考虑的农业用水量是按照生产树法计算得到的绿水和蓝水使用量之和，该数据与统计的农业用水量数据有一定的差异。

业方面的水量政策,本书考虑各区域农业用水效率的提升1%对国民经济的影响[①]。实际上,农业用水效率的提升,相当于增加了供水量。根据历年的《水资源公报》,农业用水效率一般通过亩均用水量来表示,亩均用水量数据如表7.2所示。

表7.2   2003—2012年中国农业亩均用水量   单位:立方米

年度	2003	2004	2005	2006	2007	2008	2009	2010	2011	2012
亩均用水量	430	450	448	449	434	435	431	421	415	404

第三节　单项政策的模拟分析

根据政策控制变量或参数与情景设置部分的说明,本书对全行业进行水价政策与水量政策的模拟分析,对农业进行进出口税率调整政策、水资源税政策与用水效率政策方面的模拟分析。通过考察经济系统在受到各种政策冲击后重新达到均衡时各变量的值与初始值的变化率,来研究水资源政策对国民经济的影响。

本章考察的单项政策有:

(1) 农业部门进口税率降低1%,非农部门的进口税率保持不变,记为jinkoun。

(2) 农业部门出口补贴率降低1%,非农部门的进口税率保持不变,记为chukoun。

(3) 生产用水平均水价上涨1%,记为sj。

(4) 生产用水供给量减少1%,记为sljs。

(5) 生产用水供给量增加1%,记为slzj。

(6) 农业部门的生产税税率增加1%(相当于征收水资源税),记为szysn。

(7) 农业部门用水效率提高1%,记为ysxln。

根据本书的研究目的,本书考察的经济变量主要有真实GDP、产品的进出口

---

① 对于缺水地区,农业生产时会较多地采用喷灌、滴灌等节水灌溉技术,从而提高用水效率,对于丰水地区,很少采用节水灌溉技术,用水效率提升不明显,不过本书为了便于比较,假定各区域都提升了农业用水效率。

与国内的调入调出、居民收入与消费、政府收入、要素需求以及部门产出[1]。

值得注意的是，由于本书核算的水资源价值远大于李国军（2011）论文中水资源价值，因此各变量的变化程度更大，但是变化方向大致相同。不过，从水价政策来看，这与研究利用 CGE 模型研究水资源问题的其他论文（邓群等，2008；李昌彦等，2014）的各变量的变化程度是接近的。另外本书核算水资源价值时，同时考虑了绿水与蓝水的使用量，其他文献（李国军，2011，邓群等，2008；李昌彦等，2014）一般只考虑蓝水的使用量[2]，因此本书的水量政策的模拟结果中各变量的变化程度要比其他文献要大，但是从 GDP 的变化方向来看是一致的。不过，根据段志刚（2004）、李善同和许新宜（2004）对南水北调的研究，增加 10 亿立方米的水可以给北京市的 GDP 带来 1% 到 2.3% 的增长，那么本书水量政策的模拟结果则比他们的要低一些。另外，本书所采用的 CGE 模型闭合方式，可能与其他文献有所区别，而 CGE 模型的闭合方式不一样，模拟的结果也会不一样（赵永和王劲峰，2008）。

表 7.3 是各单项政策的模拟结果（以相对于基期的变化率表示，除排污量是实物量外，其他变量的基期值均是价值量）。

根据表 7.3 的结果可以看到，生产用水供水量降低 1% 或者增加 1% 对大部分经济变量的影响较大，农业进口税率降低 1%、农业出口补贴率降低 1%、生产用水水价提高 1%、农业部门的生产税税率增加 1%（即假定农业部门征收水资源税）、农业部门用水效率提高 1% 则对大部分经济变量的影响较小。另外，因为各区域经济结构的不一致性、水资源禀赋的差异、CGE 模型的非线性以及 CGE 模型中的各经济变量的相互影响，因此即使是同一种政策对各区域经济变量的影响也不可能是一致的，另外，也不可能出现某个区域各经济变量始终是最大的或者最小的情况。下面对以上单项政策的模拟结果进一步进行原因分析。

---

[1] 虚拟水贸易量等于虚拟水含量乘以产品贸易量，虚拟水含量由生产用水量和产出决定，产品贸易量包括进出口量和国内调入调出量，因此虚拟水贸易量是一个复合变量，故未列出。

[2] 实质上，农业用水很大程度上使用的是天然降水（绿水），来自江河、湖泊的灌溉用水（蓝水）反而比较少，因此只考虑蓝水的使用量，不考虑绿水的使用量是不确切的。

第七章　中国多区域虚拟水贸易政策的 CGE 模拟研究

表 7.3　单项政策的模拟结果

单位：亿元，亿吨，%

变量	区域	基期值	jinkoun	chukoun	sj	sljs	sluj	szysn	ysxln
1. 真实GDP	东北	29437.25	-0.000017	-0.000206	-0.000634	-0.148435	0.146127	-0.011073	0.038295
	华北	20142.15	-0.000007	-0.000054	-0.000140	-0.028325	0.027195	-0.000838	0.007167
	黄淮海	62080.48	-0.000063	-0.000137	-0.000342	-0.156037	0.150857	-0.007892	0.037957
	西北	13368.30	-0.000093	-0.000297	-0.001688	-0.078390	0.077546	-0.008883	0.016803
	长江中下游	49692.55	-0.000044	-0.000028	-0.000284	-0.103254	0.093206	-0.005176	0.017692
	东南	40252.58	-0.000010	-0.000043	-0.000142	-0.043641	0.037987	-0.001894	0.002329
	华南	38285.06	-0.000013	-0.000066	-0.000286	-0.037333	0.035361	-0.003831	0.004566
	西南	22110.53	-0.000029	-0.000081	-0.000304	-0.146074	0.131433	-0.011643	0.021809
2. 出口	东北	3954.16	0.000078	-0.001616	0.001900	0.442089	-0.440905	0.022554	-0.091000
	华北	7594.77	-0.000010	-0.000283	0.000596	0.120819	-0.116199	0.001182	-0.030276
	黄淮海	9624.01	0.000471	-0.001025	0.000697	0.311001	-0.313180	0.010039	-0.054122
	西北	1424.15	0.000518	-0.003506	0.004227	0.195340	-0.195298	0.019527	-0.006766
	长江中下游	15673.27	0.000269	-0.000115	0.002503	0.868529	-0.865657	0.005286	-0.129614
	东南	24686.67	0.000026	-0.000097	0.001588	0.458164	-0.455632	0.000645	-0.023172
	华南	22238.65	0.000047	-0.000058	0.003834	0.490638	-0.484716	0.006632	-0.046534
	西南	1427.28	0.000059	-0.001467	0.001371	0.632513	-0.617949	0.013640	-0.093177
3. 进口	东北	4009.69	0.000529	-0.000289	-0.000084	-0.018061	0.021057	-0.012335	0.009236
	华北	6932.92	0.000142	-0.000025	0.000111	0.022424	-0.021608	-0.000027	-0.006057
	黄淮海	8926.48	0.000863	-0.000143	-0.000155	-0.066693	0.072063	-0.005885	0.017757
	西北	1411.86	0.001158	-0.000223	-0.000350	-0.015945	0.016364	-0.003520	0.006749

续表

变量		区域	基期值	jinkoun	chukoun	sj	sljs	sljj	szysn	ysxln
3. 进口		长江中下游	11754.60	0.000429	-0.000008	0.000129	0.049180	-0.040080	-0.001370	-0.001144
		东南	15799.41	0.000071	-0.000010	0.000902	0.262548	-0.256526	-0.000381	-0.012838
		华南	16053.50	0.000150	0.000013	0.001121	0.144300	-0.140819	0.001056	-0.012557
		西南	2192.47	0.000438	-0.000077	0.000427	0.209456	-0.180432	-0.010080	-0.028818
4. 调出到国内其他地区的商品		东北	12879.81	0.000220	-0.000196	-0.001094	-0.255418	0.253131	-0.025826	0.062598
		华北	12325.09	0.000047	0.000042	-0.000296	-0.060326	0.057469	-0.000106	0.014376
		黄淮海	27067.26	0.000254	-0.000038	-0.000203	-0.092501	0.089631	-0.012482	0.020144
		西北	8283.41	0.000095	-0.000087	-0.002101	-0.097117	0.097067	-0.012346	0.018552
		长江中下游	18044.88	0.000166	-0.000016	-0.001157	-0.403707	0.398149	-0.012891	0.066775
		东南	15952.62	0.000049	-0.000005	0.000177	0.050686	-0.051377	-0.002519	-0.002028
		华南	14354.28	0.000161	-0.000061	-0.002632	-0.336195	0.333510	-0.009285	0.036143
		西南	8037.69	0.000103	-0.000053	-0.000245	-0.113882	0.109054	-0.024471	0.015574
5. 国内其他地区调入的商品		东北	9746.59	-0.000062	-0.000317	-0.000403	-0.091565	0.095829	-0.011221	0.022161
		华北	12633.30	-0.000133	0.000004	0.000120	0.024242	-0.023513	0.001355	-0.006620
		黄淮海	20658.07	-0.000071	-0.000104	0.000369	0.169231	-0.161826	-0.002046	-0.034697
		西北	8464.42	-0.000124	-0.000155	-0.000100	-0.004182	0.005053	-0.001430	0.003203
		长江中下游	16895.77	-0.000064	-0.000029	0.000962	0.342067	-0.324329	-0.002271	-0.050308
		东南	22217.60	-0.000023	-0.000014	0.001154	0.335651	-0.328140	0.000752	-0.016935
		华南	17015.36	-0.000035	0.000012	0.001557	0.200779	-0.195307	0.002972	-0.017777
		西南	9313.92	-0.000042	-0.000099	-0.000154	-0.059459	0.080567	-0.010030	0.009055

第七章　中国多区域虚拟水贸易政策的 CGE 模拟研究

续表

变量	区域	基期值	jinkoun	chukoun	sj	sljs	slzj	szysn	ysxln
6. 城镇居民消费	东北	6541.50	-0.000029	-0.000356	-0.001120	-0.259932	0.260519	-0.019119	0.067952
	华北	2469.80	-0.000014	-0.000100	-0.000248	-0.049953	0.048660	-0.001555	0.012744
	黄淮海	9570.37	-0.000112	-0.000242	-0.000605	-0.271277	0.270868	-0.013984	0.067548
	西北	1612.05	-0.000166	-0.000533	-0.003084	-0.142743	0.142284	-0.015918	0.030840
	长江中下游	6309.21	-0.000077	-0.000049	-0.000533	-0.184768	0.184336	-0.008981	0.033327
	东南	4427.47	-0.000019	-0.000084	-0.000314	-0.090328	0.090350	-0.003726	0.005120
	华南	5195.04	-0.000018	-0.000088	-0.000394	-0.050107	0.050219	-0.005075	0.006239
	西南	4047.68	-0.000041	-0.000118	-0.000571	-0.261259	0.259666	-0.016923	0.041285
7. 农村居民消费	东北	1727.67	-0.000046	-0.000566	-0.001859	-0.431816	0.432257	-0.030361	0.113134
	华北	430.77	-0.000014	-0.000107	-0.000280	-0.056378	0.054892	-0.001658	0.014415
	黄淮海	3720.34	-0.000190	-0.000411	-0.001020	-0.457468	0.456850	-0.023697	0.113851
	西北	559.80	-0.000251	-0.000805	-0.004659	-0.215624	0.214932	-0.024045	0.046586
	长江中下游	2411.83	-0.000157	-0.000101	-0.001089	-0.377652	0.376770	-0.018356	0.068117
	东南	1218.05	-0.000027	-0.000119	-0.000446	-0.128327	0.128359	-0.005294	0.007275
	华南	1144.32	-0.000058	-0.000285	-0.001280	-0.162698	0.163061	-0.016480	0.020258
	西南	1884.24	-0.000062	-0.000178	-0.000848	-0.387630	0.385197	-0.025642	0.061243
8. 城镇居民收入	东北	11902.81	-0.000029	-0.000356	-0.001119	-0.259889	0.260477	-0.019116	0.067941
	华北	9712.53	-0.000013	-0.000098	-0.000242	-0.048836	0.047572	-0.001521	0.012460
	黄淮海	22729.24	-0.000111	-0.000241	-0.000601	-0.269441	0.269035	-0.013889	0.067090
	西北	5450.26	-0.000162	-0.000519	-0.003005	-0.139060	0.138613	-0.015507	0.030044

143

续表

变量	区域	基期值	jinkoun	chukoun	sj	sljs	slzj	szysn	ysxln
8. 城镇居民收入	长江中下游	17665.27	-0.000076	-0.000049	-0.000527	-0.182741	0.182315	-0.008882	0.032961
	东南	15512.49	-0.000019	-0.000083	-0.000309	-0.088916	0.088938	-0.003668	0.005040
	华南	17390.66	-0.000018	-0.000087	-0.000390	-0.049612	0.049722	-0.005025	0.006177
	西南	10070.81	-0.000040	-0.000116	-0.000566	-0.258726	0.257149	-0.016759	0.040885
	东北	3110.50	-0.000046	-0.000566	-0.001858	-0.431768	0.432209	-0.030357	0.113121
	华北	2019.37	-0.000011	-0.000087	-0.000228	-0.045872	0.044663	-0.001349	0.011729
	黄淮海	7355.04	-0.000185	-0.000402	-0.000998	-0.447359	0.446754	-0.023174	0.111335
	西北	1523.03	-0.000232	-0.000744	-0.004309	-0.199400	0.198759	-0.022236	0.043081
9. 农村居民收入	长江中下游	5525.87	-0.000152	-0.000097	-0.001053	-0.365167	0.364314	-0.017749	0.065865
	东南	3927.37	-0.000025	-0.000110	-0.000413	-0.118736	0.118766	-0.004898	0.006731
	华南	3956.14	-0.000054	-0.000262	-0.001175	-0.149295	0.149629	-0.015123	0.018589
	西南	3616.26	-0.000061	-0.000175	-0.000831	-0.379995	0.377610	-0.025137	0.060037
	东北	1961.93	-0.001370	0.001265	-0.000706	-0.166046	0.161955	0.000816	0.044830
	华北	3405.82	-0.000407	0.000237	-0.000254	-0.051317	0.049569	-0.000082	0.013451
	黄淮海	3139.79	-0.003479	0.001204	-0.000267	-0.121202	0.118297	0.002249	0.031630
	西北	700.88	-0.003425	0.002584	-0.000886	-0.041240	0.040615	-0.000863	0.008124
10. 中央财政收入	长江中下游	2961.46	-0.001989	0.000268	-0.000818	-0.283198	0.283782	0.000829	0.047431
	东南	3657.55	-0.000344	0.000268	-0.000525	-0.151170	0.151075	-0.000050	0.008178
	华南	2871.80	-0.000945	0.000442	-0.000750	-0.095672	0.095059	-0.000501	0.010230
	西南	1143.25	-0.001159	0.000570	-0.000777	-0.351906	0.356110	-0.001250	0.056443

第七章 中国多区域虚拟水贸易政策的CGE模拟研究

续表

变量	区域	基期值	jinkoun	chukoun	sj	sljs	slzj	szysn	ysxln
11. 地方财政收入	东北	3699.04	0.000003	0.000006	-0.000142	-0.033578	0.032564	0.056921	0.009281
	华北	2030.68	0.000002	-0.000010	-0.000122	-0.024727	0.023924	0.009867	0.006507
	黄淮海	4631.78	0.000008	0.000026	-0.000135	-0.061912	0.058857	0.086654	0.017828
	西北	3717.51	-0.000013	-0.000036	-0.000522	-0.024405	0.023791	0.022829	0.006087
	长江中下游	4920.93	-0.000001	0.000002	-0.000390	-0.135709	0.134362	0.054409	0.023072
	东南	3192.65	-0.000001	-0.000004	-0.000472	-0.136574	0.135139	0.025946	0.007278
	华南	2935.80	-0.000002	-0.000001	-0.000288	-0.037003	0.036391	0.043576	0.004077
	西南	3611.69	0.000002	-0.000004	-0.000349	-0.159123	0.159410	0.051632	0.025359
12. 劳动力需求	东北	11997.24	-0.000042	-0.000507	-0.001542	-0.357841	0.359007	-0.027257	0.093383
	华北	4648.05	-0.000033	-0.000243	-0.000597	-0.120225	0.117118	-0.003765	0.030666
	黄淮海	17645.98	-0.000222	-0.000482	-0.001181	-0.529219	0.528752	-0.027818	0.131506
	西北	4335.70	-0.000286	-0.000920	-0.005202	-0.240656	0.240101	-0.027565	0.051663
	长江中下游	14928.65	-0.000148	-0.000096	-0.000906	-0.314178	0.313764	-0.017494	0.057104
	东南	9332.15	-0.000041	-0.000185	-0.000576	-0.165648	0.166064	-0.008239	0.009509
	华南	8537.50	-0.000061	-0.000301	-0.001248	-0.158528	0.159136	-0.017433	0.019933
	西南	7549.14	-0.000086	-0.000240	-0.000869	-0.398098	0.394537	-0.034498	0.062716
13. 资本需求	东北	16318.54	0.000039	0.000185	-0.001267	-0.300406	0.288619	0.010579	0.084283
	华北	14685.54	0.000013	0.000005	-0.000337	-0.068259	0.065913	0.000043	0.018120
	黄淮海	42066.70	0.000092	0.000248	-0.000524	-0.243400	0.225976	0.015187	0.074498
	西北	8509.26	0.000015	0.000063	-0.000819	-0.038908	0.036760	0.002412	0.011481

续表

变量	区域	基期值	jinkoun	chukoun	sj	sljs	slzj	szysn	ysxln
13. 资本需求	长江中下游	32757.41	0.000028	0.000032	-0.001674	-0.583025	0.576660	0.006474	0.098336
	东南	29235.41	0.000003	0.000020	-0.001337	-0.386764	0.382343	0.000969	0.020498
	华南	28165.93	-0.000002	0.000034	-0.001057	-0.135820	0.133183	0.002196	0.014666
	西南	13708.97	0.000032	0.000013	-0.002864	-1.304304	1.307478	0.001002	0.208003
14. 生产用水需求	东北	56.37	-0.000108	-0.001434	0.995655	-1.000000	1.000000	-0.077101	-0.263807
	华北	10.44	-0.000603	-0.003478	0.994923	-1.000000	1.000000	-0.052904	-0.262357
	黄淮海	81.39	-0.000481	-0.000893	0.997746	-1.000000	1.000000	-0.051222	-0.255827
	西北	34.02	-0.001148	-0.003582	0.978141	-1.000000	1.000000	-0.107184	-0.220041
	长江中下游	128.10	-0.000398	-0.000223	0.997085	-1.000000	1.000000	-0.039687	-0.171132
	东南	86.01	-0.000178	-0.000603	0.996490	-1.000000	1.000000	-0.026265	-0.053096
	华南	82.86	-0.000259	-0.001102	0.992061	-1.000000	1.000000	-0.062615	-0.105029
	西南	63.45	-0.000134	-0.000376	0.992785	-1.000000	1.000000	-0.053373	-0.156695
15. 农业部门总产出	东北	6548.76	0.000005	-0.002201	-0.004375	-1.018298	1.015569	-0.095219	0.277416
	华北	737.68	-0.000800	-0.005823	-0.004426	-0.883428	0.877451	-0.068959	0.233239
	黄淮海	11275.22	-0.000476	-0.001516	-0.001690	-0.760199	0.753984	-0.066272	0.207114
	西北	2297.25	-0.000981	-0.004302	-0.019703	-0.911407	0.909347	-0.113059	0.205247
	长江中下游	7395.30	-0.000616	-0.000491	-0.001820	-0.637399	0.623149	-0.067898	0.126621
	东南	2537.87	-0.000344	-0.001637	-0.002078	-0.599197	0.596699	-0.047035	0.034382
	华南	3770.82	-0.000266	-0.001906	-0.006340	-0.806499	0.806650	-0.085330	0.088430
	西南	5003.86	-0.000191	-0.000777	-0.001599	-0.733981	0.723747	-0.095168	0.118130

第七章 中国多区域虚拟水贸易政策的 CGE 模拟研究

续表

变量	区域	基期值	jinkoun	chukoun	sj	sljs	slzj	szysn	ysxln
16. 非农部门总产出	东北	68323.93	0.000070	0.000021	0.000097	0.021538	-0.023477	-0.000763	-0.006264
	华北	42926.55	0.000031	0.000049	-0.000099	-0.020396	0.019102	0.000680	0.004712
	黄淮海	148807.13	0.000181	0.000005	-0.000077	-0.036981	0.031927	-0.002235	0.008264
	西北	22812.18	0.000126	0.000154	0.000636	0.029198	-0.029609	0.003945	-0.007162
	长江中下游	113038.33	0.000147	0.000014	-0.000061	-0.025700	0.016320	0.000462	0.005701
	东南	97216.42	0.000029	0.000015	0.000122	0.033089	-0.036902	-0.000035	-0.001201
	华南	80831.67	0.000071	0.000025	-0.000139	-0.018513	0.016978	0.000371	-0.002881
	西南	41927.67	0.000042	0.000017	0.000134	0.054824	-0.066915	0.000411	-0.009465
17. 污水治理部门产出	东北	23.94	0.000205	-0.000071	0.000014	0.000506	-0.005974	-0.002263	0.022727
	华北	7.46	0.000153	0.000109	-0.000196	-0.040612	0.037205	0.003659	0.029269
	黄淮海	42.62	0.000412	0.000015	0.000037	0.012994	-0.020166	-0.000496	0.012875
	西北	12.26	0.000735	0.000158	0.003275	0.149539	-0.153176	0.015137	0.034621
	长江中下游	44.58	0.000399	0.000001	-0.000313	-0.116695	0.099960	-0.000383	0.038771
	东南	27.66	0.000100	0.000009	-0.000184	-0.056822	0.048834	0.000643	0.007707
	华南	33.26	0.000234	0.000076	0.000119	0.013247	-0.016993	0.005750	0.009439
	西南	20.82	0.000104	0.000000	-0.000131	-0.072109	0.047051	-0.001386	0.019013
18. 生活用水需求	东北	25.83	-0.000034	-0.000411	-0.001312	-0.304764	0.305318	-0.022063	0.079735
	华北	10.87	-0.000014	-0.000109	-0.000273	-0.054970	0.053539	-0.001684	0.014033
	黄淮海	43.20	-0.000134	-0.000291	-0.000724	-0.324656	0.324185	-0.016765	0.080824
	西北	14.72	-0.000197	-0.000633	-0.003664	-0.169574	0.169029	-0.018910	0.036637

续表

变量		区域	基期值	jinkoun	chukoun	sj	sljs	sljj	szysn	ysxln
18. 生活用水需求		长江中下游	54.48	−0.000100	−0.000064	−0.000693	−0.240289	0.239728	−0.011679	0.043341
		东南	28.80	−0.000022	−0.000097	−0.000363	−0.104350	0.104375	−0.004305	0.005915
		华南	54.45	−0.000029	−0.000144	−0.000645	−0.082027	0.082210	−0.008309	0.010214
		西南	33.20	−0.000047	−0.000136	−0.000656	−0.300059	0.298212	−0.019573	0.047413
19. 生态用水需求		东北	7.80	0.000003	0.000006	−0.000142	−0.033578	0.032564	0.056921	0.009281
		华北	2.47	0.000002	−0.000010	−0.000122	−0.024727	0.023924	0.009867	0.006507
		黄淮海	8.04	0.000008	0.000026	−0.000135	−0.061912	0.058857	0.086654	0.017828
		西北	17.01	−0.000013	−0.000036	−0.000522	−0.024405	0.023791	0.022829	0.006087
		长江中下游	14.39	−0.000001	0.000002	−0.000390	−0.135709	0.134362	0.054409	0.023072
		东南	10.12	−0.000001	−0.000004	−0.000472	−0.136574	0.135139	0.025946	0.007278
		华南	7.89	−0.000002	−0.000001	−0.000288	−0.037003	0.036391	0.043576	0.004077
		西南	3.12	0.000002	−0.000004	−0.000349	−0.159123	0.159410	0.051632	0.025359
20. 污水排放量		东北	48.84	0.000000	0.000000	0.000000	0.000000	0.000000	0.000000	0.000000
		华北	26.79	0.000000	0.000000	0.000000	0.000000	0.000000	0.000000	0.000000
		黄淮海	102.99	0.000000	0.000000	0.000000	0.000000	0.000000	0.000000	0.000000
		西北	27.00	0.000000	0.000000	0.000000	0.000000	0.000000	0.000000	0.000000
		长江中下游	114.59	0.000000	0.000000	0.000000	0.000000	0.000000	0.000000	0.000000
		东南	79.23	0.000000	0.000000	0.000000	0.000000	0.000000	0.000000	0.000000
		华南	104.64	0.000000	0.000000	0.000000	0.000000	0.000000	0.000000	0.000000
		西南	52.52	0.000000	0.000000	0.000000	0.000000	0.000000	0.000000	0.000000

注：水量相关政策中生产用水需求列出的是水量上的变化；除污水排放量单位为亿吨外，其他经济变量的初始值的单位均为亿元，各种水资源政策对各经济变量的冲击单位是%。

一、农业进口关税税率降低 1%的政策模拟结果分析（jinkoun 政策）

从表 7.3 可以看出：农业进口关税税率降低 1%的政策对各区域的进口、调出到国内其他地区的商品、非农部门总产出、污水治理部门产出等经济变量的影响是正向的，对各区域的真实 GDP、国内其他地区调入的商品、城镇居民消费、农村居民消费、城镇居民收入、农村居民收入、中央财政收入、劳动力需求、生产用水需求、生活用水需求等经济变量的影响是负向的，对出口、地方财政收入、资本需求、农业部门总产出、生态用水需求等经济变量的影响可能是正向的、也可能是负向的，另外各区域污水排放量保持不变。

由于农业部门进口税率降低 1%，降低了进口贸易成本，各区域的进口增加，其中，西北区域变化率最大（0.001158%），东南最小（0.000071%）。为了保持进出口的平衡，一般情况下，出口也会相应地增加，但是华北区域例外，并且受到政策调整的影响也最小，这可能是因为华北区域农产品出口占总出口的比例较低，受到政策调整的影响较低，另外在中国大部分区域出口增加的情况下，存在个别区域的出口减少也是可能的。由于各区域经济结构并不一致，在利用多区域 CGE 模型研究经济问题的文献中，也经常会看到政策对不同区域的影响方向并不一致的现象（Kim 和 Kim，2003；孙翊和王铮，2010）。各区域调出到国内其他区域的商品仍是增加的，其中黄淮海区域变化率最大（0.000254%），华北区域最小（0.000047%）。各区域从国内其他地区调入的商品仍是减少的，其中华北区域变化率的绝对值最大（-0.000133%）[①]，东南区域变化率的绝对值最小（-0.000023%），这是因为各区域的居民消费减少，从而各区域的商品趋向于调出。

由于农业部门进口税率降低 1%，国外农产品的大量进入，这会导致农业部门总产出减少，但是由于各区域调出到国内其他区域的商品增加，从而部分区域农业部门总产出增加也是可能的。当农业部门总产出减少时，部分中间投入、要素投入会转移到非农部门中，特别是当资本要素供给量固定时，因此非农部门总产出增加，其中黄淮海区域变化率最大（0.000181%），东南区域最小（0.000029%）。对污水治理部门产出来说，西北区域变化率最大（0.000735%），西南区域最小（0.000104%）。

由于各区域农业部门总产出可能增加也可能减少，非农部门总产出增加，因此各区域的要素需求可能增加也可能减少，不过对于劳动力需求来说，各区域均

---

① 本部分括号内列出的均是表 7.3 中的变化率，不是绝对值。

是减少的，其中西北区域变化率的绝对值最大（-0.000286%），华北区域最小（-0.000033%）。对资本需求[1]来说，除华南区域减少外，其他区域均是增加的。对生产用水需求来说，各区域则均是减少的，其中西北区域变化率的绝对值最大（-0.001148%），东北区域变化率的绝对值最小（-0.000108%），这主要是各区域经济结构的异质性造成的，另外与非农部门相比，农业部门是劳动力与水资源密集型的。从要素增加值之和来看[2]，各区域的真实GDP均是减少的，其中西北区域变化率的绝对值最大（-0.000093%），华北区域变化率的绝对值最小（-0.000007%）。

由于居民收入主要来自提供劳动力与资本等生产要素，因此当生产要素需求可能增加也可能减少时，居民收入也可能增加或者减少，居民消费也相应地增加或者减少。另外从居民消费的商品来源来说，这也是由于各区域生产、国内其他区域调入以及进口可能是增加也可能减少。因此，当农业部门进口税率降低1%时，各区域的居民收入与消费均是减少的，其中对城镇和农村居民收入来说，西北区域变化率的绝对值最大（-0.000162%、-0.000232%），华北区域变化率的绝对值最小（-0.000013%、-0.000011%）；对城镇和农村居民消费来说，西北区域变化率的绝对值最大（-0.000166%、-0.000251%），华北区域变化率的绝对值最小（-0.000014%、-0.000014%）。另外，生活用水可以看成居民消费的商品，因此各区域的生活用水均减少，其中西北区域变化率的绝对值最大（-0.000197%），华北区域变化率的绝对值最小（-0.000014%）。

由于进口税率的降低，中央财政收入会下降，其中黄淮海区域变化率的绝对值最大（-0.003479），东南区域最小（-0.000344%）。与中央财政收入来源不同，进口税率均归于中央，地方不可以征收进口税，但是从要素需求之和来看，各区域均是增加的，地方征收的增值税是增加的，再加上直接税等税收的作用，各区域地方财政收入可能增加也可能减少，其中东北、华北、黄淮海和西南区域地方财政收入增加，其他区域减少。另外，生态用水需求与地方财政收入密切相关，因此生态用水需求可能增加也可能减少，其中东北、华北、黄淮海和西南区域地方财政收入增加，其他区域减少。

由于本书在CGE模型的闭合规则中，选择了污水排放量外生给定，因此无

---

[1] 虽然资本供给量固定不变，但是资本的价格是变化的，因此资本需求是变化的。本书中要素需求的变化包括要素价格和要素需求量两方面的变化。

[2] 本书实质上是按公式（6.63）计算真实GDP，由于增值税的影响，真实GDP与要素增加值之和略有差异。

论农业部门征收水资源税政策如何变化，污水排放量均保持不变，这也从侧面说明本书的模拟结果是正确的。

总之，农业进口关税税率降低1%的政策虽然可以减少生产用水需求，但是也会造成真实GDP的减少。

二、农业出口退税率降低1%的政策模拟结果分析（chukoun政策）

从表7.3可以看出：农业出口退税率降低1%的政策对各区域的中央财政收入、资本需求、非农部门总产出等经济变量的影响是正向的，对各区域的真实GDP、出口、城镇居民消费、农村居民消费、城镇居民收入、农村居民收入、劳动力需求、生产用水需求、农业部门总产出、生活用水需求等经济变量的影响是负向的，对进口、调出到国内其他地区的商品、国内其他地区调入的商品、地方财政收入、污水治理部门产出、生态用水需求等经济变量的影响可能是正向的也可能是负向的，另外各区域污水排放量保持不变。

由于降低了农业部门的出口补贴率，相当于增加了农产品出口贸易的成本，各区域农产品出口的意愿减弱，出口减少，其中西北区域变化率的绝对值最大（−0.003506%），华南区域变化率的绝对值最小（−0.000058%）。为了平衡出口，进口也相应地减少，但是华南区域例外，其进口是增加的，并且受到政策调整的影响也最小，这可能是因为华南区域农产品出口占总出口的比例较低，受到政策调整的影响较小，另外在中国大部分区域出口增加的情况下，存在个别区域的出口减少也是可能的。由于各区域经济结构并不一致，在利用多区域CGE模型研究经济问题的文献中，也经常会看到政策对不同区域的影响方向并不一致的现象（Kim等，2003；孙翊和王铮，2010）。由于出口的减少，影响各区域农业生产的积极性，从而农业部门总产出是减少的，其中华北区域变化率的绝对值最大（−0.005823%），长江中下游区域变化率的绝对值最小（−0.000491%）。虽然非农部门的出口补贴率并没有改变，但是CGE模型是一个系统均衡的模型，当农业部门总产出减少时，一方面，农业部门的中间投入、要素需要会转移到非农部门，因此各区域非农部门总产出增加是可能的，其中西北区域变化率最大（0.000154%），黄淮海最小（0.000005%）；另一方面，农业部门生产的产品也可以作为中间投入，投入到非农部门的生产中，因此当农业部门总产出减少时，非农部门总产出减少也是可能的，故东北区域污水治理部门产出减少，其他区域污水治理部门产出增加。类似的，调出到国内其他地区、国内其他地区调入的商品可能增加也可能减少，其中华北区域调出到国内其他地区的商品增加，其他区域均减少，华北区域、华南区域从国内其他地区调入的商品增加，其他区域减少。

由于各区域农业部门总产出减少，而非农部门总产出可能增加也可能减少，因此对要素需求可能增加也可能减少，不过农业部门总产出减少得较多，因此各区域的劳动力需求均是减少的，其中东北区域变化率的绝对值最大（-0.000507%），长江中下游区域变化率的绝对值最小（-0.000096%）；但是各区域资本需求是增加的，其中黄淮海区域变化率最大（0.000248%），华北区域最小（0.000005%）；各区域水资源需求均减少，其中西北区域变化率的绝对值最大（-0.003582%）、长江中下游区域最小（-0.000223%）。与之相应，各区域真实GDP均减少，其中西北区域变化率的绝对值最大（-0.000297%），长江中下游区域变化率的绝对值最小（-0.000028%）。

由于居民收入主要来自提供劳动力与资本要素的收入，当要素需求减少，居民收入也会减少，其中对城镇居民收入来说，西北区域变化率的绝对值最大（-0.000519%），长江中下游区域变化率的绝对值最小（-0.000049%）；对农村居民收入来说，西北区域变化率的绝对值最大（-0.000744%），华北区域变化率的绝对值最小（-0.000087%）。由于居民消费与居民收入相对应，当居民收入减少时，各区域居民消费也减少，其中对城镇居民消费来说，西北区域变化率的绝对值最大（-0.000533%），长江中下游区域变化率的绝对值最小（-0.000049%）；对农村居民消费来说，西北区域变化率的绝对值最大（-0.000805%），长江中下游区域变化率的绝对值最小（-0.000101%）。另外，生活用水可以看成居民消费的商品，因此各区域的生活用水需求均减少，其中西北区域变化率的绝对值最大（-0.000633%），长江中下游区域变化率的绝对值最小（-0.000064%）。

由于降低了出口补贴率，各区域的中央财政收入增加，其中西北区域变化率最大（0.002584%），华北区域最小（0.000237%）。由于各区域的劳动力需求降低，使得地方征收的劳动力方面的增值税下降，故地方财政收入可能减少；但是各区域资本需求增加，会使地方征收的资本方面的增值税增加，故地方财政收入可能增加，再加上个人所得税、企业所得税等税收的影响，地方财政收入可能增加也可能减少；其中，东北、黄淮海、长江中下游区域增加，其他区域减少。与地方财政收入相对应，各区域生态用水可能增加也可能减少，其中东北、黄淮海、长江中下游区域增加，其他区域减少。

由于本书在CGE模型的闭合规则中，选择了污水排放量外生给定，因此无论农业部门征收水资源税政策如何变化，污水排放量均保持不变，这也从侧面说明本书的模拟结果是正确的。

总之，对农业部门出口补贴率降低1%的政策虽然可以减少生产用水需求，但是也会造成真实GDP的减少。

三、生产用水水价上涨1%的政策模拟结果分析（sj政策）

从表7.3可以看出：生产用水水价上涨1%的政策对各区域的出口、生产用水需求（价值量）等经济变量的影响是正向的，对各区域的真实GDP、城镇居民消费、农村居民消费、城镇居民收入、农村居民收入、中央财政收入、地方财政收入、劳动力需求、资本需求、农业部门总产出、生活用水需求、生态用水需求等经济变量的影响是负向的，对进口、调出到国内其他地区的商品、国内其他地区调入的商品、非农部门总产出、污水治理部门产出等经济变量的影响可能是正向的也可能是负向的，另外各区域污水排放量保持不变。值得注意的是，虽然生产用水水价上涨1%对水资源需求的价值量的影响是正向的，但是由于水价上涨导致对水资源需求的实物量下降（即节约了水资源），因此水资源需求的价值量上涨比例低于1%。

生产用水水价上涨提高了生产成本，因此对农业部门来说，各区域农业部门总产出下降，其中西北区域变化率的绝对值最大（-0.019703%），西南区域变化率的绝对值最小（0.001599%）。不过对非农部门来说，一方面，生产用水水价上涨可能会导致非农部门总产出的下降，例如华北、黄淮海、长江中下游、华南等区域；另一方面，由于农业部门是水资源密集型部门，受到生产用水水价上涨的负面影响更大，从而也可能导致原来投入到农业部门的生产要素、中间投入等转移到非农部门，特别是当资本要素供给量固定时[①]，因此非农部门总产出增加也是可能的，例如东北、西北、东南和西南区域。另外，对污水治理部门来说，华北、长江中下游、东南和西南区域是负值，东北、黄淮海、西北和华南区域是正值。不过由于农业部门是要素密集型行业，当农业部门总产出下降时，生产要

---

① 虽然资本要素供给量固定，但是水价上涨时导致了资本需求价格也发生了变化，因此资本需求仍会发生变化。在CGE模型的闭合规则中，要素供给量和要素价格一般只固定一个（张欣，2010）。由于本书中要素需求的基期值是价值量，实际上就是要素收益，因此参考赵永和王劲峰（2008）的论文，如无特别说明，要素需求的变动包括要素需求价格和要素需求数量两方面的变动，实际上就是要素收益的变动。不过由于本书进行政策模拟时要素的价格和数量固定了一个，因此从要素需求价值量的变动可以看出要素需求价格或者要素需求数量的变动。另外，投入产出表和SAM表中要素账户是价值量，这也决定了模拟结果中采用价值量。

素的需求也会下降（生产用水的需求因为生产用水水价上涨导致价值量增加，但是实物量仍是减少的），因而从要素增加值的角度来看，各区域的真实 GDP 是下降的。其中，对劳动力需求来说，西北区域变化率的绝对值最大（-0.005202%），东南区域变化率的绝对值最小（-0.000576%）；对资本需求来说，西南区域变化率的绝对值最大（-0.002864%），华北区域变化率的绝对值最小（-0.000337%）；对水资源需求价值量来说，西南区域变化率最大（0.997785%），西北区域最小（0.978141%）；对真实 GDP 来说，西北区域变化率的绝对值最大（-0.001688%），华北区域变化率的绝对值最小（-0.000140%）。

由于居民收入主要来自提供劳动力与资本等生产要素，当劳动力与资本与需求下降时，居民收入也是下降的，其中对城镇和农村居民收入来说，西北区域变化率的绝对值最大（-0.003005%、-0.004309%），华北区域变化率的绝对值最小（-0.000242%、-0.000228%）。为了平衡收支，居民消费也会随之下降，其中对城镇和农村居民消费来说，西北区域变化率的绝对值最大（-0.003084%、-0.004659%），华北区域变化率的绝对值最小（-0.000248%、-0.000280%）。另外，生活用水可以看成居民消费的商品，因此各区域的生活用水均减少，其中西北区域变化率的绝对值最大（-0.003664%），华北区域变化率的绝对值最小（-0.000273%）。

一方面，由于生产用水水价的上涨，生产成本增加，各区域生产的产品缺乏比较优势，特别是农产品，因此各区域出口与调出到其他地区的商品可能会减少；但是另一方面，由于部分区域非农部门总产出增加以及各区域的居民消费减少，因此部分区域出口量增加也是可能的。与之类似，进口与国内其他地区调入的商品也可能增加或者减少。对出口来说，各区域均是增加的（以减少居民消费为代价），其中西北区域变化率最大（0.004227%），华北区域最小（0.000596%）。对进口来说，东北、黄淮海和西北区域是减少的，其他区域是增加的。对调出到国内其他地区的商品来说，除东南区域增加外，其他区域均减少。对国内其他地区调入的商品来说，东北、西北和西南区域是减少的，其他区域是增加的。

虽然生产用水水价上涨导致地方征收的水资源费收入增加，但是由于生产过程中劳动力与资本投入的减少，会导致增值税下降，因此在这两者综合作用下，地方财政收入仍减少，其中西北区域变化率的绝对值最大（-0.000522%），华北区域变化率的绝对值最小（-0.000122%）。类似的，各区域中央财政收入也是减少的，其中西北区域变化率的绝对值最大（-0.000886%），华北区域变化率的绝对值最小（-0.000254%）。与地方财政收入减少相对应，各区域生态用水需求也是减少的，其中西北区域变化率的绝对值最大（-0.000522%），华北区域变化率的绝对值最小（-0.000122%）。

由于本书在 CGE 模型的闭合规则中，选择了污水排放量外生给定，因此无论农业部门征收水资源税政策如何变化，污水排放量均保持不变，这也从侧面说明本书的模拟结果是正确的。

总之，生产用水水价上涨 1%的政策虽然可以减少生产用水需求的实物量，但是也会造成真实 GDP 的减少，并且需要支付更多的水资源费（即水资源价值量增加）。

四、生产用水供给量减少（增加）1%的政策模拟结果分析（sljs 或者 slzj 政策）

由于生产用水供给量减少或者增加 1%是互补的两种政策，因此本书对这两种政策一起分析，模拟结果也显示，这两种政策对经济变量的影响恰好相反，但是由于 CGE 模型的非线性性，各变量变化率的绝对值并不相等。总的来说，生产用水供给量减少会导致真实 GDP 的减少，生产用水供给量的增加会导致真实 GDP 的增加，这与段志刚（2004）、李善同和许新宜（2004）认为南水北调会导致受水区的经济增长是一致的。另外，需要注意的是，生产用水供给量减少或者增加 1%的政策是在假定各区域水市场发挥作用的情况进行的模拟①。下面对生产用水供给量减少 1%的政策模拟结果进行分析。

从表 7.3 可以看出：生产用水供给量减少 1%的政策对各区域的出口等经济变量的影响是正向的，对各区域的真实 GDP、城镇居民消费、农村居民消费、城镇居民收入、农村居民收入、中央财政收入、地方财政收入、劳动力需求、资本需求、生产用水需求、农业部门总产出、生活用水需求、生态用水需求等经济变量的影响是负向的，对进口、调出到国内其他地区的商品、国内其他地区调入的商品、非农部门总产出、污水治理部门产出等经济变量的影响可能是正向的也可能是负向的，另外各区域污水排放量保持不变。

由于生产用水供给量的减少，且水资源要素与劳动力、资本要素替代性差，因此在生产用水供给量下降较多时，便不能生产原来那么多的产品，劳动力、资

---

① 类似于李国军（2011）论文所述，在水资源市场有效时，水资源供给量变化率等于水资源需求量变化率。为了便于看出水量上的供求均衡，水量政策模拟结果中未列出水资源供给变化时所引起的水价变化。

本要素需求下降,从而从增加值角度,真实 GDP 会以比较快的速度下降。其中,对劳动力需求来说,黄淮海区域变化率的绝对值最大(-0.529219%),华北变化率的绝对值最小(-0.120225%);对资本需求来说,西南区域变化率的绝对值最大(-1.304304%),西北区域变化率的绝对值最小(-0.038908);对真实 GDP 来说,黄淮海区域变化率的绝对值最大(-0.156037%),华北区域变化率的绝对值最小(-0.028325%)。

由于农业受水资源供给影响强烈,因此当生产用水供给量减少时,各区域农业部门的总产出下降,其中,东北区域变化率的绝对值最大(-1.018298%),东南区域变化率的绝对值最小(-0.599197%)。对非农部门来说,供水量对其影响较小,当农业部门发展受到供水量的限制时,原来农业部门投入的劳动力、资本要素会转移到非农部门,特别是在资本要素供给量固定时,对于中间投入来说也是如此,因此非农部门的产出可能反而会增加,例如东北、西北、东南和西南区域。当然非农部门也可能受到供水量下降导致的不利影响,例如华北、黄淮海、长江中下游和华南区域。对污水治理部门来说,东北、黄淮海、西北和华南区域的影响为正,其他区域影响为负。在邓群等(2008)的文章中也有类似的结论。

由于居民收入主要来源于提供劳动与资本等生产要素,当劳动与资本需求下降时,居民的收入也下降;另外,由于农村居民主要从事农业生产,因此各区域农村居民收入受水资源供给下降的影响更大。对城镇和农村居民收入来说,黄淮海区域变化率的绝对值最大(-0.269441%、-0.447359%),华北区域变化率的绝对值最小(-0.048836%、-0.045872%)。由于居民消费受到居民收入的制约,因此居民消费也是下降的,并且各区域农村居民消费受水资源供给下降的影响更大,对城镇和农村居民消费来说,黄淮海区域变化率的绝对值最大(-0.271277%、-0.457468%),华北区域变化率的绝对值最小(-0.049953%、-0.056378%)。另外,生活用水可以看成居民消费的商品,因此各区域的生活用水均减少,黄淮海区域变化率的绝对值最大(-0.324656%),华北区域变化率的绝对值最小(-0.054970%)。

由于各区域农业部门产出减少,但是非农部门总产出可能增加也可能减少,另外各区域的居民消费均减少,因此各区域进口、出口、调出到国内其他地区、国内其他地区的调入有可能增加,也有可能减少。对出口来说,各区域均是增加的(以减少居民消费为代价),其中长江中下游区域变化率最大(0.868529%),华北区域最小(0.120819%)。对进口来说,东北、黄淮海和西北区域减少,其他区域增加。对调出到国内其他地区的商品来说,东南区域增加,其他区域减少。对其他地区调入的商品来说,东北、西北和西南区域减少,其他区域增加。

由于劳动力、资本、生产用水等要素需求减少,中央与地方的增值税收入也在减少,虽然中央财政收入还受进口关税、出口退税等税收收入的影响,但是此项政策实施时主要还是造成了增值税收入的减少,因此无论是中央财政,还是地方财政的收入均是减少的;其中,对中央财政收入来说,西南区域变化率的绝对值最大(-0.351906%),西北区域变化率的绝对值最小(-0.041240%);对地方政府收入来说,西南区域变化率的绝对值最大(-0.159123%),西北区域变化率的绝对值最小(-0.024405%)。与地方财政收入相对应,各区域生态用水需求也是减少的,其中西南区域变化率的绝对值最大(-0.159123%),西北区域变化率的绝对值最小(-0.024405%)。

由于本书在CGE模型的闭合规则中,选择了污水排放量外生给定,因此无论农业部门征收水资源税政策如何变化,污水排放量均保持不变,这也从侧面说明本书的模拟结果是正确的。

总供水量增加1%的情况与之相反,不再赘述。

总之,在水市场发挥作用的情况下,供水量减少也会导致真实GDP的减少,但是供水量增加会导致真实GDP的增加,因此南水北调工程有利于受水地域的经济增长。

五、农业部门的生产税税率增加1%(即农业部门征收水资源税)的政策模拟结果分析(szysn政策)

从表7.3可以看出:农业部门征收水资源税的政策冲击对各区域的资本需求、出口、地方财政收入、生态用水需求等经济变量的影响是正向的,对各区域的农业部门总产出、劳动力需求、生产用水需求、真实GDP、城镇和农村居民收入、城镇和农村居民消费、生活用水需求、调出到国内其他地区的商品等经济变量的影响是负向的,对各区域的非农部门总产出、污水治理部门产出、进口、国内其他地区调入的商品、中央财政收入等经济变量的影响可能是正向的也可能是负向的,另外各区域污水排放量保持不变。

由于农业部门征收了水资源税,使得农业部门的生产成本增加,农业部门总产出减少,其中西北区域变化率的绝对值最大(-0.113059%),东南区域变化率的绝对值最小(-0.047035%)。随着农业部门总产出减少,农业部门对生产用水、劳动力和资本的需求减少。由于资本要素供给量固定,当农业部门资本需求减少时,用于非农部门的资本要素增加,从而非农部门的总产出可能会增加,不过由于非农部门生产时也需要农业部门的商品作为中间投入，因此当农业部门总产出减少时，也可能导致非农部门总产出减少。相应的，污水治理部门作为非农部门中的一个，其产出可能增加，也可能减少。当各区域农业部门总产出减少，非农部门总产出可能增加，也可能减少时，各区域对生产用水和劳动力需求均减少，但对资本需求仍可能增加，不过资本需求增加变化率的绝对值会小于劳动力需求减少变化率的绝对值，这与农业是水资源与劳动力密集型产业有一定的关系，从要素增加值来说，各区域的GDP是减少的。其中，西南区域劳动力变化率的绝对值最大（-0.034498%），华北区域劳动力变化率的绝对值最小（-0.003765%）；黄淮海区域资本需求变化率最大（0.015187%），华北区域资本需求变化率最小（0.000043%）；西北区域生产用水需求变化率的绝对值最大（-0.107184%），东南区域水资源需求变化率的绝对值最小（-0.026265%）；西南区域真实GDP变化率的绝对值最大（-0.011643%），华北区域真实GDP变化率的绝对值最小（-0.000838%）。由于劳动力需求减少，城镇和农村居民收入减少，相应地，城镇和农村居民消费减少，生活用水需求也减少。其中，东北区域城镇居民收入变化率的绝对值最大（-0.019116%），华北区域城镇居民收入变化率的绝对值最小（-0.001521%）；东北区域农村居民收入变化率的绝对值最大（-0.030357%），华北区域农村居民收入变化率的绝对值最小（-0.001349%）；东北区域城镇居民消费变化率是负向的，并且绝对值最大（-0.019119%），华北区域城镇居民消费变化率的绝对值最小（-0.001555%）；东北区域农村居民消费变化率的绝对值最大（-0.030361%），华北区域农村居民消费变化率的绝对值最小（-0.001658%）；东北区域生活用水需求变化率的绝对值最大（-0.022063%），华北区域生活用水需求变化率的绝对值最小（-0.001684%）。各区域进口、出口、国内其他地区调入和调出到国内其他地区的商品受到部门产出、居民消费等因素的影响，因此可能是增加的也可能是减少的，总体上，该政策对出口的影响是正向的，但对调出到国内其他地区的商品影响是负向的，对各区域进口、国内其他地区调入的商品的影响可能是正向的，也可能是负向的。

由于目前没有征收水资源税，本书是通过农业部门的生产税税率提高1%的方式来模拟农业部门水资源税率增加1%对经济系统的影响，因此，虽然一方面各要素需求的减少会导致地方税收减少，但是另一方面本书又将农业部门的生产税税率增加1%，这样会导致地方的生产税收增加，从而模拟结果表现为地方财政收入增加。其中，黄淮海区域变化率最大（0.086654%），华北区域变化率最小（0.009867%）。对中央政府来说，也受到这两个方面的影响，不过中央财政收入还受到进口关税、出口退税的影响，当进出口发生变化时，进口关税、出口退税也相应发生变化，因此各区域中央财政收入可能增加也可能减少。另外，地方财政收入的增加会更加关注生态文明的建设，对生态用水的需求也增加，其中黄淮海区域变化率最大（0.086654%），华北区域变化率最小（0.009867%）。

由于本书在CGE模型的闭合规则中，选择了污水排放量外生给定，因此无论农业部门征收水资源税政策如何变化，污水排放量均保持不变，这也从侧面说明本书的模拟结果是正确的。

总之，农业部门征收水资源税的政策虽然可以减少生产用水需求，但是会造成真实GDP的减少。

六、农业用水效率提升1%的政策模拟结果分析（ysxln政策）

从表7.3可以看出：农业用水效率提升1%的政策对各区域的农业部门总产出、污水治理部门产出、劳动力需求、资本需求、真实GDP、城镇和农村居民收入、城镇和农村居民消费、生活用水需求、中央和地方财政收入、生态用水需求等经济变量的影响是正向的，对各区域的生产用水需求、出口等经济变量的影响是负向的，对非农部门总产出、进口、国内其他地区调入、调出到国内其他地区等经济变量的影响可能是正向的也可能是负向的，另外各区域污水排放量保持不变。

由于提高了农业用水效率，农业部门的生产用水需求会减少，投入到农业用水的生产成本下降①，有利于农业生产，因此农业部门总产出上升，另外由于CGE模型的非线性、各区域经济状况并不一致以及水资源禀赋的差异，该政策对各区域农业部门总产出的影响程度并不一样。其中，东北区域变化率最大（0.277416%），东南区域变化率最小（0.034382%）。为了使得农业部门总产出上升，农业部门的劳动力和资本需求、中间投入会增加。出现这种情况的原因是东北区域是中国的粮食主产区，并且水资源短缺比较严重，因此提升农业用水效率政策对东北区域农业部门总产出的影响较大；而东南区域相对于其他区域而言，第二产业和第三产业比较发达，对农业重视程度较低，并且水资源相对比较富足，因此提升农业用水效率政策对东南区域农业部门总产出的影响较小。

---

① 当然，采用节水灌溉技术，也会需要一定的成本，当节水的收益大于节水灌溉技术的成本时，对农业生产则是有利的，即对农业部门总产出的影响是正向的。由于节水灌溉技术的成本很难度量，因此本书忽略了这方面的影响。另外农业节水技术的采用的前提是收益大于成本，即净效益大于零，因此这一忽略对结论不会造成很大的影响，本书得到的结论也是有意义的。

由于本书在 CGE 模型的闭合规则中，选择了生产用水供给量外生给定，因此当农业用水需求降低时，用于非农部门的生产用水会增加，即相当于增加了非农部门的供水量。不过由于资本供给量外生给定，当农业部门资本需求增加时，用于非农部门的资本会减少，而水资源与资本要素之间缺乏替代性，因此用于非农部门的资本供给量减少，生产用水供给量增加，在要素市场有效的情况下，生产要素供给量的减少或者增加会导致非农部门的总产出减少或者增加。对东北、西北、东南和西南区域来说，由于资本供给约束带来的负向影响更大，这些区域非农部门总产出减少，对华北、黄淮海、长江中下游和华南区域来说，由于农业节约生产用水所带来的正向影响更大，这些区域的非农部门总产出增加。不过，即使是污水排放量保持不变，污水治理部门作为一个非农部门，各区域的值均是增加的，这与非农部门总产出有增有减不一样，其中长江中下游区域变化率最大（0.038771%），东南区域变化率最小（0.007707%）。由于农业用水效率提升 1% 的政策是针对农业部门的政策，因此该政策对农业部门的影响更大，模拟结果中也是农业部门总产出的变化率的绝对值更大。在已有的文献中，邓群等（2008）指出非农部门的供水量增加，其部门产出也可能有增有减。

由于各区域农业部门总产出增加，非农部门总产出有增有减，并且农业用水效率提升 1% 的政策对农业部门的影响更大，因此总体上对劳动力、资本的需求增加①，而对生产用水的需求减少。其中，黄淮海区域劳动力需求变化率最大（0.131506%），东南区域劳动力需求变化率最小（0.009509%）；西南区域资本需求变化率最大（0.208003%），西北区域资本需求变化率最小（0.011481%）；东北区域生产用水需求变化率的绝对值最大（-0.263807%）②，东南区域生产用水需求变化率的绝对值最小（-0.053096%）。从增加值的角度来说，各区域的真实 GDP 会增加，其中东北区域的变化率最大（0.038295%），东南区域的变化率最小（0.002329%）。出现这种情况的原因是东北区域是中国的粮食主产区，而粮食生产需要消耗大量的水资源，因此提升农业用水效率的政策对其生产用水需

---

① 虽然资本的供给量保持不变，但是资本的价格会受到政策冲击的影响，在资本紧缺的情况下，资本价格上涨，因此资本需求增加是可能的（在 CGE 模型中区分了资本的数量与价格）。另外，在本书的模型设置中，劳动力是自由供给的。

② 由于水资源需求变化率为负值，因此变化率最大（最小）的区域实际上是水资源需求变化率的绝对值最小（最大）的区域。变化率的绝对值越大的区域受到政策冲击的影响越大，节水效果越好，但是其他经济变量是负值时，绝对值越大的区域反而是越不利的，例如果真实 GDP 的变化率是负值的时候。

求影响最大；东南区域则因为其农产产出占总产出的比例较小①，并且水资源比较丰裕，因此提升农业用水效率的政策对其生产用水需求影响小。类似的，可解释提升农业用水效率的政策对各区域劳动力、资本需求以及真实 GDP 影响大小的差异。

由于居民收入主要来源于提供劳动与资本等生产要素所得到的要素报酬，当劳动与资本需求增加时，居民的收入也增加，另外由于农村居民主要从事农业生产，因此一般说来，与城镇居民收入相比，农村居民收入受农业用水效率提升 1% 的政策影响更大，但华北区域例外，这是由于华北区域农业部门总产出较低，农村居民也会转移从事非农部门的生产，其中东北区域城镇和农村居民收入变化率均最大（0.067941%、0.113121%），东南区域城镇和农村居民收入变化率均最小（0.005040%、0.006731%）。由于居民消费受到居民收入的影响，而且与城镇居民相比，农村居民对农产品消费更偏爱，因此居民消费也是增加的，并且各区域农村居民消费受农业用水效率提升 1% 的政策的影响更大。在多种因素作用下，东北区域城镇居民消费变化率最大（0.067952%），黄淮海区域农村居民消费变化率最大（0.113851%），东南区域城镇和农村居民消费变化率均最小（0.005120%、0.007275%）。生活用水作为一种居民消费的商品，随着居民收入的增加，居民对生活用水的需求也增加，其中黄淮海区域变化率最大（0.080824%），东南区域变化率最小（0.005915%）。由于居民收入主要来源于提供劳动与资本等生产要素所得到的要素报酬，居民消费则随居民收入变化而变化，因此可类似于对各区域劳动力需求差异的原因分析，解释各区域居民收入和消费的差异，故不再赘述。

由于各区域农业部门总产出增加，非农部门总产出有增有减，同时各区域的居民消费均增加，因此各区域进口、出口、国内其他地区调入、调出到国内其他地区的商品有可能增加，也有可能减少。由于各区域、各部门的生产能力、居民消费结构的差异（导致各区域各部门产出、居民消费结构的差异原因见前面的叙述），农业用水效率提升 1% 的政策对各区域的影响并不一致。具体来说，由于居民消费的增加，各区域出口均减少，其中长江中下游变化率的绝对值最大（-0.129614%），西北区域变化率的绝对值最小（-0.006766%）；除东北、黄淮海和西北区域进口增加外，其他区域进口均减少；除东北、西北和西南区域从其

---

① 各区域农业部门产出占全部生产部门的总产出比重如下：东北区域为 8.75%，华北区域为 1.69%，黄淮海区域为 7.04%，西北区域为 9.15%，长江中下游区域为 6.14%，东南区域为 2.54%，华南区域为 4.46%，西南区域为 10.66%。

他区域调入的商品增加外,其他区域均减少;除东南区域调出到国内其他区域的商品减少外,其他区域均增加。

由于劳动力和资本等要素需求增加,生产用水需求减少,但是要素需求总量是增加的,因此中央与地方的增值税收入增加,再加上其他税收收入的影响(进口关税、出口退税、直接税等),各区域中央和地方财政收入均是增加的。由于各区域要素需求存在较大的差异,增值税收入也会存在较大的差异,在提升生产用水效率时对各区域其他税收收入也会存在差异。因此各区域中央和地方财政收入会存在较大的差异。在多种因素的共同作用下:西南区域中央和地方财政收入变化率均最大(0.056443%、0.025359%),西北区域中央财政收入变化率最小(0.008124%),华南区域地方财政收入变化率最小(0.004077%)。由于地方财政收入的增加,会更加关注生态文明的建设,另外从来源上说,生产用水节约的水资源可以用于生态用水,因此各区域对生态用水的需求也增加。由于西南区域地方财政收入变化率最大,因此西南区域生态用水需求变化率最大(0.025359%);由于华南区域地方财政收入变化率最小,因此华南区域生产用水需求变化率最小(0.004077%)。

由于本书在 CGE 模型的闭合规则中,选择了污水排放量外生给定,因此无论农业用水效率如何变化,污水排放量均保持不变,这也从侧面说明本书的模拟结果是正确的。

总之,农用水效率提升 1% 的政策可以减少生产用水需求,并且能够促进经济增长。

第四节　单项政策的敏感性分析

由于不同的 CES(CET)函数弹性参数、政策冲击强度以及闭合规则会对模拟产生较大的影响(赵永和王敬峰,2008),因此本书从 CES(CET)函数弹性参数、政策冲击强度和闭合规制等三个方面对模拟结果进行敏感性分析。

一、弹性参数方面

由于不同的研究者采用不同的弹性参数[①],因此同样是对水资源政策进行模

[①] 实际上,弹性参数一般根据计量方法获取,样本的数据不一样或者采用的计量方法不一样,均可能导致获得的弹性参数不一样。另外,关于 CES(CET)函数的弹性参数与替代弹性之间的关系的推导过程可参见张欣(2010)的论文。

拟研究，得到的结果也不一样（段志刚，2004；李善同与许益新，2004；邓群等，2008；李国军，2011；李昌彦等，2014），本书对贸易函数（CET或者CES）弹性参数进行相应的敏感性分析①。

改变贸易函数弹性参数会影响进口、国内其他区域调入、区域内生产区域内销售这三者之间商品的替代性，也会影响出口、调出到国内其他区域、区域内生产区域内销售这三者之间商品的替代性，因此可以预期改变贸易函数弹性参数会对农业进口税率降低1%、农业出口补贴率降低1%等政策模拟结果带来比较大的影响，甚至可能改变正负方向，而对其他政策的影响会比较小②。

由于弹性参数可以增加也可以减少，因此本章考虑所有的贸易函数弹性参数分别减少10%、8%、6%、4%、2%，以及增加2%、4%、6%、8%、10%对模拟结果的影响③。另外，本书对弹性参数的敏感性分析侧重于分析采用不同政策时调整贸易弹性参数对各区域真实GDP以及生产用水需求方面的影响。

（一）jinkoun政策

jinkoun政策的模拟结果如图7.1、图7.2所示。

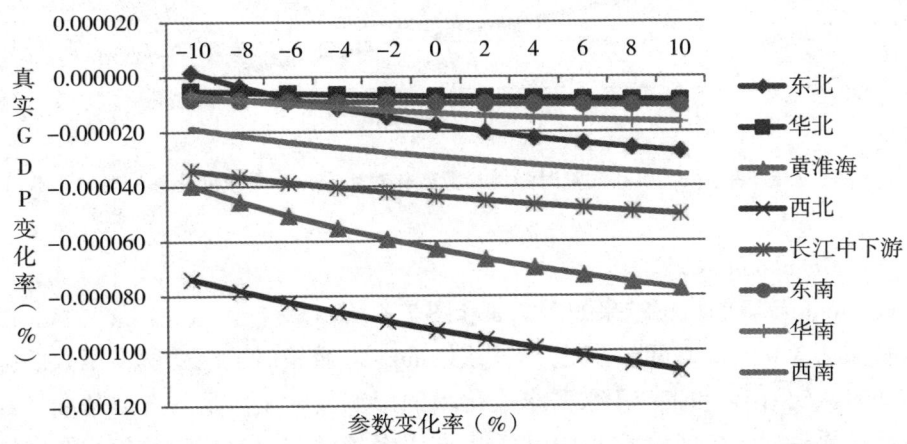

图7.1 采用jinkoun政策时弹性参数变化对真实GDP变化率的影响

---

① 由于生产函数与居民消费的效应函数可以采用CES函数，也可以采用柯布—道格拉斯函数、列昂惕夫函数，并且后面这两种函数的弹性是常数，其值分别等于零与无穷大，另外本书研究的问题侧重于贸易政策，因此本书对生产函数与居民消费的效应函数的弹性参数不做敏感性分析。实际上，本书为了使GAMS程序能够正常运行，生产函数与居民消费的效应函数采用的就是柯布—道格拉斯函数。

② 图7.1—图7.16中如果各区域的真实GDP和水资源需求变化率近似为一条直线，表明弹性参数的改变对其影响较小；否则较大。

③ 用0%表示弹性参数未改变。

从图 7.1 和图 7.2 可以看到，当采用 jinkoun 政策时，改变贸易函数的弹性参数，对真实 GDP 和生产用水需求变化率的影响较大，但是除东北区域外，各区域真实 GDP 和生产用水需求变化率的正负方向与选取基准参数时的模拟结果一致。改变贸易函数的弹性参数时，东北区域先是正值，后面转为负值，在已有的研究中也表明，弹性参数的改变，可能会影响变量的正负方向（陈烨等，2010）。在弹性参数变化范围内，对真实 GDP 和生产用水需求来说，变化率绝对值最大的均是西北区域。

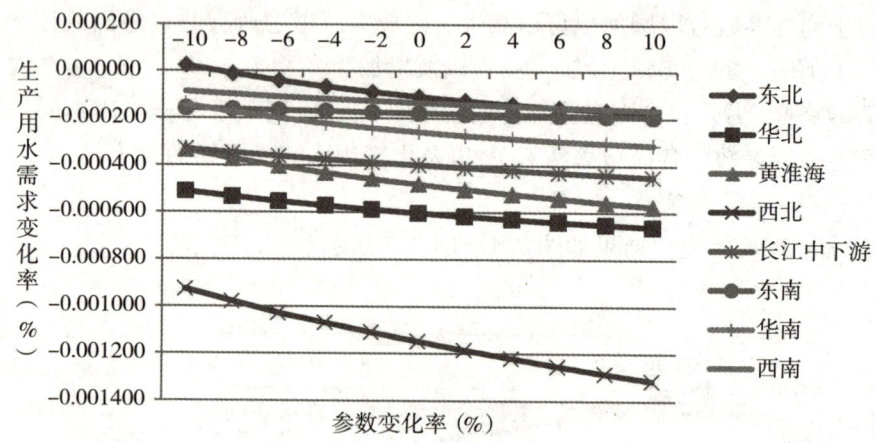

图 7.2 采用 jinkoun 政策时弹性参数变化对生产用水需求变化率的影响

（二）chukoun 政策

Chukoun 政策的模拟结果如图 7.3 和图 7.4 所示。

从图 7.3 和图 7.4 可以看到，当采用 chukoun 政策时，改变贸易函数的弹性参数，对真实 GDP 和生产用水需求变化率的影响较大，但是与选取基准参数时的模拟结果一样，各区域真实 GDP 和生产用水需求变化率仍为负值。在弹性参数变化范围内，对真实 GDP 来说，变化率绝对值最大的是西北区域；对生产用水需求来说，变化率绝对值较大的是华北和西北区域。

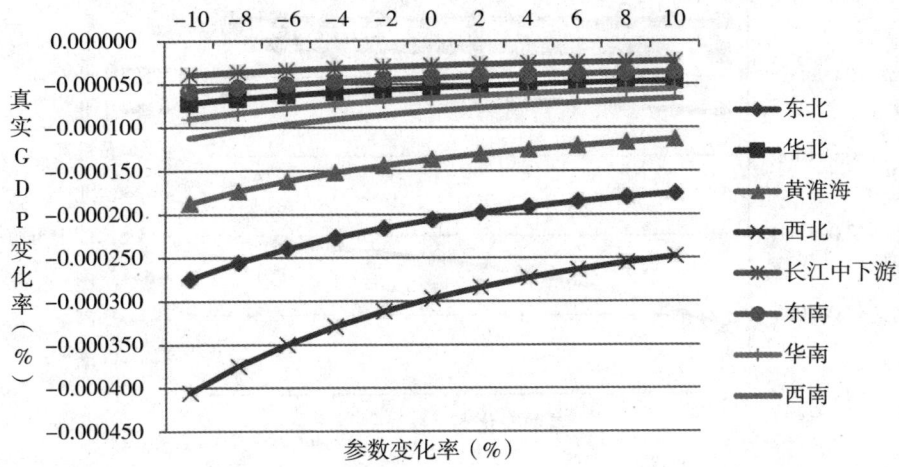

图 7.3 采用 chukoun 政策时弹性参数变化对真实 GDP 变化率的影响

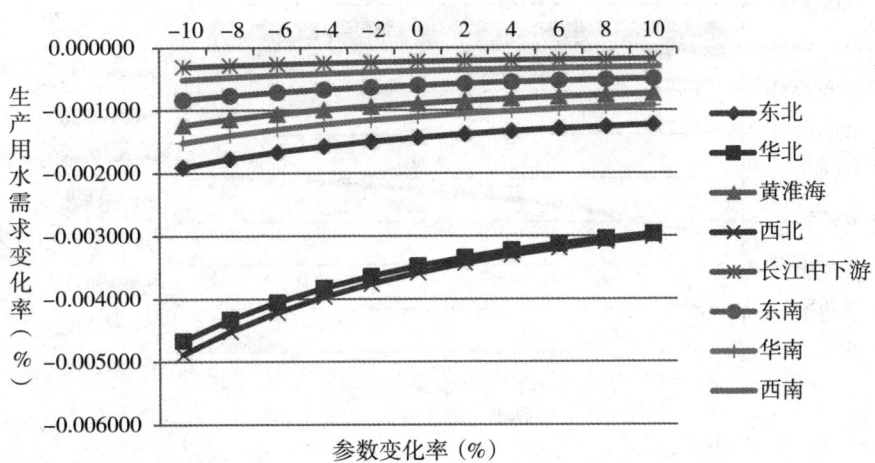

图 7.4 采用 chukoun 政策时弹性参数变化对生产用水需求变化率的影响

（三）sj 政策

sj 政策的模拟结果如图 7.5 和图 7.6 所示。

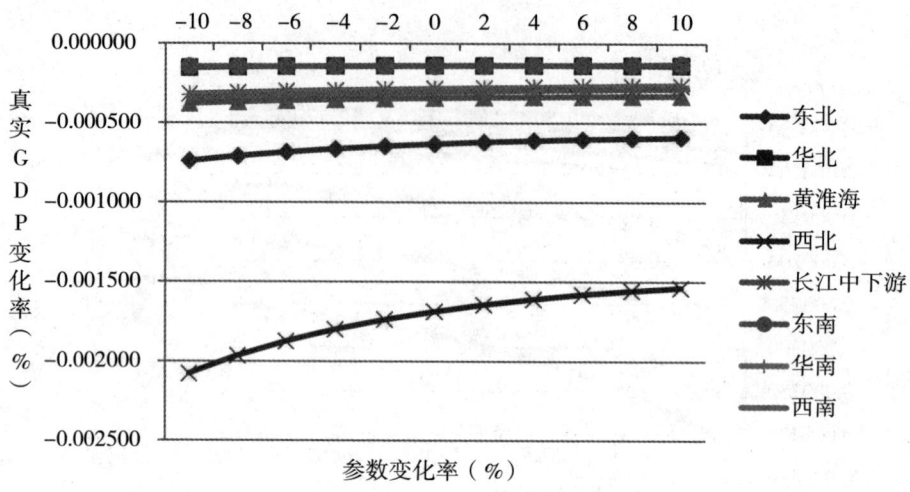

图 7.5 采用 sj 政策时弹性参数变化对真实 GDP 变化率的影响

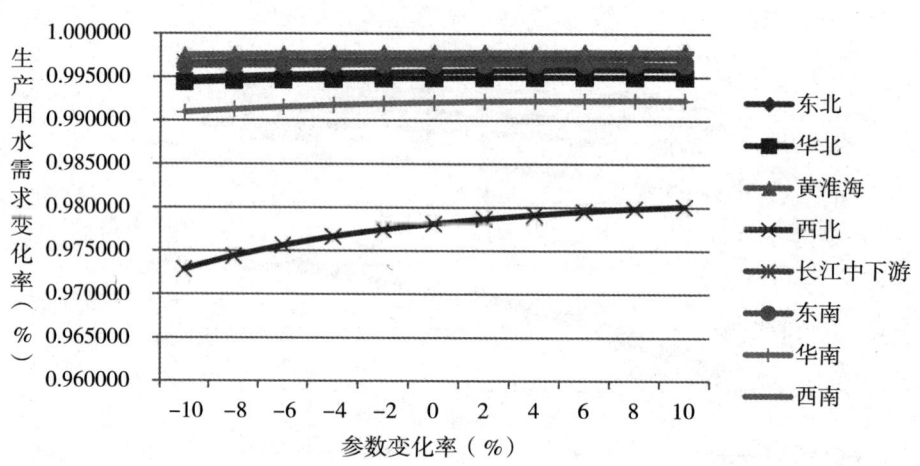

图 7.6 采用 sj 政策时弹性参数变化对生产用水需求变化率的影响

从图 7.5 和图 7.6 可以看到，当采用 sj 政策时，改变贸易函数的弹性参数，对真实 GDP 和生产用水需求变化率的影响较小，并且与选取基准参数时的模拟结果一样，各区域真实 GDP 变化率仍为负值，生产用水需求变化率仍为正值，不过由于生产用水需求变化率均小于 1%，这表明生产用水需求价值量的增加幅度小于生产用水水价上升的幅度，即 sj 政策节约了生产用水实物量。在弹性参数变化范围内，对真实 GDP 来说，变化率绝对值最大的是西北区域；对生产用水需求来说,变化率最大的是西北区域。

(四) sljs 政策

当采用 sljs 政策时,生产用水量减少 1%,并且为了使水市场发挥作用,固定了生产用水量,因此无论弹性参数如何变化,各区域生产用水需求变化率均是减少 1%,因此省略了相应的图形。弹性参数变化对真实 GDP 变化率的影响如图 7.7 所示。

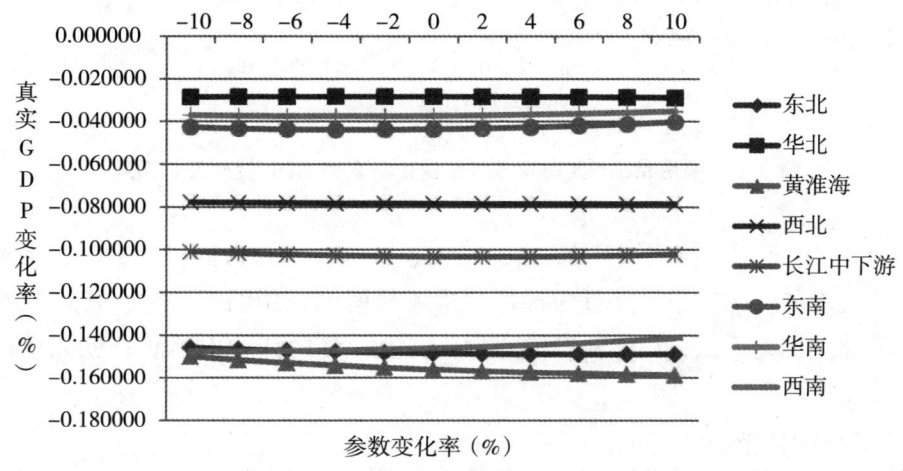

图 7.7　采用 sljs 政策时弹性参数变化对真实 GDP 变化率的影响

从图 7.7 可以看到,当采用 sljs 政策时,改变贸易函数的弹性参数,对真实 GDP 变化率的影响较小,并且与选取基准参数时的模拟结果一样,各区域真实 GDP 变化率仍为负值;在弹性参数变化范围内,对真实 GDP 来说,变化率绝对值最大的是黄淮海区域。

(五) slzj 政策

当采用 slzj 政策时,生产用水量增加 1%,并且为了使水市场发挥作用,固定了生产用水量,因此无论弹性参数如何变化,各区域生产用水需求变化率均是增加 1%,因此省略了相应的图形。弹性参数变化对真实 GDP 变化率的影响如图 7.8 所示。

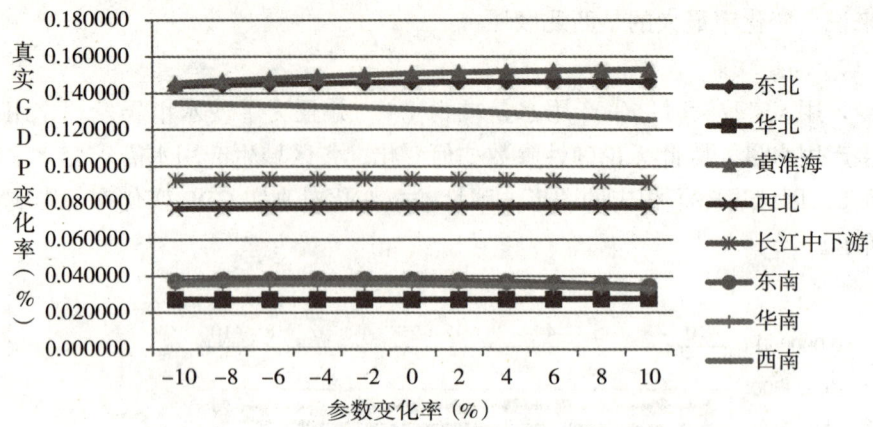

图 7.8 采用 slzj 政策时弹性参数变化对真实 GDP 变化率的影响

从图 7.8 可以看到，当采用 slzj 政策时，改变贸易函数的弹性参数，对真实 GDP 变化率的影响较小，并且与选取基准参数时的模拟结果一样，各区域真实 GDP 变化率仍为正值；在弹性参数变化范围内，对真实 GDP 来说，变化率较大的是东北和黄淮海区域。

（六）szysn 政策

szysn 政策的模拟结果如图 7.9 和图 7.10 所示。

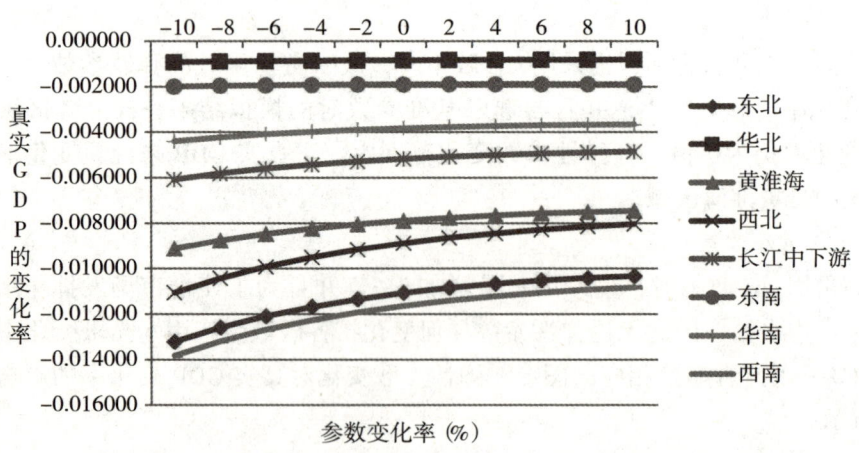

图 7.9 采用 szysn 政策时弹性参数变化对真实 GDP 变化率的影响

第七章 中国多区域虚拟水贸易政策的 CGE 模拟研究

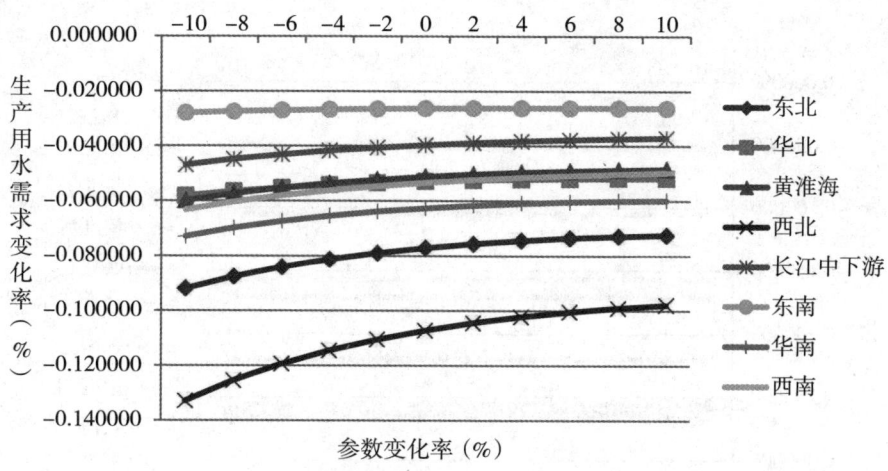

图 7.10 采用 szysn 政策时弹性参数变化对生产用水需求变化率的影响

从图 7.9 和图 7.10 可以看到，当采用 szysn 政策时，改变贸易函数的弹性参数，对真实 GDP 和生产用水需求变化率的影响较小，并且与选取基准参数时的模拟结果一样，各区域真实 GDP 和生产用水需求变化率仍为负值。在弹性参数变化范围内，对真实 GDP 来说，变化率绝对值最大的是西南区域；对生产用水需求来说，变化率绝对值最大的是西北区域。

（七）ysxln 政策

ysxln 政策的模拟结果如图 7.11 和图 7.12 所示。

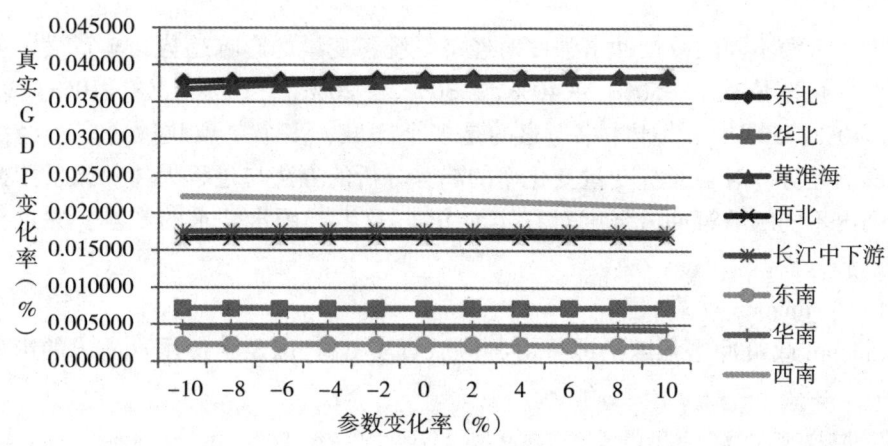

图 7.11 采用 ysxln 政策时弹性参数变化对真实 GDP 变化率的影响

169

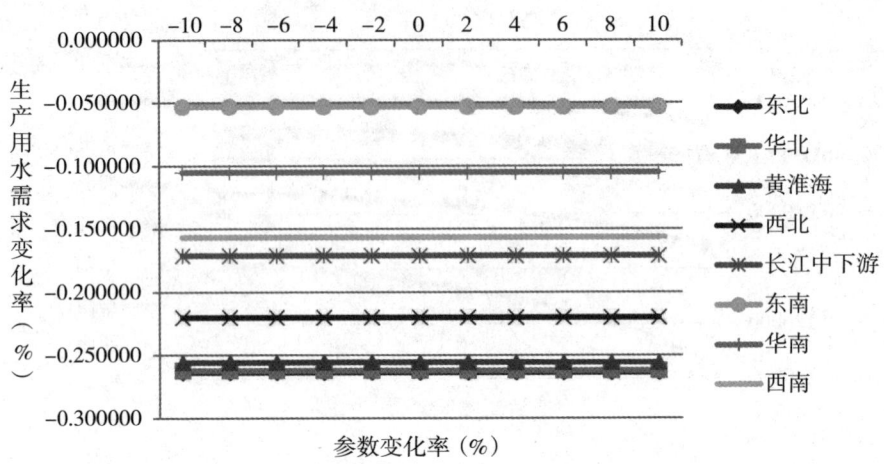

图 7.12 采用 ysxln 政策时弹性参数变化对生产用水需求变化率的影响

从图 7.11 和图 7.12 可以看到,当采用 ysxln 政策时,改变贸易函数的弹性参数,对真实 GDP 和生产用水需求变化率的影响较小,并且与选取基准参数时的模拟结果一样,各区域真实 GDP 变化率仍为正值,生产用水需求变化率仍是负值。在弹性参数变化范围内,对真实 GDP 来说,变化率较大的是东北和黄淮海区域;对生产用水需求来说,变化率绝对值较大的是东北、华北和黄淮海区域(三者大致重合)。

二、政策冲击强度方面

为了考察不同的政策冲击强度对经济系统各变量的影响趋势,本章设定各政策强度变化率依次为 -50%、-40%、-30%、-20%、-10%、0%、10%、20%、30%、40%、50%[①]。由于本书考察的是多个区域、多个单项政策对多个经济变量的影响趋势,对各经济变量变化率的趋势分析的方法与过程大体一致,因此这里只列出不同的政策冲击强度对真实 GDP 以及生产用水需求的影响,并进行相应的趋势分析。

(一)jinkoun 政策

jinkoun 政策冲击强度的改变对各区域真实 GDP 以及生产用水需求的影响如

---

① 增加方向对应的政策强度依次为 0.5%、0.6%、0.7%、0.8%、0.9%、1%、1.1%、1.2%、1.3%、1.4%、1.5%,减少方向对应的政策强度依次为 -1.5%、-1.4%、-1.3%、-1.2%、-1.1%、-1%、-0.9%、-0.8%、-0.7%、-0.6%、-0.5%。

图 7.13 和图 7.14 所示。

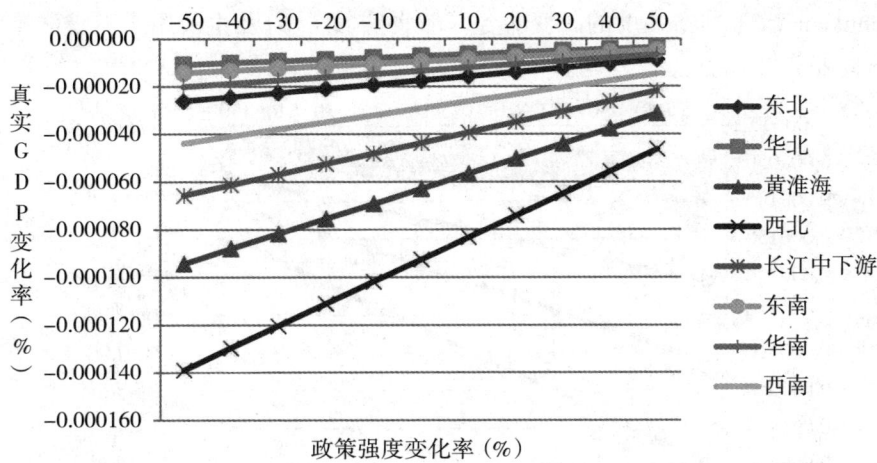

图 7.13 jinkoun 政策冲击强度的改变对各区域真实 GDP 的影响

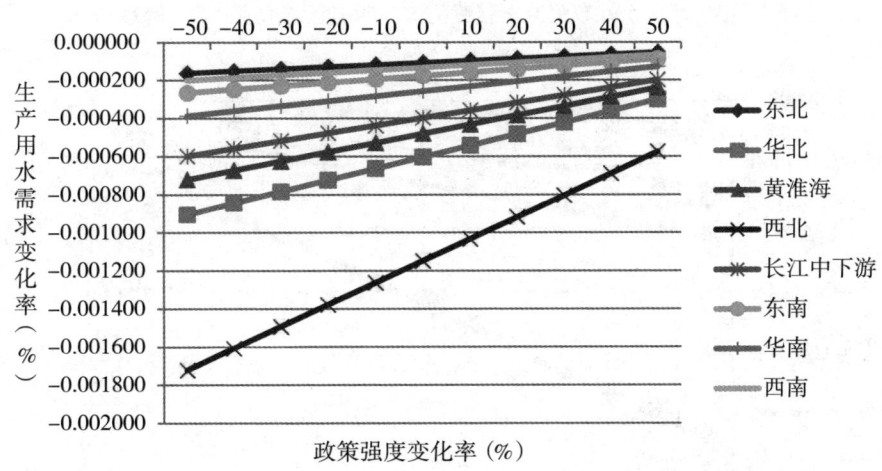

图 7.14 jinkoun 政策冲击强度的改变对各区域生产用水需求的影响

从图 7.13 和图 7.14 可以看到,当政策强度在 [-1.5%,-0.5%] 范围内时,jinkoun 政策冲击强度的改变对各区域真实 GDP 以及生产用水需求的影响均为负,即抑制了各区域真实 GDP 的增长,但是可以节约生产用水需求,并且随着政策强度的增加,变化率的绝对值越小。对真实 GDP 和生产用水需求来说,变化率绝对值最大的均是西北区域。

(二) chukoun 政策

chukoun 政策冲击强度的改变对各区域真实 GDP 以及生产用水需求的影响如图 7.15 和图 7.16 所示。

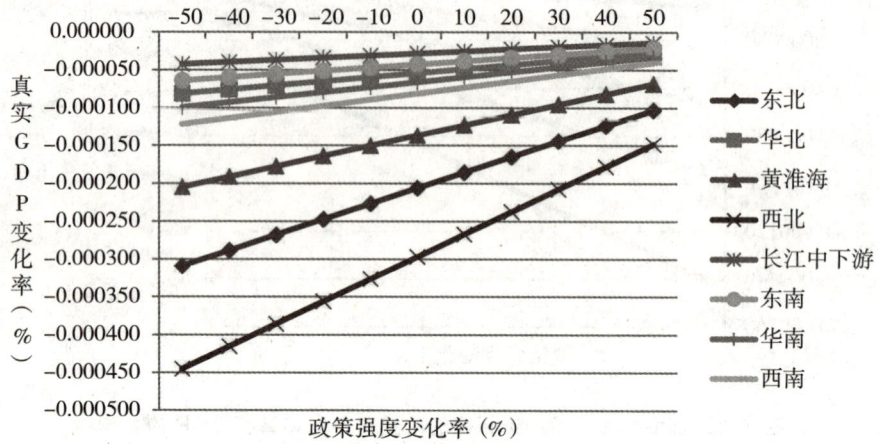

图 7.15　chukoun 政策冲击强度的改变对各区域真实 GDP 的影响

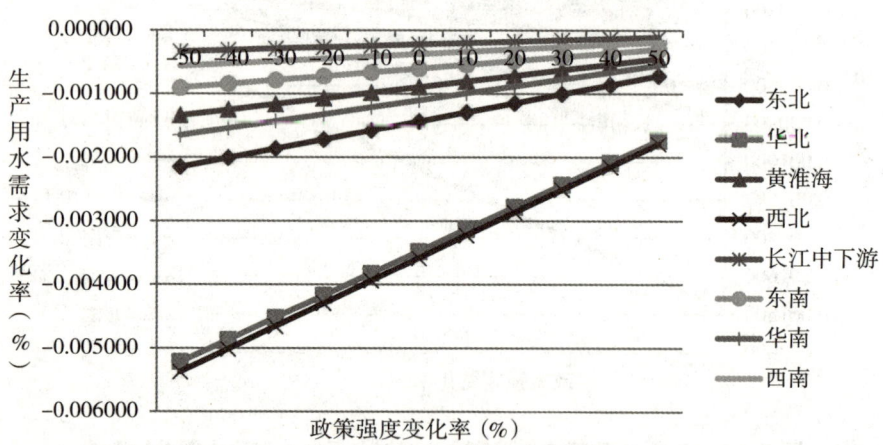

图 7.16　chukoun 政策冲击强度的改变对各区域生产用水需求的影响

从图 7.15 和图 7.16 可以看到，当政策强度在 [-1.5%，-0.5%] 范围内时，chukoun 政策冲击强度的改变对各区域真实 GDP 以及生产用水需求的影响均为负，即抑制了各区域真实 GDP 的增长，但是可以节约生产用水需求，并且随着政策强度的增加，变化率的绝对值越小。对真实 GDP 来说，变化率绝对值最大的是西北区域；对生产用水需求来说，变化率绝对值较大的是华北和西北区域

(图 7.16 中两者几乎重合)。

（三）sj 政策

sj 政策冲击强度的改变对各区域真实 GDP 以及生产用水需求的影响如图 7.17 和图 7.18 所示。

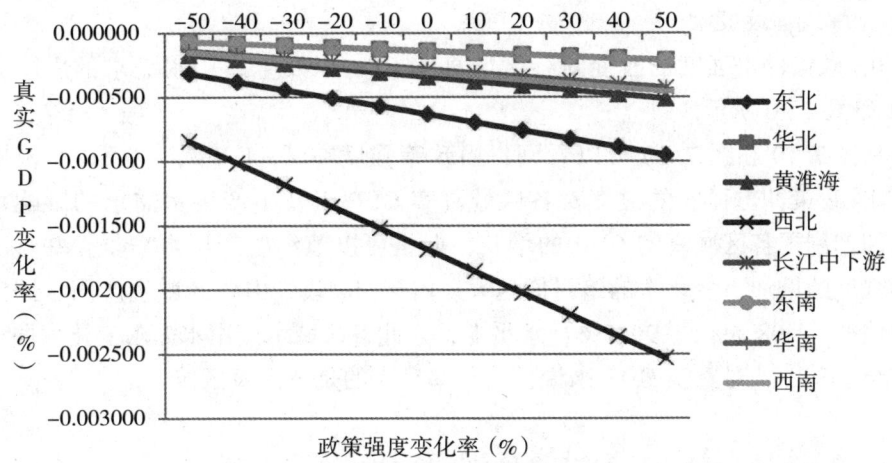

图 7.17　sj 政策冲击强度的改变对各区域真实 GDP 的影响

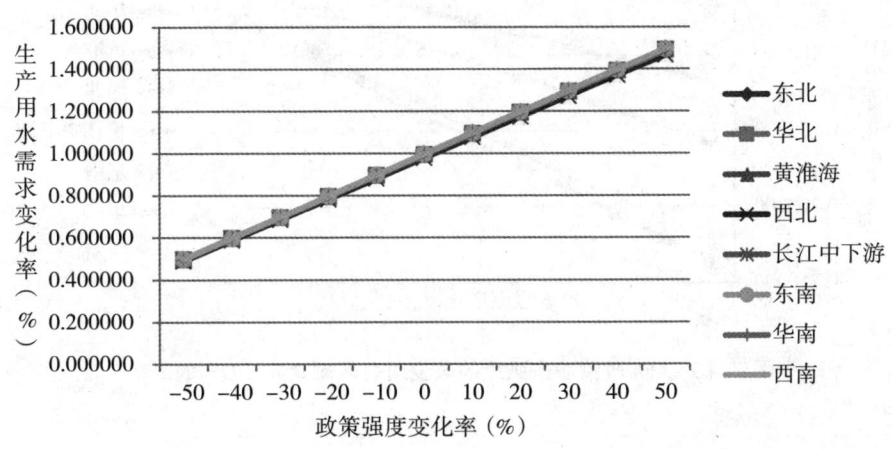

图 7.18　sj 政策冲击强度的改变对各区域生产用水需求的影响

从图 7.17 和图 7.18 可以看到，当政策强度在 [0.5%，1.5%] 范围内时，sj 政策冲击强度的改变对各区域真实 GDP 的影响为负，对生产用水需求的影响为正，但是生产用水需求的变化率小于对应的政策强度①，这说明生产用水的实物量仍是减少的，即抑制了各区域真实 GDP 的增长，但是可以节约生产用水需求，并且随着政策强度的增加，变化率的绝对值越大。对真实 GDP 和生产用水需求来说，变化率最大的均是西北区域。

（四）sljs 政策

sljs 政策冲击强度的改变对各区域真实 GDP 以及生产用水需求的影响如图 7.19 和图 7.20 所示。

从图 7.19 和图 7.20 可以看到，当政策强度在 [-1.5%，-0.5%] 范围内时，sljs 政策冲击强度的改变对各区域真实 GDP 以及生产用水需求的影响均为负，即抑制了各区域真实 GDP 的增长，但是可以节约生产用水需求，并且随着政策强度的增加，变化率的绝对值越大。由于 sljs 政策中各区域生产用水固定在初始值的 [-98.5%，-99.5%] 水平上，因此各区域生产用水需求变化率曲线完全重合。其中，对真实 GDP 来说，变化率最大的是黄淮海区域。

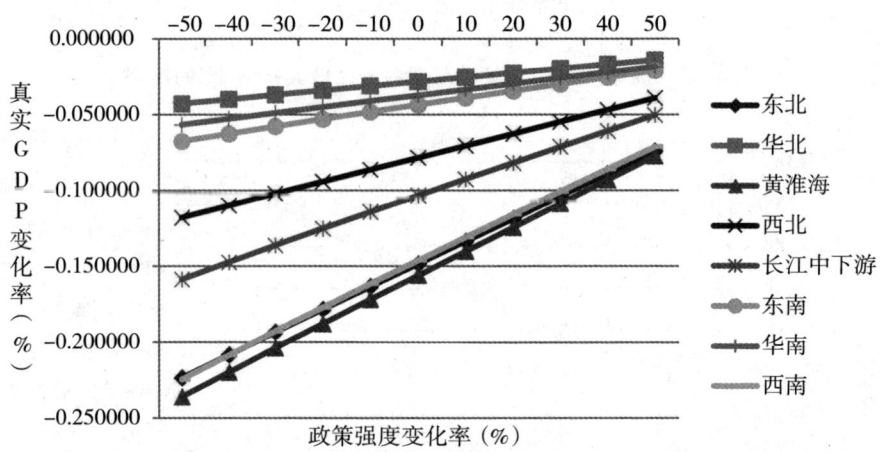

图 7.19　sljs 政策冲击强度的改变对各区域真实 GDP 的影响

---

① 东北区域的 sj 政策强度为 0.5% 时，生产用水需求变化率为 0.497838%，即小于 0.5%，其他区域类似。

第七章　中国多区域虚拟水贸易政策的 CGE 模拟研究

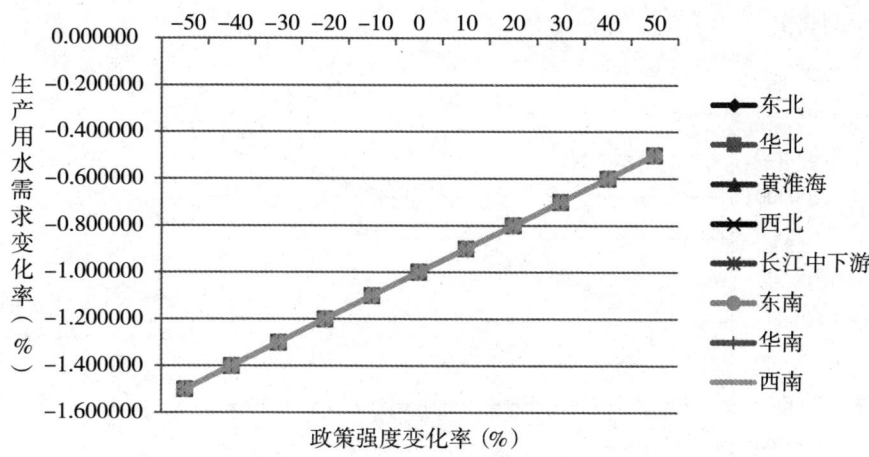

图 7.20　sljs 政策冲击强度的改变对各区域生产用水需求的影响

（五）slzj 政策

slzj 政策冲击强度的改变对各区域真实 GDP 以及生产用水需求的影响如图 7.21 和图 7.22 所示。

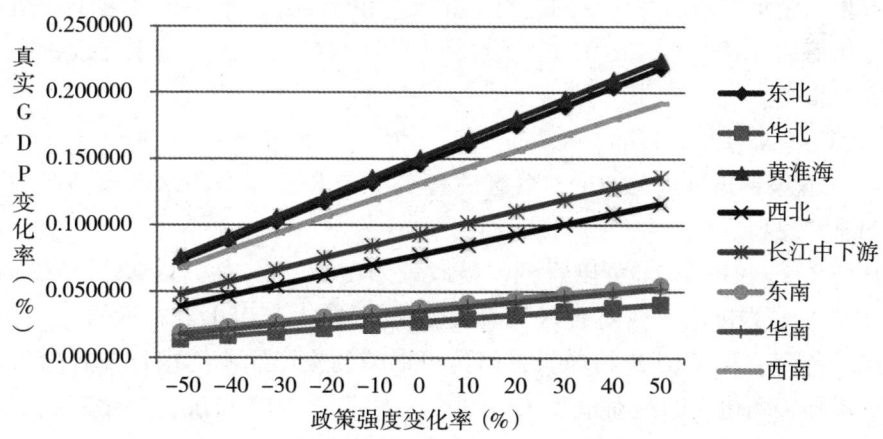

图 7.21　slzj 政策冲击强度的改变对各区域真实 GDP 的影响

从图 7.21 可以看到，当政策强度在 [0.5%，1.5%] 范围内时，slzj 政策冲击强度的改变对各区域真实 GDP 的影响均为正，随着政策强度的增加，各区域真实 GDP 变化率变大。其中，东北和黄淮海区域的真实 GDP 变化率较大（图

175

7.21 中两者几乎重合)。

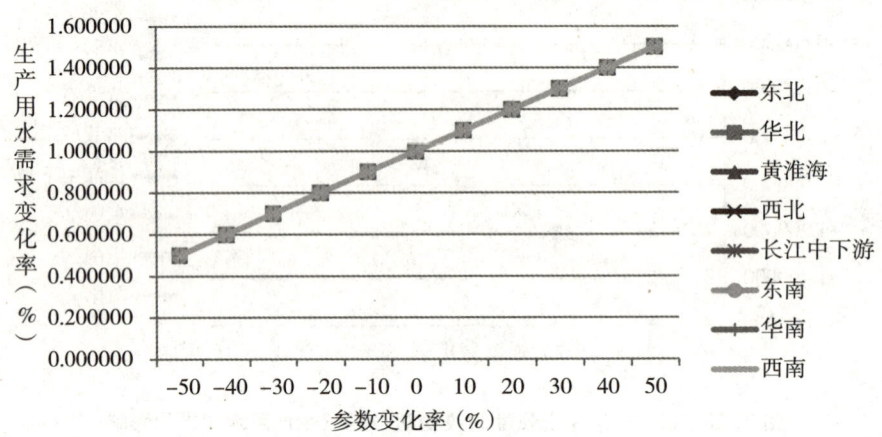

图 7.22　slzj 政策冲击强度的改变对各区域生产用水需求的影响

从图 7.22 可以看到,当政策强度在 [0.5%,1.5%] 范围内时,slzj 政策冲击强度的改变对各区域生产用水需求的影响均为正,并且随着政策强度的增加,各区域生产用水需求的变化率的绝对值越大。由于 slzj 政策中各区域生产用水固定在初始值的 [100.5%,101.5%] 水平上,因此各区域生产用水需求量变化率曲线完全重合。

(六) szysn 政策

szysn 政策冲击强度的改变对各区域真实 GDP 以及生产用水需求的影响如图 7.23 和图 7.24 所示。

从图 7.23 和图 7.24 可以看到,当政策强度在 [0.5%,1.5%] 范围内时,szysn 政策冲击强度的改变对各区域真实 GDP 以及生产用水需求的影响均为负,即抑制了各区域真实 GDP 的增长,但是可以节约生产用水需求,并且随着政策强度的增加,变化率的绝对值加大。其中,对真实 GDP 来说,变化率最大的区域是西南区域;对生产用水需求来说,变化率最大的是西北区域。

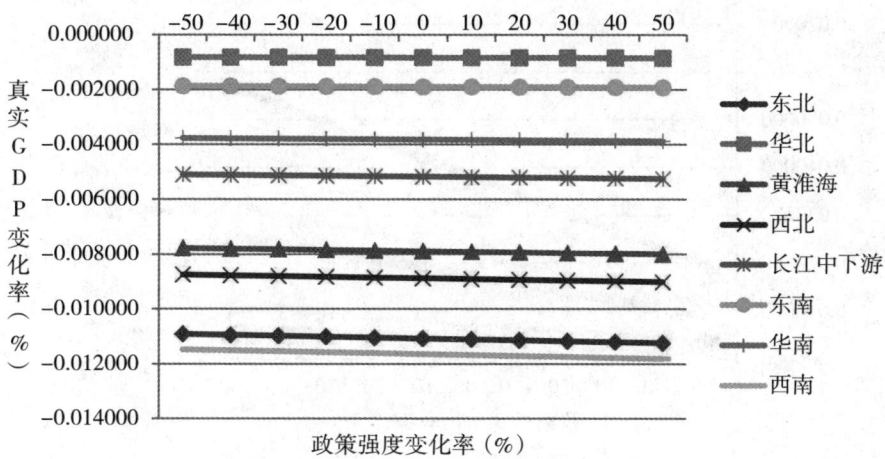

图 7.23 szysn 政策冲击强度的改变对各区域真实 GDP 的影响

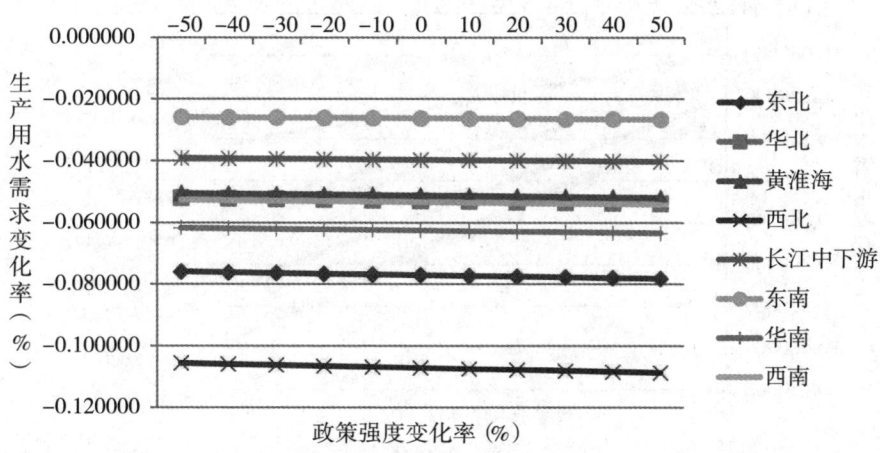

图 7.24 szysn 政策冲击强度的改变对各区域生产用水需求的影响

（七）ysxln 政策

ysxln 政策冲击强度的改变对各区域真实 GDP 以及生产用水需求的影响如图 7.25 和图 7.26 所示。

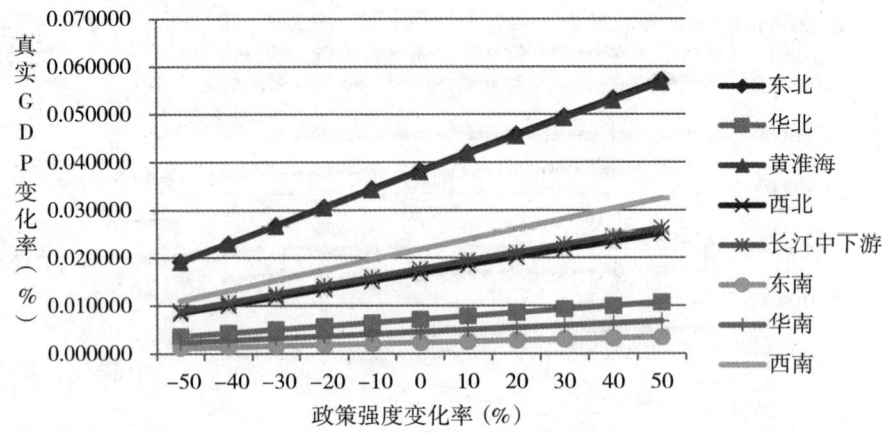

图 7.25 ysxln 政策冲击强度的改变对各区域真实 GDP 的影响

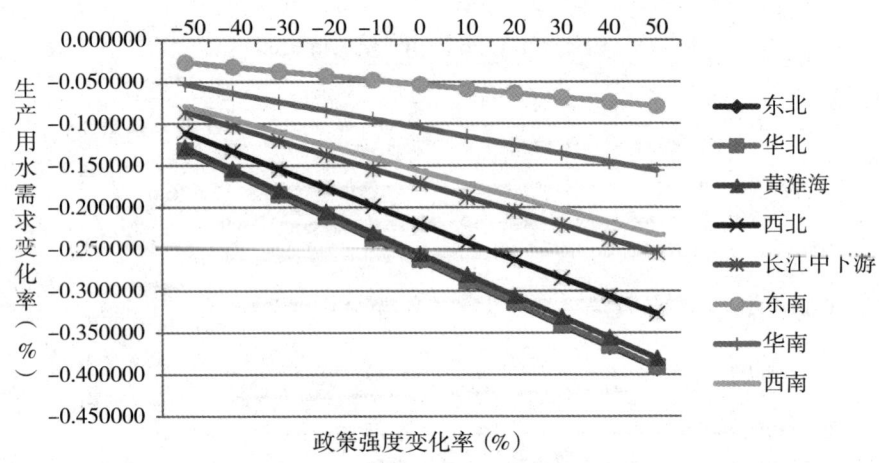

图 7.26 ysxln 政策冲击强度的改变对各区域生产用水需求的影响

从图 7.25 和图 7.26 可以看到，当政策强度在 [0.5%，1.5%] 范围内时，ysxln 政策冲击强度的改变对各区域真实 GDP 的影响为正，但是对生产用水需求的影响均为负，即促进了各区域真实 GDP 的增长，同时可以节约生产用水需求，并且随着政策强度的增加，变化率的绝对值加大。其中，对真实 GDP 来说，变化率较大的区域是东北和黄淮海区域（图 7.25 中两者几乎重合）；对生产用水需求来说，变化率较大的是东北、华北和黄淮海区域（图 7.26 中三者几乎重合）。

三、闭合规则方面

在水资源政策模拟的研究中，部分研究者对 CGE 模型的闭合规则提出了不同的看法（王克强等，2011；李昌彦等，2014），他们认为不但劳动力价格外生，而且资本价格也外生，也就是资本供给量自由供给[①]，即劳动力与资本市场上均满足凯恩斯闭合条件，因此本书将原来的闭合规则中的资本供给量外生换成资本价格外生，其他闭合规则仍保持不变，在这种闭合规则情况下对水资源政策进行闭合规则的敏感性分析。模拟结果如表 7.4 所示。

对比表 7.3 和表 7.4 中的模拟结果可以发现，选取不同的闭合规则会影响到模拟结果。一般情况下，资本自由供给时经济变量受到政策冲击时的影响较大（变化率的绝对值较大）。下面说明具体政策在不同闭合规则下对经济变量的影响。

（一）jinkoun 政策方面

表 7.4 与表 7.3 中正负方向一致的经济变量有进口、调出到国内其他地区的商品、中央财政收入、资本需求、生产用水需求、非农部门总产出、污水治理部门产出、排污量，其他经济变量的方向则出现了不一致的现象。

（二）chukoun 政策方面

表 7.4 与表 7.3 中正负方向一致的经济变量有出口、进口、城镇和农村居民消费、城镇和农村居民收入、中央财政收入、劳动力需求、资本需求、水资源需求、农业部门总产出、非农部门总产出、生活用水需求、排污量，其他经济变量的方向则出现了不一致的现象。

（三）sj 政策方面

表 7.4 与表 7.3 中正负方向一致的经济变量有真实 GDP、城镇和农村居民消费、城镇和农村居民收入、中央财政收入、地方财政收入、劳动力需求、资本需求、生产用水需求、农业部门总产出、生活用水需求、生态用水需求、排污量，其他经济变量的方向则出现了不一致的现象。

[①] 此时各区域资本要素可以有剩余，也可以从外区域或者国外借入资本来满足自身的不足，在各区域资本不紧缺或者虽然资本缺乏但是能够得到及时补给的情况下做这种假设也是合理的。不过在本书的基准闭合规则情况下，即使各区域资本供给量保持不变，水资源政策的实施也能促进（或者不利于）经济增长，这更能体现水资源政策的作用。

表 7.4　　　　　　　　　　　闭合规则敏感性分析的模拟结果

单位：亿元，亿吨，%

变量	区域	基期值	jinkoun	ch.koun	sj	sljs	slzj	szysn	ysxln
1. 真实GDP	东北	29437.25	0.000022	-0.000019	-0.001914	-0.508277	0.489027	-0.000368	0.138582
	华北	20142.15	0.000098	-0.000013	-0.002899	-0.563964	0.545348	-0.000487	0.149371
	黄淮海	62080.48	0.000005	0.000046	-0.000728	-0.356923	0.334158	0.003305	0.098680
	西北	13368.30	-0.000039	-0.000063	-0.004702	-0.234451	0.223131	0.000000	0.062520
	长江中下游	49692.55	-0.000008	0.000014	-0.002485	-0.941119	0.944451	0.003340	0.160772
	东南	40252.58	0.000002	0.000027	-0.004932	-1.163656	1.185118	0.001574	0.062757
	华南	38285.06	-0.000021	0.000052	-0.003947	-0.522790	0.518932	0.003771	0.057415
	西南	22110.53	0.000003	-0.000068	-0.003199	-0.842612	0.835652	-0.010630	0.133289
2. 出口	东北	3954.16	0.000132	-0.001352	0.000093	0.016328	-0.032716	0.037641	0.028207
	华北	7594.77	0.000120	-0.000230	-0.002827	-0.548791	0.533039	0.001616	0.147754
	黄淮海	9624.01	0.000513	-0.000911	0.000457	0.212537	-0.221110	0.016984	-0.023839
	西北	1424.15	0.000556	-0.003342	0.002109	0.099739	-0.105735	0.025765	0.021301
	长江中下游	15673.27	0.000329	-0.000045	-0.001152	-0.418216	0.456856	0.019421	0.091858
	东南	24686.67	0.000042	0.000004	-0.005256	-1.227031	1.275915	0.005597	0.067912
	华南	22238.65	0.000037	0.000103	-0.001121	-0.146212	0.149447	0.016917	0.022794
	西南	1427.28	0.000122	-0.001441	-0.004287	-1.126309	1.121499	0.015617	0.184877
3. 进口	东北	4009.69	0.000537	-0.000252	-0.000337	-0.086752	0.088746	-0.010218	0.028808
	华北	6932.92	0.000194	-0.000004	-0.001264	-0.245593	0.238086	0.000146	0.065191
	黄淮海	8926.48	0.000872	-0.000119	-0.000206	-0.091978	0.102982	-0.004405	0.026965
	西北	1411.86	0.001167	-0.000185	-0.000848	-0.041881	0.040652	-0.002050	0.014364

第七章 中国多区域虚拟水贸易政策的 CGE 模拟研究

续表

变量	区域	基期值	jinkoun	chukoun	sj	sljs	slzj	szysn	ysxln
3. 进口	长江中下游	11754.60	0.000431	−0.000013	0.000396	0.165112	−0.134414	−0.002402	−0.018725
	东南	15799.41	0.000074	0.000018	−0.000850	−0.190052	0.215979	0.000891	0.011831
	华南	16053.50	0.000148	0.000046	0.000263	0.036132	−0.031236	0.002852	−0.000665
	西南	2192.47	0.000432	−0.000079	0.000960	0.260762	−0.242642	−0.010265	−0.037966
4. 调出到国内其他地区的商品	东北	12879.81	0.000286	0.000120	−0.003261	−0.866164	0.832461	−0.007706	0.232403
	华北	12325.09	0.000213	0.000107	−0.004663	−0.907209	0.876636	0.000448	0.239237
	黄淮海	27067.26	0.000385	0.000312	−0.000942	−0.463244	0.429858	0.008937	0.132675
	西北	8283.41	0.000177	0.000269	−0.006705	−0.334190	0.318322	0.001222	0.088020
	长江中下游	18044.88	0.000215	0.000041	−0.004096	−1.539721	1.568794	−0.001518	0.262256
	东南	15952.62	0.000064	0.000081	−0.005653	−1.328731	1.364271	0.001702	0.072476
	华南	14354.28	0.000154	0.000062	−0.006412	−0.846895	0.845869	−0.001432	0.091954
	西南	8037.69	0.000168	−0.000027	−0.005941	−1.553559	1.563156	−0.022478	0.245864
5. 国内其他地区调入的商品	东北	9746.59	−0.000048	−0.000251	−0.000854	−0.219563	0.225146	−0.007453	0.059120
	华北	12633.30	−0.000079	0.000025	−0.001311	−0.254477	0.247146	0.001537	0.067575
	黄淮海	20658.07	−0.000069	−0.000097	0.000356	0.174732	−0.163370	−0.001662	−0.035603
	西北	8464.42	−0.000116	−0.000118	−0.000575	−0.028151	0.027779	−0.000031	0.010288
	长江中下游	16895.77	−0.000052	−0.000014	0.000156	0.081593	−0.035639	0.000845	−0.003460
	东南	22217.60	−0.000016	0.000020	−0.001261	−0.287068	0.313323	0.002497	0.016768
	华南	17015.36	−0.000036	0.000042	0.000529	0.074093	−0.067180	0.005094	−0.003871
	西南	9313.92	−0.000038	−0.000097	−0.000513	−0.122861	0.146605	−0.009904	0.019333

续表

变量	区域	基期值	jinkoun	chukoun	sj	sljs	slzj	szysn	ysxln
6. 城镇居民消费	东北	6541.50	−0.000011	−0.000271	−0.001703	−0.446128	0.441467	−0.014236	0.120406
	华北	2469.80	0.000024	−0.000086	−0.001236	−0.239810	0.233127	−0.001430	0.063278
	黄淮海	9570.37	−0.000093	−0.000192	−0.000711	−0.339168	0.335064	−0.010915	0.088466
	西北	1612.05	−0.000142	−0.000427	−0.004443	−0.218946	0.213591	−0.011912	0.053196
	长江中下游	6309.21	−0.000066	−0.000037	−0.001195	−0.448955	0.458277	−0.006417	0.078901
	东南	4427.47	−0.000015	−0.000059	−0.002024	−0.475799	0.488195	−0.002488	0.025996
	华南	5195.04	−0.000019	−0.000070	−0.000945	−0.124671	0.124927	−0.003931	0.014379
	西南	4047.68	−0.000028	−0.000112	−0.001719	−0.450499	0.451398	−0.016521	0.071571
7. 农村居民消费	东北	1727.67	−0.000016	−0.000426	−0.002814	−0.737441	0.729092	−0.022367	0.199197
	华北	430.77	0.000031	−0.000090	−0.001449	−0.281098	0.273143	−0.001510	0.074213
	黄淮海	3720.34	−0.000158	−0.000326	−0.001199	−0.572282	0.565425	−0.018503	0.149230
	西北	559.80	−0.000214	−0.000645	−0.006712	−0.330733	0.322644	−0.017994	0.080356
	长江中下游	2411.83	−0.000135	−0.000075	−0.002443	−0.917630	0.936685	−0.013116	0.161268
	东南	1218.05	−0.000021	−0.000084	−0.002875	−0.675961	0.693571	−0.003535	0.036933
	华南	1144.32	−0.000062	−0.000227	−0.003070	−0.404811	0.405642	−0.012764	0.046691
	西南	1884.24	−0.000042	−0.000170	−0.002584	−0.677174	0.678515	−0.025034	0.107581
8. 城镇居民收入	东北	11902.81	−0.000011	−0.000271	−0.001703	−0.446056	0.441395	−0.014234	0.120386
	华北	9712.53	0.000023	−0.000084	−0.001208	−0.234449	0.227915	−0.001398	0.061864
	黄淮海	22729.24	−0.000092	−0.000191	−0.000706	−0.336873	0.332796	−0.010841	0.087867
	西北	5450.26	−0.000138	−0.000415	−0.004328	−0.213297	0.208080	−0.011604	0.051823

续表

变量	区域	基期值	jinkoun	chukoun	sj	sljs	slzj	szysn	ysxln
8. 城镇居民收入	长江中下游	17665.27	-0.000065	-0.000036	-0.001182	-0.444032	0.453252	-0.006346	0.078036
	东南	15512.49	-0.000014	-0.000058	-0.001992	-0.468362	0.480563	-0.002449	0.025590
	华南	17390.66	-0.000019	-0.000069	-0.000936	-0.123440	0.123693	-0.003892	0.014237
	西南	10070.81	-0.000028	-0.000111	-0.001703	-0.446132	0.447022	-0.016361	0.070877
9. 农村居民收入	东北	3110.50	-0.000016	-0.000426	-0.002814	-0.737358	0.729011	-0.022364	0.199175
	华北	2019.37	0.000025	-0.000073	-0.001179	-0.228716	0.222243	-0.001229	0.060384
	黄淮海	7355.04	-0.000154	-0.000318	-0.001173	-0.559635	0.552930	-0.018094	0.145932
	西北	1523.03	-0.000198	-0.000597	-0.006207	-0.305848	0.298367	-0.016640	0.074310
	长江中下游	5525.87	-0.000131	-0.000072	-0.002362	-0.887294	0.905718	-0.012682	0.155936
	东南	3927.37	-0.000019	-0.000077	-0.002661	-0.625443	0.641737	-0.003271	0.034172
	华南	3956.14	-0.000057	-0.000208	-0.002817	-0.371464	0.372227	-0.011712	0.042844
	西南	3616.26	-0.000042	-0.000167	-0.002533	-0.663835	0.665149	-0.024541	0.105461
10. 中央财政收入	东北	1961.93	-0.001367	0.001281	-0.000815	-0.215651	0.209087	0.001738	0.058580
	华北	3405.82	-0.000344	0.000263	-0.001914	-0.372189	0.360047	0.000129	0.098645
	黄淮海	3139.79	-0.003483	0.001194	-0.000248	-0.118372	0.116542	0.001684	0.030901
	西北	700.88	-0.003410	0.002650	-0.001741	-0.086589	0.082812	0.001657	0.021390
	长江中下游	2961.46	-0.001993	0.000262	-0.000481	-0.177663	0.187569	-0.000475	0.030337
	东南	3657.55	-0.000343	0.000280	-0.001295	-0.303253	0.314121	0.000508	0.016579
	华南	2871.80	-0.000945	0.000450	-0.000955	-0.126000	0.126947	-0.000069	0.013631
	西南	1143.25	-0.001159	0.000570	-0.000717	-0.186215	0.189917	-0.001271	0.029967

续表

变量	区域	基期值	jinkoun	chukoun	sj	sljs	sljj	szysn	ysxln
11. 地方财政收入	东北	3699.04	0.000004	0.000013	-0.000189	-0.050092	0.048257	0.057311	0.013864
	华北	2030.68	0.000034	0.000003	-0.000949	-0.184513	0.178606	0.009972	0.048943
	黄淮海	4631.78	0.000007	0.000024	-0.000131	-0.063874	0.060242	0.086541	0.018317
	西北	3717.51	0.000002	0.000030	-0.001365	-0.068258	0.064611	0.025316	0.018918
	长江中下游	4920.93	0.000003	0.000007	-0.000647	-0.242522	0.248255	0.055403	0.041764
	东南	3192.65	0.000002	0.000018	-0.001944	-0.457041	0.468565	0.027011	0.024707
	华南	2935.80	-0.000004	0.000026	-0.001106	-0.146019	0.145718	0.045272	0.015988
	西南	3611.69	0.000003	-0.000003	-0.000441	-0.115515	0.115935	0.051664	0.018402
12. 劳动力需求	东北	11997.24	-0.000017	-0.000389	-0.002355	-0.616643	0.610630	-0.020456	0.166313
	华北	4648.05	0.000057	-0.000208	-0.002963	-0.574860	0.558867	-0.003465	0.151678
	黄淮海	17645.98	-0.000185	-0.000382	-0.001390	-0.663175	0.655469	-0.021740	0.172792
	西北	4335.70	-0.000250	-0.000762	-0.007244	-0.356578	0.348661	-0.021544	0.085685
	长江中下游	14928.65	-0.000129	-0.000073	-0.002104	-0.790437	0.806634	-0.012858	0.139180
	东南	9332.15	-0.000033	-0.000135	-0.003997	-0.939540	0.964114	-0.005763	0.051401
	华南	8537.50	-0.000064	-0.000250	-0.002842	-0.374728	0.375717	-0.014123	0.043533
	西南	7549.14	-0.000060	-0.000230	-0.003166	-0.829647	0.831132	-0.033694	0.131762
13. 资本需求	东北	16318.54	0.000049	0.000235	-0.001611	-0.429374	0.409894	0.013465	0.119827
	华北	14685.54	0.000110	0.000043	-0.002885	-0.561129	0.542776	0.000366	0.148970
	黄淮海	42066.70	0.000080	0.000217	-0.000457	-0.226375	0.207175	0.013255	0.068586
	西北	8509.26	0.000062	0.000271	-0.003498	-0.176080	0.164304	0.010309	0.051593

第七章　中国多区域虚拟水贸易政策的CGE模拟研究

续表

变量	区域	基期值	jinkoun	chukoun	sj	sljs	slzj	szysn	ysxln
13. 资本需求	长江中下游	32757.41	0.000043	0.000051	-0.002649	-0.993262	1.017271	0.010247	0.170398
	东南	29235.41	0.000013	0.000076	-0.005233	-1.230677	1.261561	0.003788	0.066428
	华南	28165.93	-0.000008	0.000139	-0.004289	-0.566518	0.565135	0.008902	0.061723
	西南	13708.97	0.000036	0.000015	-0.003223	-0.843778	0.847138	0.001127	0.134494
14. 生产用水需求	东北	56.37	-0.000122	-0.001502	0.996124	-1.000000	1.000000	-0.080960	-0.263683
	华北	10.44	-0.000595	-0.003475	0.994720	-1.000000	1.000000	-0.052879	-0.262142
	黄淮海	81.39	-0.000502	-0.000951	0.997871	-1.000000	1.000000	-0.054798	-0.255696
	西北	34.02	-0.001168	-0.003667	0.979256	-1.000000	1.000000	-0.110417	-0.220024
	长江中下游	128.10	-0.000402	-0.000228	0.997338	-1.000000	1.000000	-0.040651	-0.170889
	东南	86.01	-0.000176	-0.000593	0.995758	-1.000000	1.000000	-0.025739	-0.053070
	华南	82.86	-0.000257	-0.001111	0.992351	-1.000000	1.000000	-0.063204	-0.105005
	西南	63.45	-0.000115	-0.000369	0.996149	-1.000000	1.000000	-0.052805	-0.156574
15. 农业部门总产出	东北	6548.76	-0.000016	-0.002302	-0.003684	-0.963348	0.956698	-0.100967	0.260833
	华北	737.68	-0.000805	-0.005825	-0.004274	-0.819091	0.815831	-0.068979	0.216020
	黄淮海	11275.22	-0.000514	-0.001624	-0.001462	-0.695337	0.691675	-0.072868	0.186751
	西北	2297.25	-0.000999	-0.004381	-0.018676	-0.910247	0.908335	-0.116068	0.204883
	长江中下游	7395.30	-0.000638	-0.000519	-0.000395	-0.179503	0.118166	-0.073397	0.044593
	东南	2537.87	-0.000347	-0.001657	-0.000717	-0.184468	0.156499	-0.048019	0.011571
	华南	3770.82	-0.000262	-0.001947	-0.005060	-0.670744	0.665851	-0.087980	0.073299
	西南	5003.86	-0.000174	-0.000770	-0.003050	-0.809896	0.789424	-0.094657	0.129264

续表

变量	区域	基期值	jinkoun	chukoun	sj	sljs	slsj	szysn	ysxln
16. 非农部门总产出	东北	68323.93	0.000120	0.000260	-0.001532	-0.410568	0.387584	0.012854	0.114098
	华北	42926.55	0.000140	0.000093	-0.002990	-0.581493	0.562420	0.001047	0.153775
	黄淮海	148807.13	0.000261	0.000221	-0.000532	-0.264687	0.240248	0.010975	0.077243
	西北	22812.18	0.000190	0.000431	-0.002943	-0.149370	0.136967	0.014493	0.045152
	长江中下游	113038.33	0.000185	0.000058	-0.002356	-0.886421	0.901635	0.009342	0.153736
	东南	97216.42	0.000040	0.000081	-0.004396	-1.033655	1.059791	0.003234	0.056467
	华南	80831.67	0.000063	0.000143	-0.003780	-0.499351	0.498143	0.007929	0.055358
	西南	41927.67	0.000077	0.000031	-0.002971	-0.779947	0.778371	0.001496	0.124283
17. 污水治理部门产出	东北	23.94	0.000215	-0.000023	-0.000313	-0.088742	0.074481	0.000475	0.046807
	华北	7.46	0.000085	0.000083	0.001587	0.305264	-0.301746	0.003432	-0.063353
	黄淮海	42.62	0.000429	0.000061	-0.000059	-0.033511	0.022428	0.002289	0.026964
	西北	12.26	0.000715	0.000070	0.004403	0.213792	-0.214841	0.011814	0.015483
	长江中下游	44.58	0.000398	0.000000	-0.000232	-0.097585	0.078178	-0.000695	0.035213
	东南	27.66	0.000098	-0.000002	0.000594	0.130615	-0.152337	0.000080	-0.002664
	华南	33.26	0.000235	0.000056	0.000735	0.094844	-0.098964	0.004472	0.000511
	西南	20.82	0.000115	0.000005	-0.001128	-0.305127	0.285924	-0.001037	0.056633
18. 生活用水需求	东北	25.83	-0.000013	-0.000312	-0.001993	-0.522143	0.516525	-0.016368	0.140964
	华北	10.87	0.000027	-0.000092	-0.001375	-0.266840	0.259370	-0.001544	0.070422
	黄淮海	43.20	-0.000112	-0.000230	-0.000851	-0.405990	0.401094	-0.013087	0.105885
	西北	14.72	-0.000169	-0.000508	-0.005278	-0.260101	0.253738	-0.014151	0.063195

第七章 中国多区域虚拟水贸易政策的 CGE 模拟研究

续表

变量	区域	基期值	jinkoun	chukoun	sj	sljs	sljj	szysn	ysxln
18. 生活用水需求	长江中下游	54.48	-0.000086	-0.000047	-0.001554	-0.583861	0.595984	-0.008345	0.102610
	东南	28.80	-0.000017	-0.000068	-0.002338	-0.549660	0.563980	-0.002875	0.030032
	华南	54.45	-0.000031	-0.000115	-0.001548	-0.204094	0.204513	-0.006435	0.023540
	西南	33.20	-0.000032	-0.000130	-0.001983	-0.519642	0.520676	-0.019108	0.082555
19. 生态用水需求	东北	7.80	0.000004	0.000013	-0.000189	-0.050092	0.048257	0.057311	0.013864
	华北	2.47	0.000034	0.000003	-0.000949	-0.184513	0.178606	0.009972	0.048943
	黄淮海	8.04	0.000007	0.000024	-0.000131	-0.063874	0.060242	0.086541	0.018317
	西北	17.01	0.000002	0.000030	-0.001365	-0.068258	0.064611	0.025316	0.018918
	长江中下游	14.39	0.000003	0.000007	-0.000647	-0.242522	0.248255	0.055403	0.041764
	东南	10.12	0.000002	0.000018	-0.001944	-0.457041	0.468565	0.027011	0.024707
	华南	7.89	-0.000004	0.000026	-0.001106	-0.146019	0.145718	0.045272	0.015988
	西南	3.12	0.000003	-0.000003	-0.000441	-0.115515	0.115935	0.051664	0.018402
20. 污水排放量	东北	48.84	0.000000	0.000000	0.000000	0.000000	0.000000	0.000000	0.000000
	华北	26.79	0.000000	0.000000	0.000000	0.000000	0.000000	0.000000	0.000000
	黄淮海	102.99	0.000000	0.000000	0.000000	0.000000	0.000000	0.000000	0.000000
	西北	27.00	0.000000	0.000000	0.000000	0.000000	0.000000	0.000000	0.000000
	长江中下游	114.59	0.000000	0.000000	0.000000	0.000000	0.000000	0.000000	0.000000
	东南	79.23	0.000000	0.000000	0.000000	0.000000	0.000000	0.000000	0.000000
	华南	104.64	0.000000	0.000000	0.000000	0.000000	0.000000	0.000000	0.000000
	西南	52.52	0.000000	0.000000	0.000000	0.000000	0.000000	0.000000	0.000000

注：水量相关政策中生产用水需求列出的是水量上的变化；除污水排放量单位为亿吨外，其他经济变量的初始值的单位均为亿元，各种水资源政策对各经济变量的冲击的单位是%。

(四) sljs 政策方面

表 7.4 与表 7.3 中正负方向一致的经济变量有真实 GDP、城镇和农村居民消费、城镇和农村居民收入、中央财政收入、地方财政收入、劳动力需求、资本需求、生产用水需求、农业部门总产出、生活用水需求、生态用水需求、排污量，其他经济变量的方向则出现了不一致的现象。

(五) slzj 政策方面

表 7.4 与表 7.3 中正负方向一致的经济变量有真实 GDP、调出到国内其他地区的商品、城镇和农村居民消费、城镇和农村居民收入、中央财政收入、地方财政收入、劳动力需求、资本需求、生产用水需求、农业部门总产出、生活用水需求、生态用水需求、排污量，其他经济变量的方向出现了不一致的现象。

(六) szysn 政策方面

表 7.4 与表 7.3 中正负方向一致的经济变量有出口、城镇和农村居民消费、城镇和农村居民收入、地方财政收入、劳动力需求、资本需求、生产用水需求、农业部门总产出、生活用水需求、生态用水需求、排污量，其他经济变量的方向出现了不一致的现象。

(七) ysxln 政策方面

表 7.4 与表 7.3 中正负方向一致的经济变量有真实 GDP、城镇和农村居民消费、城镇和农村居民收入、中央财政收入、地方财政收入、劳动力需求、资本需求、生产用水需求、农业部门总产出、生活用水需求、生态用水需求、排污量，其他经济变量的方向出现了不一致的现象。

本书以 ysxln 政策为例，解释选取不同的闭合规则时模拟结果出现变化的原因，对其他政策可以进行类似解释。由于放松了资本供给约束条件，因此即使是用于农业部门的资本增加，用于非农部门的资本供给量也不会有所减少，从而非农部门的总产出也是增加的，这是表 7.4 与表 7.3 中的模拟结果的主要区别。当然由于非农部门由多个部门组成，其总产出增加不代表每一个非农部门的产出增加。由于污水排放量与生产用水量和生活用水量有关，当生产和生活用水量发生变化时，即使在污水排放量保持不变的情况下，污水治理部门的产出仍有可能减少或者增加，例如表 7.4 中华北和东南区域的污水治理部门的产出下降，其他区域则增加。表 7.4 中各区域农业部门和非农部门总产出增加，表 7.3 中则是各区域农业部门总产出增加，非农部门总产出有增有减，因此各区域进口、出口、调出到国内其他地区、国内其他地区的调入的商品等经济变量的正负方向也不一定相同。另外，与表 7.3 相比，表 7.4 是放松了资本供量约束的结果，因此资本需求的变化率更大,从而对真实 GDP 的影响也更大。对于其他经济变量的解释类似于表 7.3 后面的分析,并且正负方向也是一致的,故不再赘述。

四、三种敏感性分析的比较

比较贸易函数弹性参数和政策强度敏感性分析可以发现,政策强度的变化以及贸易函数弹性参数的变化均会影响模拟结果,不过大部分情况下,经济变量的正负方向并没有改变,这说明模拟结果是可以接受的。当然在少数情况下,经济变量的正负方向可能会发生改变,陈烨等(2010)的研究也发现了这种现象。

根据以上敏感性分析结果,CGE 模型参数和政策强度的变化以及闭合规则的选取方式在一定程度上会影响到模拟结果(特别是闭合规则的选取方式),因此在利用 CGE 模型进行政策模拟时,需要结合中国的经济实际情况,谨慎地选择政策强度和宏观闭合规则,并合理地选取参数。值得一提的是,赵永和王劲峰(2008)也提到闭合规则的选取方式对模拟结果的影响很大。

另外,参数敏感性分析结果表明,本书的模拟结果是稳健的,从而可知本书所采用的参数是合理的。政策强度敏感性分析表明,政策强度的影响一般是单向的,即随着政策强度的变化,各区域真实 GDP 和生产用水需求也单调变化,并且基准情况下变化率绝对值最大的区域仍保持最大。

第五节 组合政策的模拟分析

由于以上 7 种单项政策的组合可能性太多,本书结合情景设置部分的分析,考虑到 CGE 模型的闭合方式①,选取以下具有代表性的组合政策。

(1)全行业进口税率降低 1%,并且全行业出口退税率降低 1%,记为 vw1。

(2)农业进口税率降低 1%,并且农业出口退税率降低 1%,记为 vw2。

(3)农业进口税率降低 1%,并且农业出口退税率降低 1%,同时将属于涉农部门的食品制造业出口退税率增加 1%,但其他行业的税率保持不变,记为 vw3。

(4)全行业平均水价上涨 1%,并且农业部门的生产税税率增加 1%,记为 rw1。

(5)水资源供给量增加 1%,并且农业部门用水效率提高 1%,记为 rw2。

---

① CGE 模型不能同时固定水价与水量,因此固定水价的政策与固定水量的政策不能放在一起模拟。

（6）农业进口税率降低 1%，农业出口退税率降低 1%，全行业平均水价上涨 1%，并且农业部门的生产税税率增加 1%，同时将属于涉农部门的食品制造业以及其他工业部门出口退税率增加 1%，记为 vwrw1。

其中，（1）、（2）和（3）这三种组合政策属于虚拟水贸易政策，（4）和（5）这两种组合政策属于真实水政策，第（6）种组合政策是虚拟水与真实水组合政策。另外，第（3）、（6）这两种组合政策考虑了部分非农部门出口退税率增加的情景。以上六种组合政策的模拟结果如表 7.5 所示。

对比表 7.5 与表 7.3 中的结果可以看到，组合政策对经济变量的影响方向由单项政策对经济变量的影响方向而决定，大致上有如下规律：如果几种单项政策对某个经济变量均是正向（负向）影响的，那么组合政策对某个经济变量也是正向（负向）影响的；如果部分单项政策对某个经济变量是正向影响的，但是另外的单项政策对这个经济变量是负向影响的，那么组合政策对该经济变量可能是正向影响的，也可能是负向影响的。另外，由于 CGE 模型是非线性模型，因此组合政策数值上并不是对各单项政策数值进行简单的相加。由于组合政策模拟结果的分析过程与单项政策类似，故不再赘述。

组合政策也可以类似于单项政策进行敏感性分析，不过由于分析过程基本一致，故也不再赘述。

第七章 中国多区域虚拟水贸易政策的 CGE 模拟研究

表 7.5 各组合水资源政策的模拟结果

单位：亿元，亿吨，%

变量	区域	基期值	vw1	vw2	vw3	rw1	rw2	vwrw1
1. 真实 GDP	东北	29437.25	0.001568	-0.000224	0.000070	-0.011707	0.184384	-0.012702
	华北	20142.15	0.003270	-0.000061	-0.000104	-0.000977	0.034228	-0.005359
	黄淮海	62080.48	0.000381	-0.000200	0.000160	-0.008234	0.188145	-0.008523
	西北	13368.30	0.000546	-0.000389	-0.000255	-0.010571	0.094415	-0.012037
	长江中下游	49692.55	0.000971	-0.000072	-0.000024	-0.005460	0.109563	-0.005876
	东南	40252.58	0.000476	-0.000052	0.000027	-0.002035	0.040072	-0.001845
	华南	38285.06	0.000319	-0.000080	0.000056	-0.004116	0.039808	-0.004094
	西南	22110.53	0.000818	-0.000110	0.000105	-0.011947	0.151348	-0.012416
2. 出口	东北	3954.16	-0.070075	-0.001538	0.001520	0.024454	-0.532624	0.112795
	华北	7594.77	-0.077639	-0.000293	0.000493	0.001777	-0.145950	0.077727
	黄淮海	9624.01	-0.061496	-0.000554	0.005660	0.010735	-0.368605	0.084123
	西北	1424.15	-0.075268	-0.002988	0.001458	0.023751	-0.202183	0.087023
	长江中下游	15673.27	-0.058265	0.000153	0.000448	0.007789	-0.995698	0.101266
	东南	24686.67	-0.039831	-0.000071	-0.000028	0.002233	-0.479067	0.086503
	华南	22238.65	-0.048902	-0.000011	-0.000303	0.010465	-0.531291	0.110985
	西南	1427.28	-0.076167	-0.001408	0.006073	0.015010	-0.709940	0.102865
3. 进口	东北	4009.69	0.106829	0.000240	0.000793	-0.012418	0.031326	-0.002150
	华北	6932.92	0.069508	0.000117	-0.000175	0.000083	-0.027580	0.005139
	黄淮海	8926.48	0.108129	0.000720	0.001332	-0.006040	0.091150	0.004627
	西北	1411.86	0.119425	0.000935	0.001243	-0.003868	0.023306	0.000313

191

续表

变量		区域	基期值	vw1	vw2	vw3	rw1	rw2	vwrw1
3. 进口		长江中下游	11754.60	0.061822	0.000421	0.000430	-0.001241	-0.039798	0.019055
		东南	15799.41	0.050491	0.000061	-0.000326	0.000521	-0.269267	0.030100
		华南	16053.50	0.051030	0.000163	-0.000064	0.002177	-0.153196	0.032116
		西南	2192.47	0.117360	0.000361	0.000846	-0.009652	-0.205052	-0.004610
4. 调出到国内其他地区的商品		东北	12879.81	0.033305	0.000024	0.000302	-0.026920	0.316243	-0.035822
		华北	12325.09	0.076500	0.000089	-0.000648	-0.000402	0.071430	-0.033694
		黄淮海	27067.26	0.036689	0.000217	-0.000203	-0.012686	0.109518	-0.019093
		西北	8283.41	0.017611	0.000008	-0.000282	-0.014445	0.115877	-0.020298
		长江中下游	18044.88	0.050393	0.000150	0.000156	-0.014048	0.464719	-0.032795
		东南	15952.62	0.054231	0.000045	0.000166	-0.002342	-0.053463	-0.018826
		华南	14354.28	0.066269	0.000100	0.000659	-0.011916	0.369896	-0.050404
		西南	8037.69	0.022055	0.000050	0.000167	-0.024715	0.124239	-0.029206
5. 国内其他地区调入的商品		东北	9746.59	-0.040534	-0.000379	0.000176	-0.011622	0.119250	-0.003761
		华北	12633.30	-0.034155	-0.000129	-0.000374	0.001475	-0.030092	0.004526
		黄淮海	20658.07	-0.039676	-0.000175	0.000593	-0.001677	-0.195171	0.007391
		西北	8464.42	-0.021820	-0.000279	-0.000255	-0.001528	0.008441	0.000488
		长江中下游	16895.77	-0.060677	-0.000093	-0.000046	-0.001309	-0.372221	0.022947
		东南	22217.60	-0.057212	-0.000037	-0.000032	0.001906	-0.344982	0.031924
		华南	17015.36	-0.080915	-0.000023	-0.000150	0.004529	-0.212790	0.037102
		西南	9313.92	-0.029742	-0.000141	0.000390	-0.010184	0.092993	-0.006275

续表

变量		区域	基期值	vw1	vw2	vw3	rw1	rw2	vwrw1
6. 城镇居民消费		东北	6541.50	0.002601	-0.000386	0.000128	-0.020239	0.329426	-0.021772
		华北	2469.80	0.005664	-0.000114	-0.000182	-0.001803	0.061348	-0.009303
		黄淮海	9570.37	0.000655	-0.000354	0.000290	-0.014589	0.339237	-0.015059
		西北	1612.05	0.000845	-0.000699	-0.000443	-0.019000	0.173429	-0.021398
		长江中下游	6309.21	0.000938	-0.000126	-0.000044	-0.009513	0.217977	-0.009554
		东南	4427.47	0.000246	-0.000103	0.000055	-0.004040	0.095571	-0.002533
		华南	5195.04	-0.000004	-0.000106	0.000076	-0.005469	0.056571	-0.004767
		西南	4047.68	0.000770	-0.000158	0.000170	-0.017494	0.301336	-0.017891
		东北	1727.67	0.003827	-0.000612	0.000209	-0.032219	0.546836	-0.034284
		华北	430.77	0.005906	-0.000121	-0.000193	-0.001938	0.069238	-0.009321
		黄淮海	3720.34	0.001125	-0.000600	0.000491	-0.024718	0.572103	-0.025528
7. 农村居民消费		西北	559.80	0.001276	-0.001055	-0.000668	-0.028701	0.261978	-0.032323
		长江中下游	2411.83	0.001918	-0.000258	-0.000089	-0.019444	0.445529	-0.019528
		东南	1218.05	0.000350	-0.000146	0.000078	-0.005739	0.135776	-0.003599
		华南	1144.32	-0.000012	-0.000344	0.000247	-0.017758	0.183688	-0.015478
		西南	1884.24	0.001221	-0.000240	0.000256	-0.026489	0.447005	-0.027125
8. 城镇居民收入		东北	11902.81	0.002600	-0.000385	0.000128	-0.020235	0.329373	-0.021769
		华北	9712.53	0.005537	-0.000111	-0.000178	-0.001763	0.059977	-0.009095
		黄淮海	22729.24	0.000651	-0.000352	0.000288	-0.014490	0.336941	-0.014957
		西北	5450.26	0.000823	-0.000681	-0.000431	-0.018510	0.168954	-0.020846

续表

变量	区域	基期值	vw1	vw2	vw3	rw1	rw2	vwrw1
8. 城镇居民收入	长江中下游	17665.27	0.000928	-0.000125	-0.000043	-0.009409	0.215586	-0.009450
	东南	15512.49	0.000242	-0.000101	0.000054	-0.003977	0.094077	-0.002493
	华南	17390.66	-0.000004	-0.000105	0.000075	-0.005415	0.056012	-0.004720
	西南	10070.81	0.000763	-0.000157	0.000169	-0.017324	0.298415	-0.017718
9. 农村居民收入	东北	3110.50	0.003826	-0.000612	0.000209	-0.032216	0.546775	-0.034280
	华北	2019.37	0.004806	-0.000098	-0.000157	-0.001577	0.056336	-0.007584
	黄淮海	7355.04	0.001100	-0.000587	0.000480	-0.024172	0.559460	-0.024964
	西北	1523.03	0.001180	-0.000976	-0.000618	-0.026541	0.242265	-0.029891
	长江中下游	5525.87	0.001855	-0.000250	-0.000086	-0.018801	0.430799	-0.018883
	东南	3927.37	0.000324	-0.000135	0.000072	-0.005310	0.125629	-0.003330
	华南	3956.14	-0.000011	-0.000315	0.000227	-0.016295	0.168556	-0.014203
	西南	3616.26	0.001197	-0.000236	0.000251	-0.025967	0.438200	-0.026590
10. 中央财政收入	东北	1961.93	-0.066125	-0.000105	-0.002792	0.000109	0.206227	-0.049751
	华北	3405.82	-0.062708	-0.000170	-0.001201	-0.000336	0.062861	-0.036381
	黄淮海	3139.79	-0.080203	-0.002276	-0.009401	0.001982	0.149591	-0.071595
	西北	700.88	-0.058909	-0.000842	-0.004077	-0.001749	0.048738	-0.043182
	长江中下游	2961.46	-0.100384	-0.001721	-0.002794	0.000011	0.331613	-0.143423
	东南	3657.55	-0.088199	-0.000076	-0.002720	-0.000576	0.159387	-0.160633
	华南	2871.80	-0.137461	-0.000503	-0.002460	-0.001251	0.105369	-0.197183
	西南	1143.25	-0.078829	-0.000558	-0.003654	-0.002027	0.413938	-0.035453

第七章　中国多区域虚拟水贸易政策的 CGE 模拟研究

续表

变量	区域	基期值	vw1	vw2	vw3	rw1	rw2	vwtw1
11. 地方财政收入	东北	3699.04	-0.000671	0.000009	0.000009	0.056778	0.041681	0.057566
	华北	2030.68	-0.000259	-0.000008	-0.000011	0.009745	0.030365	0.012846
	黄淮海	4631.78	-0.000699	0.000033	-0.000001	0.086519	0.076172	0.087157
	西北	3717.51	-0.000630	-0.000048	0.000002	0.022307	0.029845	0.022983
	长江中下游	4920.93	-0.004477	0.000002	-0.000007	0.054019	0.157367	0.057951
	东南	3192.65	-0.006050	-0.000005	-0.000055	0.025474	0.142464	0.034944
	华南	2935.80	-0.004207	-0.000003	-0.000009	0.043288	0.040463	0.049344
	西南	3611.69	-0.000942	-0.000002	0.000039	0.051282	0.185140	0.051882
12. 劳动力需求	东北	11997.24	0.003910	-0.000550	0.000178	-0.028799	0.453799	-0.031233
	华北	4648.05	0.013738	-0.000276	-0.000441	-0.004361	0.147650	-0.022650
	黄淮海	17645.98	0.001372	-0.000704	0.000573	-0.028999	0.661939	-0.029999
	西北	4335.70	0.001739	-0.001207	-0.000778	-0.032763	0.292312	-0.037247
	长江中下游	14928.65	0.003197	-0.000244	-0.000082	-0.018400	0.371494	-0.019697
	东南	9332.15	0.002091	-0.000227	0.000136	-0.008815	0.175784	-0.007888
	华南	8537.50	0.001524	-0.000362	0.000264	-0.018679	0.179460	-0.018480
	西南	7549.14	0.002446	-0.000327	0.000318	-0.035366	0.457717	-0.036730
13. 资本需求	东北	16318.54	-0.008507	0.000224	0.000067	0.009310	0.370721	0.018809
	华北	14685.54	-0.003123	0.000017	0.000031	-0.000295	0.083820	0.013625
	黄淮海	42066.70	-0.004296	0.000341	-0.000129	0.014662	0.297177	0.018531
	西北	8509.26	-0.002693	0.000078	0.000172	0.001589	0.048005	0.005034

续表

变量	区域	基期值	vw1	vw2	vw3	rw1	rw2	vwrw1
13. 资本需求	长江中下游	32757.41	-0.022116	0.000060	-0.000018	0.004800	0.674543	0.023901
	东南	29235.41	-0.018689	0.000023	-0.000188	-0.000369	0.402950	0.028193
	华南	28165.93	-0.017823	0.000032	-0.000071	0.001138	0.147779	0.026505
	西南	13708.97	-0.008633	0.000045	0.000278	-0.001864	1.518612	0.003600
	东北	56.37	0.012007	-0.001543	0.000709	0.917783	0.732273	0.910186
	华北	10.44	0.005808	-0.004082	-0.001725	0.941495	0.731442	0.921293
	黄淮海	81.39	0.002975	-0.001374	0.001153	0.946011	0.739676	0.943251
	西北	34.02	0.009100	-0.004731	-0.002261	0.869901	0.776565	0.855248
14. 生产用水需求	长江中下游	128.10	0.008079	-0.000622	-0.000231	0.957002	0.826489	0.950114
	东南	86.01	0.003352	-0.000781	0.001308	0.969963	0.945801	0.956601
	华南	82.86	0.016565	-0.001361	0.001635	0.928829	0.893209	0.899056
	西南	63.45	0.003056	-0.000510	0.000454	0.943879	0.840759	0.941850
	东北	6548.76	0.023314	-0.002196	0.001270	-0.099595	1.296464	-0.110136
	华北	737.68	0.014357	-0.006623	-0.002443	-0.073379	1.114473	-0.096140
	黄淮海	11275.22	0.007179	-0.001992	0.002433	-0.067962	0.963203	-0.070303
	西北	2297.25	0.012023	-0.005283	-0.002321	-0.132745	1.117038	-0.147437
15. 农业部门总产出	长江中下游	7395.30	0.015468	-0.001108	-0.000193	-0.069716	0.749940	-0.075421
	东南	2537.87	0.016621	-0.001981	0.004054	-0.049112	0.631775	-0.058858
	华南	3770.82	0.028416	-0.002172	0.003056	-0.091659	0.896619	-0.119520
	西南	5003.86	0.008961	-0.000968	0.001329	-0.096764	0.842529	-0.100137

第七章 中国多区域虚拟水贸易政策的 CGE 模拟研究

续表

变量	区域	基期值	vw1	vw2	vw3	rw1	rw2	vwrw1
16. 非农部门总产出	东北	68323.93	0.003504	0.000091	0.000087	-0.000666	-0.030193	0.003003
	华北	42926.55	0.015776	0.000080	-0.000116	0.000581	0.023578	-0.002304
	黄淮海	148807.13	0.005200	0.000186	0.000249	-0.002312	0.039123	0.000576
	西北	22812.18	0.002278	0.000280	0.000212	0.004580	-0.036939	0.005641
	长江中下游	113038.33	0.004823	0.000162	0.000144	0.000401	0.020575	0.006231
	东南	97216.42	0.006753	0.000044	-0.000187	0.000086	-0.038327	0.012012
	华南	80831.67	0.008648	0.000096	0.000125	0.000232	0.019739	0.009045
	西南	41927.67	0.001847	0.000059	0.000086	0.000544	-0.078346	0.001957
17. 污水治理部门产出	东北	23.94	0.004512	0.000134	0.000201	-0.002251	0.015931	0.000057
	华北	7.46	-0.012648	0.000262	0.000504	0.003462	0.066276	0.018433
	黄淮海	42.62	-0.000525	0.000427	0.000335	-0.000459	-0.008796	0.005094
	西北	12.26	0.000398	0.000893	0.000813	0.018400	-0.118481	0.023809
	长江中下游	44.58	0.007268	0.000400	0.000430	-0.000696	0.136468	0.006698
	东南	27.66	0.010187	0.000110	0.000558	0.000460	0.056260	0.011918
	华南	33.26	0.012643	0.000310	0.000224	0.005868	-0.007791	0.018766
	西南	20.82	0.002088	0.000104	0.000155	-0.001517	0.062549	0.000455
18. 生活用水需求	东北	25.83	0.002925	-0.000445	0.000149	-0.023375	0.386137	-0.025052
	华北	10.87	0.006095	-0.000123	-0.000197	-0.001957	0.067509	-0.009905
	黄淮海	43.20	0.000789	-0.000425	0.000348	-0.017489	0.405997	-0.018056
	西北	14.72	0.001003	-0.000830	-0.000526	-0.022571	0.206028	-0.025420

续表

变量	区域	基期值	vw1	vw2	vw3	rw1	rw2	vwrw1
18. 生活用水需求	长江中下游	54.48	0.001220	-0.000164	-0.000057	-0.012372	0.283477	-0.012425
	东南	28.80	0.000284	-0.000119	0.000063	-0.004667	0.110407	-0.002926
	华南	54.45	-0.000006	-0.000173	0.000124	-0.008953	0.092610	-0.007803
	西南	33.20	0.000905	-0.000183	0.000196	-0.020228	0.346066	-0.020696
	东北	7.80	-0.000671	0.000009	0.000009	0.056778	0.041681	0.057566
	华北	2.47	-0.000259	-0.000008	-0.000011	0.009745	0.030365	0.012846
	黄淮海	8.04	-0.000699	0.000033	-0.000001	0.086519	0.076172	0.087157
	西北	17.01	-0.000630	-0.000048	0.000002	0.022307	0.029845	0.022983
19. 生态用水需求	长江中下游	14.39	-0.004477	0.000002	-0.000007	0.054019	0.157367	0.057951
	东南	10.12	-0.006050	-0.000005	-0.000055	0.025474	0.142464	0.034944
	华南	7.89	-0.004207	-0.000003	-0.000009	0.043288	0.040463	0.049344
	西南	3.12	-0.000942	-0.000002	0.000039	0.051282	0.185140	0.051882
	东北	48.84	0.000000	0.000000	0.000000	0.000000	0.000000	0.000000
	华北	26.79	0.000000	0.000000	0.000000	0.000000	0.000000	0.000000
	黄淮海	102.99	0.000000	0.000000	0.000000	0.000000	0.000000	0.000000
	西北	27.00	0.000000	0.000000	0.000000	0.000000	0.000000	0.000000
20. 污水排放量	长江中下游	114.59	0.000000	0.000000	0.000000	0.000000	0.000000	0.000000
	东南	79.23	0.000000	0.000000	0.000000	0.000000	0.000000	0.000000
	华南	104.64	0.000000	0.000000	0.000000	0.000000	0.000000	0.000000
	西南	52.52	0.000000	0.000000	0.000000	0.000000	0.000000	0.000000

第六节 政策评价

表 7.3 和表 7.5 中已经列出了各区域单项政策、组合政策对经济变量的影响情况，为了更好地比较各种政策对各区域不同经济变量的作用方向和大小，本书将进一步分析各项政策对经济增长（真实 GDP）、水资源使用（水资源需求）、就业（劳动力需求）、居民收入（城镇与农村居民收入）和政府收入（中央与地方政府收入）等方面的影响①。政策评价结果如表 7.6 和表 7.7 所示（以"+"表示正影响，以"-"表示负影响；以阿拉伯数字 1~8 代表变化率绝对值的大小，变化率绝对值最大的记为"1"，变化率最小的记为"8"）。

从表 7.6 和表 7.7 可以看到：

（1）经济增长方面。会减少各区域的真实 GDP 的政策有 jinkoun、chukoun、sj、sljs、szysn、vw2、rw1、vwrw1；会增加各区域的真实 GDP 的政策有 slzj、ysxln、vw1、rw2；对不同区域的真实 GDP 的影响不一样的政策有 vw3。

（2）水资源使用方面。会减少各区域生产用水需求的政策有 jinkoun、chukoun、sljs、szysn、ysxln、vw2；会增加各区域生产用水需求的政策有 sj、slzj、vw1、rw1、rw2、vwrw1；对不同区域的生产用水需求影响不一样的政策有 vw3。需要注意的是，sj、rw1、vwrw1 政策虽然会导致各区域的生产用水需求增加，但是这只是生产用水需求价值量的增加，生产用水需求的实物量仍是减少的（因为外生的生产用水价格上涨 1%，但是生产用水需求的价值量未上涨 1%）。

会减少各区域生活用水需求的政策有 jinkoun、chukoun、sj、sljs、szysn、vw2、rw1、vwrw1；会增加各区域生活用水需求的政策有 slzj、ysxln、rw2；对不同区域的生活用水需求影响不一样的政策有 vw1、vw3。

会减少各区域生态用水需求的政策有 chukoun、sj、sljs、vw1；会增加各区域生态用水需求的政策有 slzj、szysn、ysxln、rw1、rw2、vwrw1；对不同区域的生态用水需求影响不一样的政策有 jinkoun、vw2、vw3。

（3）就业方面。会减少各区域劳动力需求的政策有 jinkoun、chukoun、sj、sljs、szysn、vw2、rw1、vwrw1；会增加各区域劳动力需求的政策有 slzj、ysxln、rw2；对不同区域劳动力需求影响不一样的政策有 vw1、vw3。

---

① 括号内为该项目对应的指标，考虑到 CGE 模型中经济变量很多，根据本书的研究目的，只重点选取了部分变量进行政策评价。

(4) 居民收入方面。会减少各区域城镇居民收入的政策有 jinkoun、chukoun、sj、sljs、szysn、vw2、rw1、vwrw1；会增加各区域城镇居民收入的政策有 slzj、ysxln、rw2；对不同区域城镇居民收入影响不一样的政策有 vw1、vw3。

会减少农村居民收入的政策有 jinkoun、chukoun、sj、sljs、szysn、vw2、rw1、vwrw1；会增加各区域农村居民收入的政策有 slzj、ysxln、rw2；对不同区域农村居民收入影响不一样的政策有 vw1、vw3。

(5) 财政收入方面。会减少中央财政收入的政策有 jinkoun、sj、sljs、vw1、vw2、vw3、vwrw1；会增加中央财政收入的政策有 chukoun、slzj、ysxln、rw2；对不同区域地方财政收入影响不一样的政策有 szysn、rw1。

会减少地方财政收入的政策有 sj、sljs、vw1；会增加地方财政收入的政策有 slzj、szysn、ysxln、rw1、rw2、vwrw1；对不同区域地方财政收入影响不一样的政策有 jinkoun、chukoun、vw2、vw3。

需要说明的是，以上政策评价均是基于基准政策强度与参数得到的模拟结果。根据政策和参数敏感性分析部分的研究，当政策强度和参数改变时，部分区域的部分政策对部分经济变量的影响方向会发生改变，但是大部分情况下是不变的，这是政策评价中需要注意的事情。

由于 CGE 模型的非线性性，各区域的经济结构也并不一致，从而不同的政策对各区域的影响可能并不一样，即使是同一种政策，对各区域的影响也可能不相同。以对生产用水需求的影响为例：jinkoun 政策对西北区域影响最大，东北区域最小；chukoun 政策对西北区域的影响最大，长江中下游区域最小；sj 政策对西南区域的影响最大，西北区域最小；sljs 政策对各区域的影响大小一样；slzj 政策对各区域的影响大小一样；szysn 政策对西北区域的影响最大，东南区域最小；ysxln 政策对东北区域的影响最大，东南区域最小；vw1 政策对华南区域的影响最大，黄淮海区域最小；vw2 政策对西北区域的影响最大，西南区域最小；vw3 政策对长江中下游的影响最大，西南区域最小；rw1 政策对东南区域的影响最大，西北区域最小；rw2 政策对东南区域的影响最大，华北区域最小；vwrw1 政策对东南区域的影响最大，西北区域最小。

表 7.6　　　　　　　　　　　政策评价（一）

变量	区域	jinkoun	chukoun	sj	sljs	slzj	szysn	ysxln
1. 真实 GDP	东北	－ (5)	－ (2)	－ (2)	－ (2)	＋ (2)	－ (2)	＋ (1)
	华北	－ (8)	－ (6)	－ (8)	－ (8)	＋ (8)	－ (8)	＋ (6)
	黄淮海	－ (2)	－ (3)	－ (3)	－ (1)	＋ (1)	－ (4)	＋ (2)
	西北	－ (1)	－ (1)	－ (1)	－ (5)	＋ (5)	－ (3)	＋ (5)
	长江中下游	－ (3)	－ (8)	－ (6)	－ (4)	＋ (4)	－ (5)	＋ (4)
	东南	－ (7)	－ (7)	－ (7)	－ (6)	＋ (6)	－ (7)	＋ (8)
	华南	－ (6)	－ (5)	－ (5)	－ (7)	＋ (7)	－ (6)	＋ (7)
	西南	－ (4)	－ (4)	－ (4)	－ (3)	＋ (3)	－ (1)	＋ (3)
2. 生产用水需求	东北	－ (8)	－ (3)	＋ (5)	－ (1)	＋ (1)	－ (2)	－ (1)
	华北	－ (2)	－ (2)	＋ (6)	－ (1)	＋ (1)	－ (5)	－ (2)
	黄淮海	－ (3)	－ (5)	＋ (2)	－ (1)	＋ (1)	－ (6)	－ (3)
	西北	－ (1)	－ (1)	＋ (8)	－ (1)	＋ (1)	－ (1)	－ (4)
	长江中下游	－ (4)	－ (8)	＋ (3)	－ (1)	＋ (1)	－ (7)	－ (5)
	东南	－ (6)	－ (6)	＋ (4)	－ (1)	＋ (1)	－ (8)	－ (8)
	华南	－ (5)	－ (4)	＋ (2)	－ (1)	＋ (1)	－ (3)	－ (7)
	西南	－ (7)	－ (7)	＋ (1)	－ (1)	＋ (1)	－ (4)	－ (6)
3. 生活用水需求	东北	－ (5)	－ (2)	－ (2)	－ (2)	＋ (2)	－ (1)	＋ (2)
	华北	－ (8)	－ (6)	－ (8)	－ (8)	＋ (8)	－ (8)	＋ (6)
	黄淮海	－ (2)	－ (3)	－ (3)	－ (1)	＋ (1)	－ (4)	＋ (1)
	西北	－ (1)	－ (1)	－ (1)	－ (5)	＋ (5)	－ (3)	＋ (5)
	长江中下游	－ (3)	－ (8)	－ (4)	－ (4)	＋ (4)	－ (5)	＋ (4)
	东南	－ (7)	－ (7)	－ (7)	－ (6)	＋ (6)	－ (7)	＋ (8)
	华南	－ (6)	－ (4)	－ (6)	－ (7)	＋ (7)	－ (6)	＋ (7)
	西南	－ (4)	－ (5)	－ (5)	－ (3)	＋ (3)	－ (2)	＋ (3)
4. 生态用水需求	东北	＋ (3)	＋ (4)	－ (6)	－ (6)	＋ (6)	＋ (2)	＋ (4)
	华北	＋ (5)	＋ (8)	－ (8)	－ (7)	＋ (7)	＋ (8)	＋ (6)
	黄淮海	＋ (2)	＋ (2)	－ (7)	－ (4)	＋ (4)	＋ (1)	＋ (3)
	西北	－ (1)	－ (1)	－ (1)	－ (8)	＋ (8)	＋ (7)	＋ (7)
	长江中下游	－ (8)	＋ (7)	－ (3)	－ (3)	＋ (3)	＋ (3)	＋ (2)
	东南	－ (7)	－ (6)	－ (2)	－ (2)	＋ (2)	＋ (6)	＋ (5)
	华南	－ (4)	－ (8)	－ (5)	－ (5)	＋ (5)	＋ (5)	＋ (8)

续表

变量	区域	jinkoun	chukoun	sj	sljs	slzj	szysn	ysxln
	西南	+ (6)	- (5)	- (4)	- (1)	+ (1)	+ (4)	+ (1)
5. 劳动力需求	东北	- (6)	- (3)	- (2)	- (3)	+ (3)	- (4)	+ (2)
	华北	- (8)	- (5)	- (8)	- (8)	+ (8)	- (8)	+ (6)
	黄淮海	- (2)	- (2)	- (4)	- (1)	+ (1)	- (2)	+ (1)
	西北	- (1)	- (1)	- (1)	- (5)	+ (5)	- (3)	+ (5)
	长江中下游	- (3)	- (8)	- (5)	- (4)	+ (4)	- (5)	+ (4)
	东南	- (7)	- (7)	- (7)	- (6)	+ (6)	- (7)	+ (8)
	华南	- (5)	- (4)	- (3)	- (7)	+ (7)	- (6)	+ (7)
	西南	- (4)	- (6)	- (6)	- (2)	+ (2)	- (1)	+ (3)
6. 城镇居民收入	东北	- (5)	- (2)	- (2)	- (2)	+ (2)	- (1)	+ (1)
	华北	- (8)	- (5)	- (8)	- (8)	+ (8)	- (8)	+ (6)
	黄淮海	- (2)	- (3)	- (3)	- (1)	+ (1)	- (4)	+ (2)
	西北	- (1)	- (1)	- (1)	- (5)	+ (5)	- (3)	+ (5)
	长江中下游	- (3)	- (8)	- (5)	- (4)	+ (4)	- (5)	+ (4)
	东南	- (6)	- (7)	- (7)	- (6)	+ (6)	- (7)	+ (7)
	华南	- (7)	- (6)	- (6)	- (7)	+ (7)	- (6)	+ (7)
	西南	- (4)	- (4)	- (4)	- (3)	+ (3)	- (2)	+ (3)
7. 农村居民收入	东北	- (6)	- (2)	- (2)	- (2)	+ (2)	- (1)	+ (1)
	华北	- (8)	- (5)	- (8)	- (8)	+ (8)	- (8)	+ (7)
	黄淮海	- (2)	- (3)	- (3)	- (1)	+ (1)	- (3)	+ (2)
	西北	- (1)	- (1)	- (1)	- (5)	+ (5)	- (4)	+ (5)
	长江中下游	- (3)	- (8)	- (5)	- (4)	+ (4)	- (5)	+ (3)
	东南	- (7)	- (7)	- (7)	- (7)	+ (7)	- (7)	+ (8)
	华南	- (5)	- (6)	- (6)	- (6)	+ (6)	- (6)	+ (6)
	西南	- (4)	- (4)	- (4)	- (3)	+ (3)	- (2)	+ (4)
8. 中央财政收入	东北	- (4)	+ (2)	- (5)	- (3)	+ (3)	+ (5)	+ (3)
	华北	- (7)	+ (8)	- (8)	- (7)	+ (7)	- (7)	+ (5)
	黄淮海	- (1)	+ (3)	- (7)	- (5)	+ (5)	+ (1)	+ (4)
	西北	- (2)	+ (1)	- (1)	- (8)	+ (8)	- (3)	+ (8)
	长江中下游	- (3)	+ (7)	- (2)	- (2)	+ (2)	+ (4)	+ (2)
	东南	- (8)	+ (6)	- (6)	- (4)	+ (4)	- (8)	+ (7)

续表

变量	区域	jinkoun	chukoun	sj	sljs	slzj	szysn	ysxln
8. 中央财政收入	华南	- (6)	+ (5)	- (4)	- (6)	+ (6)	- (6)	+ (6)
	西南	- (5)	+ (4)	- (3)	- (1)	+ (1)	- (2)	+ (1)
9. 地方财政收入	东北	+ (3)	+ (4)	- (6)	- (6)	+ (6)	+ (2)	+ (4)
	华北	+ (5)	- (3)	- (8)	- (7)	+ (7)	+ (8)	+ (6)
	黄淮海	+ (2)	+ (2)	- (7)	- (4)	+ (4)	+ (1)	+ (3)
	西北	- (1)	- (1)	- (1)	- (8)	+ (8)	+ (7)	+ (7)
	长江中下游	- (8)	+ (7)	- (3)	- (3)	+ (3)	+ (3)	+ (2)
	东南	- (7)	- (6)	- (2)	- (2)	+ (2)	+ (6)	+ (5)
	华南	- (4)	- (8)	- (5)	- (5)	+ (5)	+ (5)	+ (8)
	西南	+ (6)	- (5)	- (4)	- (1)	+ (1)	+ (4)	+ (1)

表 7.7　　政策评价（二）

变量	区域	vw1	vw2	vw3	rw1	rw2	vwrw1
1. 真实 GDP	东北	+ (2)	- (2)	+ (5)	- (2)	+ (2)	- (1)
	华北	+ (1)	- (7)	- (4)	- (8)	+ (8)	- (6)
	黄淮海	+ (7)	- (3)	+ (2)	- (4)	+ (1)	- (4)
	西北	+ (5)	- (1)	- (1)	- (3)	+ (5)	- (3)
	长江中下游	+ (3)	- (6)	- (8)	- (5)	+ (4)	- (5)
	东南	+ (6)	- (8)	+ (7)	- (7)	+ (6)	- (8)
	华南	+ (8)	- (5)	+ (6)	- (6)	+ (7)	- (7)
	西南	+ (4)	- (4)	+ (3)	- (1)	+ (3)	- (2)
2. 生产用水需求	东北	+ (2)	- (3)	+ (7)	+ (7)	+ (7)	+ (6)
	华北	+ (5)	- (2)	- (3)	+ (5)	+ (8)	+ (5)
	黄淮海	+ (8)	- (4)	+ (6)	+ (3)	+ (6)	+ (3)
	西北	+ (3)	- (1)	- (2)	+ (8)	+ (5)	+ (8)
	长江中下游	+ (4)	- (7)	- (1)	+ (2)	+ (4)	+ (2)
	东南	+ (6)	- (6)	+ (5)	+ (1)	+ (1)	+ (1)
	华南	+ (1)	- (5)	+ (4)	+ (6)	+ (2)	+ (7)
	西南	+ (7)	- (8)	+ (8)	+ (4)	+ (3)	+ (4)

续表

变量	区域	vw1	vw2	vw3	rw1	rw2	vwrw1
3. 生活用水需求	东北	+ (2)	- (2)	+ (5)	- (1)	+ (2)	- (2)
	华北	+ (1)	- (7)	- (3)	- (8)	+ (8)	- (6)
	黄淮海	+ (6)	- (3)	+ (2)	- (4)	+ (1)	- (4)
	西北	+ (4)	- (1)	- (1)	- (2)	+ (5)	- (1)
	长江中下游	+ (3)	- (6)	- (8)	- (5)	+ (4)	- (5)
	东南	+ (7)	- (8)	+ (7)	- (7)	+ (6)	- (8)
	华南	- (8)	- (5)	+ (6)	- (6)	+ (7)	- (7)
	西南	+ (5)	- (4)	+ (4)	- (3)	+ (3)	- (3)
4. 生态用水需求	东北	- (6)	+ (3)	+ (4)	+ (2)	+ (5)	+ (3)
	华北	- (8)	- (4)	- (3)	+ (8)	+ (7)	+ (8)
	黄淮海	- (5)	+ (2)	- (8)	+ (1)	+ (4)	+ (1)
	西北	- (7)	- (1)	- (7)	+ (7)	+ (8)	+ (7)
	长江中下游	- (2)	+ (8)	+ (6)	+ (3)	+ (2)	+ (2)
	东南	- (1)	- (5)	- (1)	+ (6)	+ (3)	+ (6)
	华南	- (3)	- (6)	- (5)	+ (5)	+ (6)	+ (5)
	西南	- (4)	- (7)	+ (2)	+ (4)	+ (1)	+ (4)
5. 劳动力需求	东北	+ (2)	- (3)	+ (6)	- (4)	+ (3)	- (3)
	华北	+ (1)	- (6)	- (3)	- (8)	+ (8)	- (5)
	黄淮海	+ (8)	- (2)	+ (2)	- (3)	+ (1)	- (4)
	西北	+ (6)	- (1)	- (1)	- (2)	+ (5)	- (1)
	长江中下游	+ (3)	- (7)	- (8)	- (6)	+ (4)	- (6)
	东南	+ (5)	- (8)	+ (7)	- (7)	+ (6)	- (8)
	华南	- (7)	- (4)	+ (5)	- (5)	+ (7)	- (7)
	西南	+ (4)	- (5)	+ (4)	- (1)	+ (2)	- (2)
6. 城镇居民收入	东北	+ (2)	- (2)	+ (5)	- (1)	+ (2)	- (1)
	华北	+ (1)	- (6)	- (3)	- (8)	+ (7)	- (6)
	黄淮海	+ (6)	- (3)	+ (2)	- (4)	+ (1)	- (4)
	西北	+ (4)	- (1)	- (1)	- (2)	+ (5)	- (2)
	长江中下游	+ (3)	- (5)	- (6)	- (5)	+ (4)	- (5)
	东南	+ (7)	- (8)	+ (7)	- (7)	+ (6)	- (8)
	华南	- (8)	- (7)	+ (6)	- (6)	+ (8)	- (7)

续表

变量	区域	vw1	vw2	vw3	rw1	rw2	vwrw1
	西南	+ (5)	- (4)	+ (4)	- (3)	+ (3)	- (3)
7. 农村居民收入	东北	+ (2)	- (2)	+ (5)	- (1)	+ (2)	- (1)
	华北	+ (1)	- (8)	- (6)	- (8)	+ (8)	- (7)
	黄淮海	+ (6)	- (3)	+ (2)	- (4)	+ (1)	- (4)
	西北	+ (5)	- (1)	- (1)	- (2)	+ (5)	- (2)
	长江中下游	+ (3)	- (5)	- (7)	- (5)	+ (4)	- (5)
	东南	+ (7)	- (7)	+ (8)	- (7)	+ (7)	- (8)
	华南	- (8)	- (4)	+ (4)	- (6)	+ (6)	- (6)
	西南	+ (4)	- (6)	+ (3)	- (3)	+ (3)	- (3)
8. 中央财政收入	东北	- (6)	- (7)	- (5)	+ (7)	+ (3)	- (5)
	华北	- (7)	- (6)	- (8)	- (6)	+ (7)	- (7)
	黄淮海	- (4)	- (1)	- (1)	+ (2)	+ (5)	- (4)
	西北	- (8)	- (3)	- (2)	- (3)	+ (8)	- (6)
	长江中下游	- (2)	- (2)	- (4)	+ (8)	+ (2)	- (3)
	东南	- (3)	- (8)	- (6)	- (5)	+ (4)	- (2)
	华南	- (1)	- (5)	- (7)	- (4)	+ (6)	- (1)
	西南	- (5)	- (4)	- (3)	- (1)	+ (1)	- (8)
9. 地方财政收入	东北	- (6)	+ (3)	+ (4)	+ (2)	+ (5)	+ (3)
	华北	- (8)	- (4)	- (3)	+ (8)	+ (7)	+ (8)
	黄淮海	- (5)	+ (2)	- (8)	+ (1)	+ (4)	+ (1)
	西北	- (7)	- (1)	+ (7)	+ (7)	+ (8)	+ (7)
	长江中下游	- (2)	+ (8)	- (6)	+ (3)	+ (2)	+ (2)
	东南	- (1)	- (5)	- (1)	+ (6)	+ (3)	+ (6)
	华南	- (3)	- (6)	- (5)	+ (5)	+ (6)	+ (5)
	西南	- (4)	- (7)	+ (2)	+ (4)	+ (1)	+ (4)

第八章 结论、现阶段虚拟水贸易政策仍存在的问题及政策启示

第一节 结 论

随着中国人口的增长和经济的发展，中国对水资源的需求越来越大，而中国的水资源时空分布不均的现状加剧了水资源供求矛盾。为了有效地解决中国的水资源供求矛盾，本书结合理论界提出的"虚拟水贸易"概念和现阶段中国各区域虚拟水贸易政策的现状，在水资源经济学相关理论、国际贸易相关理论以及一般均衡理论的指导下，利用空间计量方法以及可计算一般均衡方法对虚拟水贸易政策进行了系统的研究。其中，本书所指的虚拟水贸易政策是广义上的虚拟水贸易政策，一方面包括作用于产品贸易量的农产品运输"绿色通道"政策、水环境规制政策和进出口税率调整政策，另一方面包括作用于产品产出或生产用水（可视为作用于产品虚拟水含量）的水价、水量、用水效率、水资源税等政策。对以上虚拟水贸易政策研究得到的主要结论如下。

一、农产品运输"绿色通道"政策方面（通过测算虚拟水贸易的边界效应来研究此政策）

本书利用 2002 年、2007 年区域间投入产出表的相关数据，分别研究了全国平均与各省的全行业、农业和工业部门虚拟水贸易的边界效应，实证结果发现：第一，对全行业来说，2007 年全国平均的虚拟水贸易的边界效应要比 2002 年低，大部分省份也有类似的结论。第二，对农业和工业来说，2007 年全国平均及大部分省份的各产业部门虚拟水贸易的边界效应要比 2002 年低，另外，农业虚拟水贸易的边界效应要大于工业及全行业。与 2002 年相比，2007 年农业虚拟水贸易的边界效应更小，这表明了农产品运输"绿色通道"政策能够促进产品的虚拟水贸易，从而降低虚拟水贸易的边界效应。

二、水环境规制政策方面

本书研究了中国水环境规制对国内农产品虚拟水贸易的影响,检验了中国水环境规制的政策绩效。实证结果表明:无论是在1991—2011年的整体时间段,还是1991—2002年与2003—2011年的子时间段,用灰水量变化程度来度量水环境规制强度,可以发现水环境规制强度与中国国内农产品虚拟水净调出之间呈现倒U形曲线特征,表明中国水环境规制起到了一定的作用,适度的水环境规制会促进中国国内农产品虚拟水净调出,但若水环境规制强度超过拐点之后,则会对中国国内农产品虚拟水净调出造成负向影响。另外,灰水量变化程度的一次项和二次项估计系数均不显著,表明各省在农产品生产时对环境问题关注得还不够,污染防治意识不强,社会对农产品质量的认可度也有待提高,市场在优质资源配置中还没有充分发挥决定性作用,即中国水环境规制的政策绩效还有待进一步提高。

三、农业部门进口税率降低1%的政策方面[①]

农业进口关税率降低1%的政策对各区域的进口、调出到国内地区的商品、非农部门总产出、污水治理部门产出等经济变量的影响是正向的;对各区域的真实GDP、国内其他地区调入的商品、城镇居民消费、农村居民消费、城镇居民收入、农村居民收入、中央财政收入、劳动力需求、生产用水需求、生活用水需求等经济变量的影响是负向的;对出口、地方财政收入、资本需求、农业部门总产出、生态用水需求等经济变量的影响可能是正向的,也可能是负向的;另外在水环境约束条件下,各区域污水排放量保持不变。

四、农业部门出口退税率降低1%的政策方面

农业出口退税率降低1%的政策对各区域的中央财政收入、资本需求、非农部门总产出等经济变量的影响是正向的;对各区域的真实GDP、出口、城镇居民消费、农村居民消费、城镇居民收入、农村居民收入、劳动力需求、生产用水需求、农业部门总产出、生活用水需求等经济变量的影响是负向的;对进口、调出到国内其他地区的商品、国内其他地区调入的商品、地方财政收入、污水治理部门产出、生态用水需求等经济变量的影响可能是正向的,也可能是负向的;另外

---

① 第三条至第九条结论中利用CGE来模拟的虚拟水贸易政策均是基于基准的参数、政策强度和闭合规则,并且均是静态模拟中的结果。

在水环境约束条件下，各区域污水排放量保持不变。

五、生产用水平均水价上涨1%的政策方面

生产用水水价上涨1%的政策对各区域的出口、生产用水需求（价值量）等经济变量的影响是正向的；对各区域的真实GDP、城镇居民消费、农村居民消费、城镇居民收入、农村居民收入、中央财政收入、地方财政收入、劳动力需求、资本需求、农业部门总产出、生活用水需求、生态用水需求等经济变量的影响是负向的；对进口、调出到国内其他地区的商品、国内其他地区调入的商品、非农部门总产出、污水治理部门产出等经济变量的影响可能是正向的，也可能是负向的；另外在水环境约束条件下，各区域污水排放量保持不变。值得注意的是，虽然生产用水平均水价上涨1%对水资源需求的价值量的影响是正向的，但是由于水价上涨导致对水资源需求的实物量下降（即节约了水资源），因此水资源需求的价值量上涨比例低于1%。

六、生产用水供给量减少1%的政策方面

生产用水供给量减少1%的政策对各区域的出口等经济变量的影响是正向的；对各区域的真实GDP、城镇居民消费、农村居民消费、城镇居民收入、农村居民收入、中央财政收入、地方财政收入、劳动力需求、资本需求、生产用水需求、农业部门总产出、生活用水需求、生态用水需求等经济变量的影响是负向的；对进口、调出到国内其他地区的商品、国内其他地区调入的商品、非农部门总产出、污水治理部门产出等经济变量的影响可能是正向的，也可能是负向的；另外在水环境约束条件下，各区域污水排放量保持不变。

七、生产用水供给量增加1%的政策方面

与生产用水供给量减少1%的政策的结果恰好相反。

八、农业部门征收水资源税的政策方面

农业部门征收水资源税的政策对各区域的资本需求、出口、地方财政收入、生态用水需求等经济变量的影响是正向的；对各区域的农业部门总产出、劳动力需求、生产用水需求、真实GDP、城镇和农村居民收入、城镇和农村居民消费、生活用水需求、调出到国内其他地区的商品等经济变量的影响是负向的；对各区域的非农部门总产出、污水治理部门产出、进口、国内其他地区调入的商品、中

央财政收入等经济变量的影响可能是正向的，也可能是负向的；另外在水环境约束条件下，各区域污水排放量保持不变。

九、农业部门用水效率提高1%的政策方面

农业用水效率提升1%的政策对各区域的农业部门总产出、污水治理部门产出、劳动力需求、资本需求、真实GDP、城镇和农村居民收入、城镇和农村居民消费、生活用水需求、中央和地方财政收入、生态用水需求等经济变量的影响是正向的；对各区域的生产用水需求、出口等经济变量的影响是负向的；对非农部门总产出、进口、国内其他地区调入、调出到国内其他地区的商品等经济变量的影响可能是正向的，也可能是负向的；另外，在水环境约束条件下，各区域污水排放量保持不变。

比较第三条至第九条政策可以发现，不同的政策对各区域经济系统的影响并不一致，即使是同一种政策，对各区域的影响也可能不相同。

在第三条到第九条所示的政策中，除提高农业用水效率的政策外，其他政策或者不能够节水，或者不能够促进经济增长、就业、居民及政府收入的提高，因此政策制定者要权衡各方面的利弊，谨慎使用各种虚拟水贸易政策。另外，提高农业用水效率的政策效果较好，因此应当大力发展喷灌、滴灌等节水灌溉技术，提高农业用水效率。

第二节 现阶段虚拟水贸易政策仍存在的问题

根据本书的研究，现阶段有较多的政策隐含了虚拟水贸易政策的思想，政策实施过程中也取得了较好的政策效果，但是虚拟水贸易政策仍存在以下问题。

一、根据虚拟水贸易量计算结果发现的问题

根据本书的计算结果以及已有的虚拟水贸易量计算结果（马静等，2004；陈丽新和孙志才，2010），中国的虚拟水贸易方向并没有完全按照虚拟水贸易战略进行。例如，中国的黄淮海区域是水资源短缺区域，但是根据计算结果却是农产品虚拟水净调出区域；与中国的南方地区相比，北方地区是水资源短缺地区，但是北方地区却将农产品虚拟水净调出到南方地区。

二、虚拟水贸易边界效应研究发现的问题

中国是一个幅员辽阔的大国，国内各省份之间的行政区域边界导致的市场分割

会阻碍虚拟水贸易的顺利进行,而这种行政区域边界的阻碍就是本书所研究的边界效应(Border Effect)。只有尽可能地降低虚拟水贸易的边界效应,缺水地区通过虚拟水贸易的方式来解决水资源短缺问题才有可行性,但是现在的虚拟水贸易边界效应仍较大,因此农产品运输"绿色通道"政策还需要加强实施和推广力度。

三、对水环境规制政策研究发现的问题

水体污染会影响农产品生产质量,水环境治理对环境保护和食品(农产品)安全有重要意义,因此水体污染问题影响到农产品虚拟水贸易。一方面,水体污染治理会导致农产品成本增加,因此水环境规制可能会对国内农产品虚拟水贸易产生负向影响;另一方面,水环境规制越强的省份治理污染的能力也会变强,也更关注农产品质量,生产出来的农产品更优质,从而存在产品的出口优势,因此水环境规制对国内农产品虚拟水贸易也可能会产生正向影响。也就是说,水环境规制政策会对虚拟水贸易政策产生影响,但是目前对这方面的关注还不够。

四、对进出口税率调整政策模拟研究发现的问题

通过进出口税收政策的调整可以调节产品的进出口,从而间接地调整虚拟水进出口。虽然通过调低进口关税税率的方式可以增加产品的进口,间接地增加中国的虚拟水进口,但是如果国外产品大量涌入国内市场,对国内缺乏比较优势的产业来说是不利的。另外,虽然通过降低出口退税率的方式,可以减少中国产品的出口,从而降低虚拟水出口,但是由于降低了出口退税率,企业的出口积极性会受到抑制,中国的企业与国外的企业相比会缺乏竞争力,不利于中国企业做大做强。

五、对水价、水量、水资源税政策模拟研究发现的问题

调高生产用水水价、对农业部门征收水资源税等政策虽然可以达到节水的目的,但是工农业生产成本会上升,对经济增长也会产生负面影响。虽然通过蓄水工程、引水工程、提水工程和调水工程等方式可以增加缺水地区的水资源供给量,在水资源市场有效的情况下,增加生产用水的供给量会促进经济增长,但是这些工程的成本较大,且供水提高空间有限。

六、对不同区域进行比较发现的问题

即使是相同的虚拟水贸易政策对不同区域的经济变量影响的大小和方向也可

能会不一样，但是以前的虚拟水贸易政策研究没有注意到这一点，具体政策实施时也可能没有结合各区域的实际情况。

第三节 政策启示

本书根据研究以上结论，结合现阶段虚拟水贸易政策仍存在较多的问题的实际情况，得到以下政策启示。

一、需要进一步完善虚拟水贸易战略

根据虚拟水贸易的计算结果，中国的北方地区本是水资源缺乏地区，但是却存在向南方地区虚拟水净调出的情况，因此中国在实施"南水北调"工程等真实水政策的同时，还需要注意进一步完善虚拟水贸易战略。

二、需要进一步降低虚拟水贸易边界效应

虚拟水贸易是解决水资源供求矛盾的重要措施，但是由于虚拟水贸易边界效应的存在，制约了利用虚拟水贸易方式来解决中国水资源供求矛盾的效果，为了降低虚拟水贸易的边界效应，需要从以下几个方面提供政策支持：

（1）提高用水效率。该措施可以促使本省对水资源的节约、集约利用，降低本省的完全用水系数，有助于虚拟水资源的净调出，从而降低虚拟水贸易的边界效应。

（2）进一步加大市场一体化改革力度，改善交通运输状况，限制地方政府的地方保护主义，建立有利于虚拟水贸易的国内环境，也有助于降低虚拟水贸易的边界效应。

（3）比较2002年与2007年农业部门虚拟水贸易的边界效应值可以看到，农产品运输"绿色通道"的建立有助于降低边界效应，但是还需要进一步加强农产品运输"绿色通道"的建设，减少农产品虚拟水贸易的边界效应，从而提高中国农产品生产与消费的优化配置。

（4）不同省份、不同产业部门的边界效应值并不一样，因此在制定相关政策时，还需要考虑不同省份及不同产业部门的实际情况。特别是农业部门，由于生产农产品所需要的水资源量非常大，并且虚拟水贸易的边界效应比较大，因此缺水地区要满足对农产品及水资源的需求，就迫切需要建立全国一体化的农产品市场，不过对农产品虚拟水净调出的省份也需要做相应的经济补偿。

三、需要注意水环境规制对农产品虚拟水贸易的影响

根据中国水环境规制与农产品虚拟水贸易部分的实证结果,我们有以下政策启示:

(1) 适度的环境规制会促进中国国内农产品虚拟水净调出,表明水环境规制在一定程度上得到了人们的认可,国家的相关政策取得了一定的效果。即各省在农业生产时注意到了使用化肥、农药等化工产品时的残留物以及牲畜粪便等会导致水污染问题,并随着生活水平的提高,越来越关注农产品质量问题。由于环境规制对中国国内农产品虚拟水净调出的影响在 0.1 水平上不显著,表明中国的水环境规制的政策绩效作用还不明显,有待进一步提高,因此各省应当加强水污染的防治意识,促进生态文明建设,同时加强政策法规的执行力度和激励惩罚力度,进一步通过标识等提高优质农产品的辨别和宣传,提高优质农产品的认可度,发挥市场在资源优化配置中的作用。

(2) 中国在关注水环境规制对国内虚拟水贸易影响的同时,还应当考虑其他因素的作用。各要素投入量对中国国内农产品虚拟水净调出的促进作用有限,更应该关注要素的利用效率的提升。节水灌溉技术的使用所带来的用水效率的提高以及农产品生产能力的提高更能促进中国国内农产品虚拟水净调出,从而有效缓解中国各省人多水少、水资源时空分布不均等供求矛盾。

(3) 中国在关注水环境规制对国内农产品虚拟水贸易影响的同时,还应当考虑农产品虚拟水贸易的空间效应与动态效应,这样才能更好地实现中国水资源的优化配置。

四、需要适度地调整进出口税率

通过降低进口关税税率的方式增加中国对国外产品的进口,从而增加中国的虚拟水进口;或者通过降低出口退税率的方式来减少产品的出口,从而减少中国的虚拟水出口,能够在一定程度上缓解中国的水资源供求矛盾,但是这样做对中国缺乏比较优势的企业并不利,因此进口关税税率或者出口退税率不能调得太低,需要兼顾缓解中国水资源供求矛盾与保护中国企业两个目的。

五、需要进一步采取提高农业用水效率的政策

根据本书虚拟水贸易政策的模拟结果,认为需要进一步采取提高农业用水效率的政策。

（1）农业用水效率提升政策能够节约生产用水，促进经济增长。虽然农业部门征收水资源税的政策、生产用水水价上涨政策也可以达到节约生产用水的目的，但是会影响经济增长，因此为了解决水资源短缺问题，采用农业用水效率政策更好。为了缓解水资源供给压力，通过喷灌、微灌、滴灌、低压管道灌溉、渠道防渗等农业节水灌溉技术来提高农业用水效率从而节约生产用水的政策势在必行。另外，在一定条件下，节约的生产用水量也可以转移到生活和生态用水中，从而可以满足生活和生态用水日益增长的需求。

（2）通过蓄水工程、引水工程、提水工程和调水工程等方式可以增加缺水地区的水资源供给量，在水资源市场有效的情况下，增加生产用水的供给量会促进经济增长，但是这些工程的成本较大，且供水提高空间有限。与增加水资源供给量相比，提高农业用水效率的政策效果会更好，因此从这一方面来说，也需要进一步采取提高农业用水效率的政策。

六、需要通过组合政策的方式来避免单项政策的弊端

由于不同的政策对各区域经济变量的影响并不一样，而组合政策对各区域经济变量的影响由各单项政策共同决定。如果几种单项政策对某个经济变量均是正向（负向）影响；那么组合政策对某个经济变量也是正向（负向）影响；如果部分单项政策对某个经济变量是正向影响，但是另外的单项政策对这个经济变量是负向影响，那么组合政策对该经济变量可能是正向影响的，也可能是负向影响的。因此，我们可以通过组合政策的方式来避免单项政策的弊端。

七、政策实施时需要考虑区域差异

本书对虚拟水贸易政策模拟研究的结果表明，即使是相同的虚拟水贸易政策，对不同区域的经济变量影响的大小和方向也可能会不一样，因此，中国在实施同一政策时，需要考虑到这一政策对不同区域带来的不同影响，不同的区域采用虚拟水贸易政策时也需要结合自身的实际情况，选取对自身有利的政策。

主要参考文献

[1] 程国栋. 虚拟水——中国水资源安全战略的新思路 [J]. 中国科学院院刊, 2003 (4).

[2] 陈丽新, 孙才志. 中国农产品虚拟水流动格局的形成机理与维持机制研究 [J]. 中国软科学, 2010 (11).

[3] 陈烨, 张欣, 寇恩惠, 等. 增值税转型对就业负面影响的 CGE 模拟分析 [J]. 经济研究, 2010 (9).

[4] 樊纲, 王小鲁, 马光荣. 中国市场化进程对经济增长的贡献 [J]. 经济研究, 2011 (9).

[5] 范金, 杨中卫, 赵彤. 中国宏观社会核算矩阵的编制 [J]. 世界经济文汇, 2010 (4).

[6] 胡宗义, 刘亦文. CGE 模型在能源税收及汇率领域中的应用研究 [M]. 长沙: 湖南大学出版社, 2009.

[7] 李昌彦, 王慧敏, 佟金萍, 等. 基于 CGE 模型的水资源政策模拟分析——以江西省为例 [J]. 资源科学, 2014 (1).

[8] 李国军. 中国农业水资源战略研究 [D]. 上海财经大学, 2011.

[9] 刘红梅, 邓光耀, 王克强. 中国农产品虚拟水消费的影响因素分析——基于省级数据的动态空间面板 STIRPAT 模型 [J]. 中国农村经济, 2013 (8).

[10] 刘红梅, 李国军, 王克强. 中国农业虚拟水"资源诅咒"效应检验: 基于省际面板数据的实证研究 [J]. 管理世界, 2009 (9).

[11] 刘红梅, 李国军, 王克强. 中国农业虚拟水国际贸易影响因素研究——基于引力模型的分析 [J]. 管理世界, 2010 (9).

[12] 刘红梅, 李国军, 王克强. 基于引力模型的中国农业虚拟水国内贸易影响因素分析 [J]. 中国农村经济, 2011 (5).

[13] 刘红梅, 王克强, 刘静. 国际农业虚拟水贸易国别研究 [J]. 农业经济问题, 2007 (9).

[14] 刘红梅，王克强，刘静．虚拟水贸易及其影响因素研究［J］．经济经纬，2008（2）。

[15] 刘卫东，陈杰，唐志鹏，等．中国2007年30省区市区域间投入产出表编制理论与实践［M］．北京：中国统计出版社，2012。

[16] 庞军，傅莎．环境经济一般均衡分析：模型、方法及应用［M］．北京：经济科学出版社，2008。

[17] 孙才志，刘玉玉，陈丽新，等．中国粮食贸易中的虚拟水流动格局与成因分析——兼论"虚拟水战略"在中国的适用性［J］．中国软科学，2010（7）。

[18] 行伟波，李善同．本地偏好、边界效应与市场一体化——基于中国地区间增值税流动数据的实证研究［J］．经济学（季刊），2009（4）。

[19] 王克强，李国军，刘红梅．中国农业水资源政策一般均衡模拟分析［J］．管理世界，2011（9）。

[20] 王其文，李善同，高颖．社会核算矩阵原理、方法和应用［M］．北京：清华大学出版社，2008。

[21] 张成，陆旸，郭路，等．环境规制强度和生产技术进步［J］．经济研究，2011（2）。

[22] 张欣．可计算一般均衡模型的基本原理与编程［M］．上海：格致出版社，2010。

[23] 中国投入产出学会课题组．国民经济各部门水资源消耗及用水系数的投入产出分析——2002年投入产出表系列分析报告之五［J］．统计研究，2007（3）。

[24] Allan J. A. Fortunately There are Substitutes for Water Otherwise Our Hydro-political Futures Would be Impossible（C）. Priorities for Water Resources Allocation and Management, London：ODA, 1993.

[25] James E., Anderson, Wincoop van Eric. Gravity with Gravitas：A Solution to the Border Puzzle［J］. American Economic Review, 2003（3）, 93（1）.

[26] Calzadilla A., Rehdanz K., Tol S. J. Richard. The Economic Impact of More Sustainable Water Use in Agriculture：A Computable General Equilibrium Analysis［J］. Journal of Hydrology, 2010, 384.

[27] Cardenete M. A., Hewings J. D. G. Water Price and Water Sectoral Reallocation in Andalusia. A Computable General Equilibrium Approach［J］. Environmental Economics, 2011, 2（1）.

[28] Chapagain A. K., Hoekstra A. Y. Virtual Water Trade：A Quantification of

Virtual Water Flows between Nations in Relation to International Trade of Livestock and Livestock Products [R]. Research Report Series 12. IHE Delft, The Netherlands, 2003.

［29］Elhorst J. P. Spatial Econometrics: From Cross-sectional Data to Spatial Panels [M]. Berlin: Springer, 2013.

［30］Hoekstra A. Y., Hung P. Q. Virtual Water Trade: A Quantification of Virtual Water Flows Between Nations in Relation to International Crop Trade [R]. Value of Water Research Report Series No. 11, 2002.

［31］Hoeksera A. Y., Chapagain A. K., Aldaga M., et al. The Water Footprint Assessment Manuel: Setting the Global Standard [R]. Routludge, The Netherlands, 2012.

［32］Lee L. F., Yu J. H. Some Recent Development in Spatial Panel Data Models [J]. Regional Science and Urban Economics, 2010, 401.

［33］Lofgren H., Harris R. L., Robinson S. A Standard Computable General Equilibrium (CGE) Model in GAMS [R]. Microcomputers in Policy Research 5, International Food Policy Research Institute, 2002.

［34］Qin C., Bressers H. T., Su Z. B., et al. Assessing Economic Impacts of China's Water Pollution Mitigation Measures through a Dynamic Computable General Equilibrium Analysis [J]. Environmental Research Letters, 2011, 6 (4).

［35］Reimer J. J. On the Economics of Virtual Water Trade [J]. Ecological Economics, 2012, 75.

［36］Yu J. H., Jong R., Lee L. F. Qusasi-maximum Likelihood Estimators for Spatial Dynamic Panel Data with Fixed Effects When Both N and T are Large [J]. Journal of Econometrics, 2008, 146 (1).

［37］Zhang C., Anadon L. D. A Multi-regional Input - output Analysis of Domestic Virtual Water Trade and Provincial Water Footprint in China [J]. Ecological Economics, 2014, 100.

［38］Zhang Z. Y., Yang H., Shi M. J. Analyses of Water Footprint of Beijing in an Interregional Input - output Framework [J]. Ecological Economics, 2011, 70.

［39］Zhang Z. Y., Shi M. J., Yang H., et al. An Input - output Analysis of Trends in Virtual Water Trade and the Impact on Water Resources and Uses in China [J]. Economic Systems Research, 2011, 23 (4).

附 录

公式（4.26）的推导

本书沿用 Anderson 和 Wincoop（2003）提出的理论模型，假定消费者具有 CES 函数形式的偏好，则省份 j 消费者效用最大化为：

$$\max U_j = \left(\sum_i \beta_{ij}^{(1-\sigma)/\sigma} c_{ij}^{(1-\sigma)/\sigma} \right)^{\sigma/(\sigma-1)}, \text{ s.t. } \sum_i p_{ij} c_{ij} = y_j \tag{1}$$

其中，β_{ij} 为省份 j 的消费者对来自省份 i 的商品的偏好参数，c_{ij} 为对应的消费量，p_{ij} 为对应的价格，y_j 为省份 j 购买产品的支出，在本节中用 GDP 来表征，另外由于理性的消费者不会局限于只将农业或者工业的增加值用来购买农产品或者工业产品，因此在农业和工业虚拟水贸易的边界效应研究中，该变量仍用 GDP 来表征，σ 为商品的替代弹性。

再建立省份 j 的购买价格 p_{ij} 与省份 i 的生产价格 p_i 的关系，即：

$$p_{ij} = p_i t_{ij} \tag{2}$$

其中，t_{ij} 为贸易成本因子［具体表达式见正文中（4.28）式］，假定 $t_{ij} = t_{ji}$。再令 $x_{ij} = p_{ij} c_{ij}$，即省份 i 出口到省份 j 的贸易量（价值量），当 $i=j$ 时，wei（1996）认为省内贸易量等于该省生产的产品用于自身的消费量，本节也采用这种说法，可得：

$$y_i = \sum_j x_{ij}, \quad y_j = \sum_i x_{ij} \tag{3}$$

其中 y_i 为省份 i 出售产品的收入，本节中用 GDP（具体到农业或者工业，则用增加值）来表征，注意 y_i 与 y_j 并不相等（chen，2004；Crafts 和 Klein，2013）。结合（2）、（3）式，可得（1）式中消费者效用最大化的解为：

$$x_{ij} = \frac{y_i y_j}{y_T} \left(\frac{t_{ij}}{P_i P_j} \right)^{1-\sigma} \tag{4}$$

其中，$y_T = \sum_j y_j$ 为全国总收入，$P_i = \left(\sum_i (t_{ij}/P_j)^{1-\sigma} (y_j/y^w) \right)^{1/(1-\sigma)}$ 为省份 i 的相对价格指数，P_j 的表达式与 P_i 类似，不再赘述。（4）式即正文中的（4.26）式。

致　谢

　　在博士论文付梓之际，我衷心地感谢我的导师王克强教授，王老师不但在学术上给予我大力指导，而且在生活上给予我无微不至的关心。王老师学识渊博、才思敏捷，对经济学常有独到的见解和特别的直觉，这让原本学数学的我敬佩不已。王老师对我要求甚严，我的每一点进步都凝聚着王老师的心血，只是学生愚钝，当时未能体会王老师的良苦用心。求知之路无涯，王老师的教诲将被我时刻铭记于心。感谢师母刘红梅教授给予我学习和生活上的帮助，我的些许成就均得益于她的帮助。

　　感谢上海财经大学的杨大楷教授、王洪卫校长、姚玲珍副校长、应望江教授、葛守中教授、黄天华教授、付文林教授、何玉长教授、沈根祥教授、耿曙副教授、安志勇副教授、张学文博士等各位授课老师以及辅导员王斌老师、董犇犇老师，各位老师的指导，让我受益匪浅。

　　感谢我的师兄弟：周蕾、李国军、陈立俊、胡海生、武英涛、基连通、张忠杰、姚东、贺俊刚、王沛、王云飞、唐茂钢、雷晓霆、熊振兴、马克星、万宁娜、段季伟、俞楠、魏兴旺，大家从世界各地来到上海财经大学，为了共同的理想而奋斗，相识就是一种缘分。

　　最后，感谢我的父母和兄长。家人的支持，使我得以顺利完成二十多年的求学生涯。